나는
얼마
짜리
입니까

6411의
목소리
지음

Changbi Publishers

차례

008 여는 글

1부 숨은 일터에서 '나'를 발견하다

015 정부가 만드는 투명인간들 | 자활노동자
019 타투, 이 땅에선 무조건 '불법' | 타투이스트
024 아프다, 웹툰이, 너무 아프다 | 웹툰 작가
029 유튜브가 만든 관절염?! | 유튜브 크리에이터
033 '노가다' 없이 세상이 돌아가나요 | 물류센터노동자
038 미싱은 잘도 도네, 나아지지도 않고 | 봉제노동자
044 프로축구, 이런 리그도 있다 | 프로축구 4부리그 선수
048 재미를 위해서는 쉴 틈이 없다 | 게임 엔지니어
052 모든 희망을 버릴지어다 | 영어 번역가
056 성매매는 폭력이고 착취일 뿐 | 성매매 경험 당사자
060 이렇게 지구가 더워지다가는… | 화력발전소노동자
065 관광객은 돌아왔지만 | 호텔 해고노동자
070 '일타강사' 뒤에 우리가 있다 | 기숙학원노동자
074 바다가 점점 좁아진다 | 어부
080 '농'이 사라진 사회에서 | 농업미생물학자
085 세금 없이 팔랬더니 사직서를 받고 있네 | 면세점노동자
090 천원짜리 따뜻한 아침밥 | 대학생협 사무국장
096 나는 언제부터 내 일터가 부끄러워졌나 | 도축검사원

101 당신에게 꼭 맞는 책 ▎초등학교 사서

105 어쩌다보니, 농촌 ▎귀촌청년

2부 차별 없는 세상을 향한 목소리

113 당당한 10년 차 여성 대리기사 ▎대리운전노동자

117 11년 만에 지하철에 오르며 ▎소설가

122 '메이드 인 베트남' 아녜요, 나는 나예요 ▎결혼이주여성

127 애인 있냐는 말에 있다고도 없다고도 못하는 이유 ▎성소수자 활동가

132 지리산 자락 '기간제 교장' 짱구쌤의 티타임 ▎초등학교 교장

138 직접 증명하라고, 직접 증명해보라고 ▎비정규직 노동자

143 '동료상담'이라는 혁명 ▎정신장애 동료상담가

147 외국인투자기업은 무법지대인가 ▎해고 예정 노동자

152 이주노동자는 노예가 아니다 ▎이주노조 활동가

156 제 의족이 그렇게 무섭나요 ▎장애인 노동자

161 배달라이더의 현실, 들어보실래요? ▎배달노동자

165 돌봄노동자도 돌봄이 필요하다 ▎사회복지사

169 엄마가 아프고 난 후 ▎가족돌봄 청년

173 출퇴근 시간이 짧아질수록 멀어지는 것들 ▎장애인 재택근무 노동자

179 내 나라는 어디인가 ▎재일동포 3세

184 출근하는 딸에게 ▎발달장애인 취업지원센터장

188 탈북민의 지식, 이용할 생각이 없습니까? ▎탈북민

192 행복으로 가득한 농장 ▎협동농장 농부

3부 '오늘도 무사히', 한숨과 땀방울의 연대기

199 방송 예능국에는 웃음소리가 없다 ▮ 예능작가

203 종업원이 된 사장님 ▮ 식당노동자

208 폐지 줍는 일이 주는 위안 ▮ 폐지수집노동자

212 '캐디'의 말도 안 되는 공짜노동 ▮ 캐디

217 시간 약속 좀 잘 지켜주세요 ▮ 헤어디자이너

222 끝이 없다, 끝이 ▮ 가사노동자

227 한국에서 한국어를 가르친다는 것 ▮ 한국어 강사

231 홈쇼핑 콜센터가 믹서기라면 플랫폼업체는
초고속 블렌더였다 ▮ 고객센터 상담노동자

236 자동차 영업사원도 계급이 있다 ▮ 자동차 영업사원

241 씨앗이 참 소중해 ▮ 농부

245 다치지 않고 안전하게 배송할 분? ▮ 택배사 아르바이트

250 간호조무사 실습생은 병원의 노예 ▮ 간호조무사

255 팬데믹 때 가장 많은 피해를 본 건 우리 아닐까요 ▮ 여행사 대표

259 그래도 책을 만드는 이유 ▮ 출판노동자

264 마봉춘씨, 10년 인연이 어쩜 그렇게 잔인한가요 ▮ 방송작가

269 밥 하다가 아픈 사람이 없도록 ▮ 학교급식노동자

273 동네에 책방이 하나쯤 있다는 것 ▮ 동네서점 대표

279 '쓸 만한' 사람이란 누구인가 ▮ 건설노동자

4부 권리를 향해 한걸음씩

285 용균이 엄마가 호소합니다 ▌김용균재단 대표

289 나는 여성 홈리스였다 ▌홈리스행동 활동가

295 특성화고 출신이 현장에서 처음 겪는 일들 ▌'마니또' 공동운영진

299 한편의 공연을 기획하면서 ▌독립 공연기획자

303 이 들판에 학교를 세워가자 ▌장애인야학 교장

308 사명감만으로 버티기 힘든 전문직 ▌요양보호사

312 꿈을 먹는다고 배가 부르지는 않다 ▌배우

317 당신이 왜 거기서 나와…? ▌시설지원노동자

322 내가 붉은 조끼를 입는 이유 ▌청소노동자

326 희생이나 헌신이라 생각한 적은 없습니다 ▌비영리단체 활동가

332 죽지 않고 맞서는 방법을 찾아서 ▌콜센터 상담노동자

336 잊혀야 하는 존재, 번역가는 번역가다 ▌프랑스어 번역가

340 퇴직자도 '노조'가 있다 ▌퇴직자노조 활동가

344 사서 고생하니? 사서라서 고생해요! ▌공공도서관 사서

348 매일매일 주차관리, 내 권리는 어디에 ▌주차노동자

354 대리운전 부르신 분? ▌대리운전노조 활동가

358 '공연장'과 '나이트클럽' 사이에서 ▌인디밴드 멤버

363 내 퇴직공제금은 어디로 갔나 ▌마루노동자

367 나는 1년 넘게 일해본 적이 없다 ▌사회복지사

371 닫는 글을 대신하여 "6411번 버스를 아십니까?"—노회찬

작은 이야기가 세상을 바꾼다는 믿음

「6411의 목소리」가 처음 연재되던 날을 기억합니다. 누군가의 노동이 글이 되고 목소리가 되어 세상으로 나오던 날, 우리는 숨은 노동과 그림자 노동이 모두의 노동이 될 수 있다는 가능성을 보았습니다. 그날부터 편집자문위원들은 주변의 노동을 다시 보기 시작했습니다. 청소노동과 배달노동, 대리운전, 건설, 제조, 이주노동 속에 이름을 얻은 노동자들도 있었고, 더러는 이름마저도 없는 노동자들이 있었습니다. 그들의 모든 목소리를 세상에 전하고 싶었습니다.

일하는 사람들만 보면 '글 써보실 생각'이 없느냐고 묻곤 했습니다. 출근길에 빌라 계단을 내려오며 마대로 걸레질을 하는 청소노동자와 마주쳐서는 "저 혹시…… 이 일을 어떻게 하게 됐는지 글로 써보실 생각

없으세요?" 물은 적이 있습니다. 청소노동자가 눈을 동그랗게 뜨더니 멋쩍어하며 "에이, 글 못 써요"라고 답했습니다. 굵은 금목걸이를 건 목에 연신 땀방울이 떨어지고 있었습니다. 그분과 몇마디를 더 주고받다가 빌라 현관을 나섰습니다. 미안했습니다. 그저 자기 일을 열심히 하는 이에게 괜한 말을 던졌다 싶었습니다.

그러나 이런 대화들이 아무 힘이 없는 것만은 아닙니다. 청소노동 자체가 이미 세상에 기여하는 바가 분명한 일이라고 해도, 그 노동의 이야기를 글로 풀어보십사 청하는 것은 또다른 의미가 생겨나는 계기가 됩니다. 당신의 노동을 우리가 알고 있고, 그것에 감사하며, 당신의 노동으로부터 생겨나는 이야기를 들을 준비가 되어 있다고 말을 건네는 일이기 때문입니다. 이런 마주침은 또다른 사건으로의 전환입니다. 비록 거절당했지만 글을 청했다는 이유만으로도 그가 더 반가웠고, 이후 우리는 서로 더 크게 인사했습니다.

「6411의 목소리」 편집자문위원회 회의는 '어디에 이야기가 있는가' 두런두런 궁리하는 자리였습니다. 또한 저마다의 안테나를 세워 새벽의 '6411번 버스'를 기다리고 있을 승객들을 발견해내는 환대의 자리이기도 했습니다. 우리는 압니다. 이야기는 어디에나 있다는 걸. 노동이 없는 세상은 존재할 수 없고, 세상에 존재하는 노동만큼의 새로운 이야기가 있습니다. 법전에는 나오지 않는 노동, 관료들의 서류에는 적혀 있지 않은 모든 노동의 이야기를 할 수만 있다면, 다 모으고 싶습니다.

농부가 일을 해야 세상 사람들이 밥심으로 일할 수 있고, 주얼리 노동자가 반지를 깎아야 사랑을 약속할 수 있습니다. 때로는 모든 것을 혼자서 이룬 것처럼 착각하는 이들도 있지만, 실상 우리 한 사람 한 사람은 타인의 노동 없이 살 수 없는 약한 존재입니다. 타인의 흔적이 다양한 방식으로 스미고 있어 분별하기 어려울 뿐입니다. 서로가 스미며 사는 관계를 꼭 노동이라는 이름으로만 불러야 하는 것도 아닙니다. 우리는 예술과, 지식, 여행과 쉼 속에서도 서로에게 기대고 있습니다. 그 안에서 사람에게 의존하고 있습니다. 외국인이거나 이주민은 물론 우리 사는 곳이 이방인 이들, 우리 사는 곳이 망명지인 이들에게도 깊게 의존되어 있습니다. 그 숨어 있는 관계의 이야기에도 우리는 주목합니다.

「6411의 목소리」 투고문이 오면 편집자문위원들은 원고를 나눕니다. 원고를 나눈다는 것은 그 글을 쓴 필자와 사귀는 것을 의미하고, 때로는 싸우다 헤어질 각오까지 해야 한다는 것을 의미합니다. 애정을 갖고 각자 맡은 원고의 1차 검토를 합니다. 필자에게 연락합니다. 해오던 것들이 일이 되는 원리, 그러니까 노동 과정이라든가 작업의 자잘한 순서 같은 것을 글을 쓴 이는 자주 생략할 때가 있습니다. 자신에게 익숙하기에 중요하게 생각되지 않기 때문입니다. 그 일을 해본 사람만 알고 있는 내용을 독자의 입장을 고려하여 친절하게 말해주어야 합니다. 노동은 어떻게 노동이 되는가, 일은 왜 일이 되는가를 한땀 한땀 말해야 합니다. 그래야 그 노동이 투명해지지 않습니다. 나의 보람, 나의 분노, 나의 자랑을, 별걸 다 말하네 싶을 만큼 말해야 합니다. 그래야 들립니다. 스스로 말하지 않아도 온 세상에 쾅쾅 잘도 들리는 목소리도 있는데 왜 나는 이렇게까지 외쳐야 하는가, 어떤 필자들은 회의에 빠질지도 모릅니다. 재차 원고 수정 요청을 받고는 멈칫할 수도 있습니다. 독자가 있는 글을 처음 써본 필자들은 그렇게 자기와의 싸움을 시작합니다. 새로운 수정 요청을 받고, 3차, 4차…… 수정을 하며 골머리를 썩입니다. '더는 못 고친다!' 감정을 터뜨리기도 합니다. 그래도 편집자문위원은 물러서지 않습니다. 활자화되어 종이신문과 인터넷판에 글이 올라가는 시간, 세상에 없던 이야기 하나가 '6411의 목소리'가 되는 그 마법의 시간을 알고 있기 때문입니다.

글을 쓴다는 것은 자기 자신을 들여다보는 과정입니다. 자기 안에 품고 있던 기쁨과 아픔, 싸움과 패배의 이야기를 「6411의 목소리」 필자들을 통해 가장 먼저 들을 수 있어서 감사했습니다. 이분들의 노동 덕분에 평범한 일상이 유지되고, 이 거대한 세상이 촘촘히 떠받쳐지고 있음을 압니다. 가능하다면 그 숭고한 노동의 내막을 앞으로도 계속해서 이야기로 전할 것입니다.

우리 사회를 좀더 나은 방향으로 이끄는 것은 작은, 작아 보이는 이야기들입니다. 이러한 이야기들이 노동하기 좋은 나라를 만드는 데 작은 씨앗이 될 수 있길 바랍니다. '6411의 목소리'가 들릴 수 있도록 지면을 내어주고 늘 정성스레 원고를 검토해준 한겨레와 6411의 목소리 듣기를 멈추지 않는 노회찬재단의 노고가 있어서 이 책이 세상에 나올 수 있었음에 감사의 인사를 전합니다.

6411의 목소리 편집자문위원

강명효, 고영직, 권순대, 권지현, 김성희, 노지영, 박미경,
유이분, 전수경, 최지인, 하명희, 하종강

1부

숨은 일터에서
'나'를 발견하다

정부가 만드는
투명인간들

이종천

자활노동자

오늘도 오전 아홉시에 출근해 작업 책상에 앉는다. 옆자리 동료와는 눈인사나 대화도 없이 바로 볼펜 조립을 시작한다. 내가 하는 일은 검정, 파랑, 빨강 볼펜심에 스프링을 끼우고 볼펜 본체에 끼워 넣어 조립한 뒤 제대로 조립이 되었는지 딸깍딸깍 작동해보고 바구니에 담는 일이다. 이렇게 온종일 작업해서 한 사람당 하루 볼펜 사오백개가량을 만든다.

    단순 작업이라 일은 쉬워 보이지만, 일하는 환경까지 수월하지는 않다. 50분 작업에 10분 휴식 주기로 돌아가는 근무시간. 화장실도 가고, 담배도 한대 태우고, 작업시간 중이라 받지 못했던 전화 통화라도 할라치면 휴식시간 10분은 그리 긴 시간이 아니다. 특히 10년 전 위암 수술을 받고, 올 초에는 대장, 소장 협착으로 절개 수술을 받았던 나는 물이나 커피 같은 걸 조금만 잘못 마셔도 바로 설사를 하는데, 작업시간 50분을 참다가 휴식시간 10분 안에 해결하려면 여간 고통스럽지 않다. 그렇게 철저히 시간을 지켜야 하는 이유는 휴식시간 10분에서 1분이라도 늦으면 '지시 불이행'이라며 징계를 받기 때문이다. 물론 징계라고 해서 무슨 큰 제재가 있는 건 아니지만, 감독관이 늘 지켜보고 있다는 것만으로도 위축되는 건 어쩔 수 없다.

나는 2년차 자활노동자다. 정확한 사업 명칭은 '자활 근로 참여자'. 노동자(근로자)가 아니란 얘기다. 그러나 자활 근로 참여자도 엄연히 법정 근로시간인 하루 여덟시간 일한다. 그렇게 한달을 일하고 나면 손에 쥐는 돈은 120만원 남짓. 자활 근로 참여자는 노동자가 아닌 참여자이기에 근로기준법에 따른 최저임금이나 4대 보험을 적용받지 못한다. 저소득 취약계층의 자활과 자립을 위해 마련된 자활센터 사업장은 만기 5년짜리 한시적 일자리다. 5년을 채우면, 더 일하고 싶어도 떠나야 한다. 5년간 일한 데 대한 퇴직금은 물론 없다. 퇴직이 아닌 참여 종료이기 때문에.

내 나이 60이다. 1989년부터 알루미늄 업계에서 30년간 일했다. 품질관리 기사로 시작해 관리팀장, 공장장을 거쳐 개인사업까지 그야말로 성공을 위해 앞만 보고 달렸다. 그 결과 완성차 대기업에도 내가 생산한 제품을 여럿 납품했다. 그러나 내리막은 한순간이었다. 한번 삐끗한 사업은 다시 살아나지 못했고, 가족들은 뿔뿔이 흩어졌으며, 가진 것이라곤 몸뚱어리 하나 딱 남게 된 나는 닥치는 대로 일하기 시작했다. 한여름에 가로등 세우는 현장 일은 물론 아파트 경비, 지하주차장 관리원 등으로 열심히 일했지만 적지 않은 나이에 고된 노동으로 건강이 나빠지며 그마저도 모두 그만두게 되었다. 엎친 데 덮친 격으로 어깨 골절 수술까지 받게 되면서 먹고살 길이 막막해졌다. 하지만 죽으란 법은 없는지 거주지 행정복지센터에 신청해 일정 정도 생활비를 지원받고 치료도 받을 수 있는 기초생활수급자가 되었다.

3개월이 지난 뒤 구청에서 연락이 왔다. 수급자 신분이 유지되려면 자활센터에서 근무해야 한다고. 나 또한 일하고 싶었기에 잘된 일이라고 여겼다. 나처럼 자립 의지는 있으나 여러 상황으로 일자리를 구하지 못한 사람들에게 노동자로서 일할 기회를 준다니 너무도 감사한 일이었다. 누구든 사회구성원으로서 자신의 쓸모와 노동의 가치를 확인하고 자신감과 자존감을 채울 기회라니, 그것을 또 공적으로 지원해주다니, 참으로 좋은 제도 아닌가.

그러나 한달, 두달 일을 해나갔지만 나는 자존감을 얻지 못했다. 자립과 자활을 돕기 위한 것이라던 나의 일이 정작 노동으로 인정받지 못하고 있음을 자각했기 때문이다. 노동자로서 사회구성원의 일원이 되고 싶어 참여한 자활사업이지만, 정작 노동자로 인정받지 못하고 또 한번 투명인간 취급을 받는 현실이 서럽다. 정부가 취약계층에 '희망'을 준다며 일자리 늘리기에 열을 올리면서 정작 보호받아야 할 이들의 권리는 왜 보호하지 않고 있는 것일까. 다가오는 2026년이면 나도 참여 기간이 종료돼 더는 이곳에서 일을 할 수 없게 된다. 그때까지 이곳에서 노동 아닌 노동을 계속하게 될 것이다. 과연 나는 이 사회의 일원인 노동자로서 내 노동의 가치가 존중받고 있는지, 값싸게 빼앗기고 있는 것인지 헷갈려 하면서.

타투, 이 땅에선
무조건 '불법'

김도윤

타투유니온 지회장

제니야! 오랜만이다. 얼굴 맞대고 앉아본 건 고등학교 졸업하고 23년 만인가? 사법시험 준비한다는 얘기까지는 들었는데, 중년의 판사가 되었네. 잘 어울려. 진심이야. 나? 난 디자인 그만뒀어. 이제 17년차 타투이스트야. 까만 옷 입은 네 동료들은 나보고 불법의료시술자라고 말하지만.

    지난달 헌법재판소에서 선고가 있다고 연락이 오더라. 급한 일을 미루고 가봤는데, 까만 옷 입은 이들이 나란히 앉아 판결문을 읽더니 휘리릭 들어가더라. 그럴 거면 그냥 인터넷에 공지하지 왜 시간 낭비하는지 모르겠어. 하여튼 타투가 뭔지도 모르는 사람들이 당당하게 타투는 의료행위라고 하더라. 폭력적인 코스프레 같았어. 결론은 자기들한테 묻지 말고, 국회의원

"그림 그리고 징역 2년,

이런 말도 안 되는 일이 실제로 일어나.

결국 우리는 투명인간이 되는 것을 선택해."

졸라서 입법을 하라는 거야. 매듭을 잘못 묶은 건 사법부인데, 엉망인 그 매듭은 입법부한테 풀라는 거지.

삼권분립? 그렇지, 케이(K)-삼권분립 최고지. 들어봐봐. 지난해부터 갑자기 국세청 직원들이 타투 스튜디오를 찾아왔어. 문신업으로 사업자등록을 내라는 거야. 몰랐어? 우리 정식 사업자등록 가능해. 2015년에는 고용노동부 미래유망신직업 17개에 타투이스트도 포함됐어. 물론 직업코드도 있고. 정말이야. 웃기지? 물론 우리도 정식으로 등록하고 세금 내면서 떳떳하게 하고 싶지. 그런데 국세청이 시키는 대로 하다가 단속당하면, '영리를 목적으로 불법의료행위를 했다'며 최저 형량 징역 2년을 선고받아야 해. 이게 말이 되니? 그럼 그리고 징역 2년. 이런 말도 안 되는 일이 실제로 일어나서, 내 동료들은 종종 극단적인 선택을 하기도 해. 성실한 동료들이 그렇게 떠나가는 걸 보면서도 우린 할 수 있는 게 없어. 결국 우리는 투명인간이 되는 것을 선택해. 사업자등록 없이 일하면 단속돼도 보통 벌금형으로 끝나거든. 이게 케이-삼권분립이야. 삼권분립이 너무 잘돼서, 입법·사법·행정, 서로 무엇이 잘못됐는지를 전혀 몰라.

웃으면서 말하지만 난 진짜 슬퍼. 타투가 의료라는 법원 판례는 1992년에 만들어졌거든. 정확하게 말하면, 일본 판례를 그대로 베껴 왔어. 그런데 그 일본 마저도 2020년에 이 판례를 폐기했어. 이제 진짜 한국만 불법이야. 물론 일본이나 한국이나 그 시절엔 다들 타투를 싫어했지. 우리 어렸을 때는 문신 한 사람은 조폭 아니면 조폭 흉내 내고 싶은 양아치라고 했으니까.

그런데 이 궤변이 30년이나 연명하다보니 이제는 의사들이 타투로 돈을 벌어. 지금 네이버에서 '눈썹 타투'라고 검색해봐. 유료광고하는 업체 백 퍼센트가 의원들이거든. 이제 밥그릇이야, 큰 밥그릇. 궤변 위에 쌓아올린 겁나게 큰 밥그릇. 의사협회는 국민의 안전을 핑계대며 타투 법제화를 막아. 지지난달에는 의사협회가 타투합법화 저지 TF도 만들었더라. 부끄러운 줄을 몰라. 정작 병·의원에서도 타투를 하는 건 의사가 아니야. 당연히 우리 같은 비의료인이지. 그러니 병·의원이 타투를 하면 더 큰 범죄가 돼. 의사면허 대여, 불법의료시술 지시 및 알선 그리고 홍보, 불법계약 등등. 이런 게 적발돼 의사면허가 정지되는 사례도 있지만, 그래도 포기할 수는 없나보더라. 1조원 규모의 어마어마한 시장이니까.

더 웃긴 건 타투는 의사가 직접 해도 불법이라는 거야. 왜냐하면 전세계에서 의료기기 인증을 받고 생산되는 타투 용품은 없거든. 세계에서 타투를 의료행위로 분류한 곳이 한국밖에 없는데, 누가 한국만을 위해 의료기기 인증을 받겠냐고. 의사도 비의료기기로 타투를 할 수밖에 없는, 불법을 저질러야 하는 상황인 거지. 결국 한반도에서 이뤄지는 모든 타투는 불법이야. 제니야, 이것 봐. 네 동료들이 망쳐놓은 건 나랑 내 동료의 삶뿐만이 아니야. 양심 없는 의사들도 돈벌이에 혈안이 돼서 의료의 존엄함마저 버렸어.

그리고 보니 너 눈썹 타투 했네? 아! 받는 건 불법이 아니고, 타투를 하는 것만 불법이라고? 물론 알지. 작업을 청탁한 손님이 갑자기 돌변해서 신고하겠다며 되레 돈을 요구하는 사례도 많거든. 제니야, 같이 웃으면 어떻게 해? 내가 웃으면서 말한 건 진짜 웃겨서가 아니잖아.

갑자기 불안하네. 내가 연예인한테 타투를 해줬는데 어떤 한가한 녀석이 신고를 했어. 곧 2심 재판이 시작돼. 판사들이 문화적 소양은 부족해도 상식으로 판단할 수 있다고 믿었는데, 웃음의 맥락도 파악 못하는 너를 보니까 갑자기 불안해진다.

그냥 우리 10년쯤 지나거든 다시 보자. 그때는 나도 투명인간이 아닐 테니, 맥락을 파악하지 않아도 되는 웃음을 지니고 있을 거야. 널 위해 기도할게. 내 아내가 목사거든.

아프다, 웹툰이,
너무 아프다

노이정
───────
웹툰 작가

새끼손가락이 저릿하다. 오늘도 그녀는 저리는 팔을 부여잡고 잠에서 깼다. 40대 후반부터 생긴 유착성 관절낭염(일명 오십견)으로 이런 증상이 자주 나타난다. 통증 때문인지 그녀의 얼굴이 살짝 일그러진다. 2년 전 오른쪽 어깨부터 시작된 통증은 이제 왼쪽 어깨로 넘어와 그녀를 괴롭힌다. 병원에 다녀도 그때뿐이고 어깨를 무리하게 쓰지 말라는 당부만 반복해서 들었다. 하지만 어깨를 쓰지 않으면 그림을 그릴 수 없다.

그녀는 웹툰 작가다. 웹툰계에 흔하지 않은 50대 중년 작가다. 8년 동안 눈물겹게 공부한 끝에 1999년 순정만화 작가로 데뷔했고, 출판 단행본 만화를 10년 간 그렸다. 육아로 6년 경력 단절을 겪었는데, 그동안 출판 단행본 시장은 웹툰이라는 새로운 세상으로 바뀌었다. 만화 작가에서 웹툰 작가로 변신(?)하기 위해 눈물겹게 노력해야 했다.

어깨 통증은 한류 아이돌과 웹툰의 만남이라는 콘셉트의 웹툰에 그림 작가로 참여하던 무렵 시작됐다. 어느 병이나 그렇듯 통증은 별스럽지 않게 시작됐고 큰일 아닐 거라 생각했다. 매일 열두시간 이상씩 몇달 동안 쉬지 않고 일해도 실컷 자고 나면 아무렇지 않던 시절을 떠올리며 '이 또한 지나가리라' 믿었다.

그러나 통증은 날이 갈수록 심해졌고 팔을 올릴 수도, 뒤로 돌릴 수도 없을 지경이 됐다. 욱신거리는 통증으로 불면의 밤을 보내고 아픈 팔에 쥐가 나면 남은 팔로 마사지를 했다. 병원과 한의원을 끊임없이 들락거렸지만, 오십견의 흔한 증상이니 무리하게 팔을 쓰지 말라는 말만 들었다. 통증을 참으며 오른쪽 팔을 액정 태블릿에 억지로 올려 밀어붙이고 돌아가지도 않는 팔목을 저어가며 그림을 그렸다. 통증과 불면으로 입맛이 없어지면서 순식간에 7킬로그램이 빠졌다. 머리칼도 뭉텅뭉텅 빠지더니 반밖에 남지 않았고 알 수 없는 피부병도 생겼다.

1년쯤 지나서야 통증은 잦아들었고, 어깨를 돌릴 때마다 우두둑 소리는 나지만 아프지 않았다. 그동안 그녀는 시작했던 웹툰을 완결했고 새 작품을 계약했

"꾸준히 운동하고, 좋은 음식 드세요.

죽도록 그리다 아프지 마세요. 건강이 최고잖아요."

다. 매일 오십견에 좋다는 스트레칭을 하며 다시 활력을 찾아가고 있었다. 그런데 신작을 시작한 지 얼마 안 돼 이번에는 왼쪽 어깨가 아프기 시작했다. 병원에서 예전과 같은 병명을 들었다. 일하는 시간을 줄이면 수입이 줄었지만 어쩔 수 없었다. 작품 오픈 전이라 마감을 미룰 수 있는 것만도 다행이었다. 컨디션이 좋지 않은 날은 어김없이 통증이 스멀스멀 올라오고 피가 통하지 않는 손가락은 콕콕 쑤신다. 그럴 때마다 그녀는 매일 열두시간 이상 죽도록 일하던 30대 시절을 떠올린다. 이 통증은 그때부터 예견된 게 아닐까.

핸드폰 벨 소리가 들리고 그녀는 반가운 얼굴로 통화한다. 그녀처럼 힘들게 살아남아 웹툰 적응에 성공한 동료 작가다. 흑백 단행본 만화를 할 때부터 알고 지냈으니 어느새 20년 지기인 동료는 1년 넘게 연재하던 작품을 완결하고, 새 작품 들어가기 전에 병원 치료 받으러 다닌다고 힘없이 웃는다. 이야기를 들어보니 허리와 엉덩이, 손목 등 아픈 곳이 한두군데가 아니다. 건강하게 살아남으라는 당부로 통화를 마쳤다. 통화를 마치고 일어서는데, 얼마 전 보았던 30대 유명 웹툰 작가 사망 기사와 마감을 미뤄주지 않아 유산한 어느 작가의 폭로가 떠오른다.

그녀는 웹툰 작가의 실태를 검색해본다. 마감 지

옥, 번아웃 증후군, 공황장애, 암 투병…… 펜촉에 잉크를 찍어 아날로그 방식으로 작업하던 만화 작가 시절 익숙했던 병명들은 액정 태블릿에 클립스튜디오로 그림을 그리는 지금도 스토커처럼 무섭게 따라다닌다.

　화상 수업을 위해 줌을 켜는 그녀. 그동안 웹툰 작가 지망생들의 멘토가 돼 6개월을 가르쳤다. 오늘은 마지막 수업이다. 그래서 꼭 하고 싶었던 말을 한다. 꾸준히 운동하고, 좋은 음식 먹으라고. 죽도록 그리다 아프지 말라고. 그러나 정말 하고 싶었던 말은 못한다. 이 일이 나이 들어서까지 할 만큼 괜찮은 노동인지, 건강과 젊음을 바쳐가며 평생을 일했건만 왜 경제적 형편은 데뷔 시절과 별 차이가 없는지…… '건강이 최고'라는 말속에 담긴 뜻을 멘티들이 이해했을까.

　수업을 마친 그녀의 얼굴은 어둑해진 하늘처럼 무거워 보인다. 결심한 듯 책상에 작은 천을 펼치고 그림이 그려진 카드 뭉치를 꺼낸다. 고민하던 질문을 타로 카드에 물어보기로 한다. 진지하게 카드를 섞고 부채처럼 펼친다. 배열법에 맞춰 카드를 한장씩 뽑으며 중얼거린다. 계속 만화를 그려야 할지, 그만둬야 할지, 묻고 또 묻는다. 결과를 보기 위해 카드를 뒤집는 그녀의 손가락이 떨린다.

유튜브가 만든
관절염?!

최재경

유튜브 크리에이터

처음 유튜브 채널을 시작할 때에는 '유튜브 크리에이터'라는 말이 그렇게 좋았다. 누구의 간섭도 없이 나혼자서 프로듀서, 작가, 촬영감독, 편집자의 역할을 하면서 원하는 영상을 만들고, 시청자들과 직접 소통할 수 있는 크리에이터가 된다니! 그러나 완전히 혼자는 아니었다. 유튜버가 된 순간부터 나의 성과를 철저히 분석하고 감시하여 본부에 보고하는 AI 작업감독이 있었으니까.

5분짜리 영어 요리 영상 하나를 제대로 만들기 위해서는 자료 조사, 기획, 대본 작성, 재료 구입, 요리 연습과 시연, 촬영과 편집까지 두세명이 할 일을 혼자서 하느라 꼬박 사흘이 걸렸다. 돈을 받고 일했다면 최소 백만원 가치가 넘는 일이었다. 일정한 구독자 수와 구독 시간에 도달해서 광고 수익이 생기기 전까지는 아무런 보상도 보장되지 않았지만, 일단 '공익 기여'와 '자아실현'이라는 일차적인 목표는 이룬 것이니 만족했다. 광고가 붙고 조회수가 늘어나기 시작하면 수익도 누적되면서 언젠가는 연금처럼 여러개의 콘텐츠에 기대어 살 수 있을 것이라고 믿었다.

그러던 어느 날 내 정성이 알고리즘이라 불리는 '유튜브 신'을 감동시켰는지 나의 지난 영상 하나가 갑자기 인기를 끌며 조회수와 댓글이 늘어나기 시작했다. 그 뒤로 AI 작업감독도 신이 났는지 매일 나의 업무성과를 그래프와 수치로 보여주며 "지난달보다 더 잘했다!"라고 칭찬을 해주었다. 새 영상을 올릴 때면 "최근 올린 영상 중에서 이번 영상의 반응이 1등이야. 최고야!"라며 디지털 색종이 폭죽을 터뜨려주었다. 그럴 때는 뇌에서 엔도르핀이 분비되면서 희열에 사로잡혔다.

그러나 구독자 수가 늘어나고 수익화가 시작된 뒤에도 광고 수익 자체는 기대한 것에 비해 너무나 미미했고(일반 영상제작 보수의 5분의 1 이하) 성장 속도도 느렸다. 구글은 회사 사정이나 결정에 따라 유튜버들에 대한 계약조건을 일방적으로 바꾸어 통보하기 일쑤였고, 그럴 때마다 개인 유튜버들의 광고 수익률은 더 낮아졌다. 광고를 보지 않는 유튜브 프리미엄 가입자가 늘어날수록 유튜버의 광고 수익은 줄어들었고, 유튜브는 온갖 새로운 수익 장치를 마련하여 이익을 챙겼다.

알고리즘은 내 영상에서 조금이라도 오락성이나 '어그로'(자극적인 내용) 요소가 있으면 용케 알아보고 그 콘텐츠를 다수 구독자에게 추천하고 그것이 내 대표영상인 양 소개했으나, 내가 호기심 때문에 일관성 없는 새로운 주제를 건드리거나 대중성이 떨어지는 영상을 만들면 차갑게 외면했다. 나는 점차 알고리즘을 의식하며 영상을 제작하기 시작했고, 경쟁력 있는 콘텐츠를 만들고자 모든 것을 갈아 넣었다. 그러자 이제까지 본 적 없는 열광적인 반응이 나타나기 시작했다.

내 채널 속에서 매주 신기록을 세우는 기쁨은 1년도 안 되어 손가락 관절염으로 중단되었다. 인간의 손가락은 너무 많은 컷 편집으로 인한 마우스 클릭을 견뎌내도록 설계되지 않았다. 몇년에 걸쳐 3백개가 넘는 콘텐츠를 만들어두었으니, 내가 쉬더라도 그들이 알아서 시청자를 만나고 수익을 낼 거라고 믿었다. 그러나 내가 두어주 작업을 멈추는 일이 반복되자 알고리즘은 나를 게으른 유튜버로 간주하고 추천 자체를 멈추는 눈치였다. 자전거 페달을 밟듯 하는 꾸준한 노동만이 나의 지난 영상들의 추천 기회를 보증했던 것이다.

·

수입은 곧 반토막 나더니, 다시 반토막이 되었다. AI 작업감독은 "그동안 너무 무리하셨군요. 걱정 말고 좀 쉬세요"라고 말하는 대신, "작년 이맘때 잘하더니 지금 너무 저조하네" 이런 말을 늘어놓기 시작했다. 마법에서 풀려나듯, 그들이 말하는 대로 하지 않아도 된다는 걸 깨달은 건 그 무렵이었다.

　　이대로 중단하고 떠난다면 피땀 흘려 가꾼 나의 채널, 콘텐츠, 구독자를 그들에게 넘기는 셈이다. 나는 구글의 무정한 AI 작업감독과 변덕쟁이 알고리즘 신에게 복수하기로 마음먹었다. 나의 복수는, 작업감독이 말한 성공 공식과 정반대로 행동하는 것이다. 즉 돈은 다른 일로 벌고, 나의 유튜브 채널은 수익실현이 아닌 '자아실현, 공익 기여, 추억 기록'을 위해 사용하는 것이다. 광고를 실을 간판 가치는 떨어뜨리고 서버 용량만 잔뜩 차지하여 작업감독의 골칫거리가 되는 것이다. 내가 원하는 대로 내 속도에 맞춰 제작한 콘텐츠로 내 채널을 채워갈 것이며, 내 방식대로 구독자들과 소통하며 함께 늙어갈 것이다. 나는 충분히 그럴 자격이 있다.

'노가다' 없이
세상이 돌아가나요

김경민
쿠팡 물류센터노동자

경남 창원에 있는 한 공장에서 '기간제'로 일했다. 2년을 채우기 하루 전 계약이 종료됐다. 다시 구한 일터는 쿠팡에서 식품을 취급하는 신선물류센터였다. 여기서도 벌써 1년이 흘렀다. 돌아보면 짧은 시간이지만 하루하루는 길기만 했다. 고된 노동의 시간이 쌓여야 하루가 간다는 것이 생각보다 잔인하다.

내가 맡은 공정은 '포장'이다. 포장업무는 크게 싱글과 멀티, 두가지로 나뉜다. 한집에 배송되는 물건이 하나인지, 여러개인지가 기준이다. 원래는 4개 조가 일했는데 언제부턴가 프레시백, 박스 2개 조로 나뉘어서 일하게 됐다. 날마다 관리자가 일하는 자리를 지정해준다. 프레시백과 박스에 아이스팩을 개수에 맞게 넣어 포장하고 운송장을 넣어서 차량 상하차가 이뤄지는 허브 쪽으로 가는 레일에 올리는 작업을 한다. 조별로 한달에 다섯번 정도 아이스팩 대신 드라이아이스를 넣는 냉동 작업을 한다.

근무는 오전, 오후, 심야 3개 조로 나뉜다. 내가 일하는 주간 조는 아침 여덟시부터 오후 다섯시까지 여덟시간 일한다. 10시 50분과 11시 50분 두번 마감 때는 전쟁이다. 오후에는 마감은 없지만 물량이 밀려들기 때문에 정해진 시간 안에 물건을 빼야 해 정신이 없다. 온종일 최대한 실수 없이 빨리 일하는 것이 가장 중요하다.

일을 시작하며 세장짜리 근로계약서를 썼다. 1~14조 항목에는 임금, 성과금, 연차, 기밀유지, 정보보호 등에 관한 내용이 담겨 있다. 근무기간을 3, 6, 9, 12개월씩 쪼개서 계약하는데, 12개월 계약을 한다고 해도 12주 수습기간이 전제로 붙기 때문에 결국 3개월짜리인 셈이다. 계약기간을 다 채우면 다시 인사과 사무실에 서류를 제출하고 무기계약직 전환 여부를 기다려야 한다. 계약만료로 잘려나가는 경우도 무수히 많다.

급여는 2022년 기준 시간당 9160원이다. 세금 떼고 손에 쥐는 것은 한달 2백만원 남짓이다. 상여금이나 명절비, 휴가비는 따로 없다. 그나마 명절엔 10만원 쿠팡캐시가 지급된다. 오후 조나 심야 조는 야간수당이 붙기에 주간 조보다 월급이 많지만, 고된 노동에 견줘 만족스러운 수준은 아니었다.

　최근 수도권을 중심으로 쿠팡 노동조합이 설립됐다는 기사를 봤다. 노조활동을 하던 센터 분회장이 해고됐다는 소식도 들었다. 부당해고와 노동조건 개선을 걸고 싸우고 있다는 것도 알고 있다. 하지만 지방 센터에서 일하는 나는 노조가 있다는 걸 피부로 느끼지 못한다. 센터에 조합원도 없고, 노조가 설립됐다는 사실도 모르는 사람이 많다. 그래서 근로계약서에도 모든 것은 취업규칙을 따르고 아니면 기타 사규를 따른다는 조항이 많다. 단체협약을 맺어 직원들의 노동환경이나 조건을 개선하는 때가 오기를 내심 바라고 있다.

　아, 이곳엔 휴게실이 없다. 휴게실이라는 팻말이 붙은 곳은 있지만, 신입사원 교육장 또는 일용직 사원들이 퇴근카드를 찍고 나가는 장소로 이용된다. 사실 휴게실이 있어도 소용없다. 일하는 중간에 쉬는 시간이 없기 때문이다. 쉬는 시간은 '밥 먹는 딱 한시간'이 전부다. 인사과 사무실 건물과 야외 작은 사물함들 사이 지게차가 다니는 길옆에 의자를 가져다놓고 잠시 쉰다. 비 오면 빗물 떨어지고, 바람이 심하게 부는 날에는 먼지가 풀풀 날리는, 어딘가 모자란 야외휴게실이다. 산업안전보건기준에 관한 규칙은 '근로자가 고열·한랭·다습 작업을 하는 경우에 근로자들의 휴식시간에 이용할 수 있는 휴게시설을 갖추어야 한다'고 명시하고 있다지만 현장은 다르다.

최근 현장 안에서 화제가 된 사안이 있다. 회사가 노동자에게 브이티오(VTO, The Voluntary Time Off)라는 자발적 무급휴가를 쓰게 하는데 주휴수당도 연차도 그대로 인정해주겠다고 한다. 들리는 말로는 물량이 준 날은 인건비가 나가는 게 아까워서 사람들을 무급으로 쉬게 하는 거란다. 4월 초부터 거의 매일 이 휴가신청 안내문자가 온다. 이곳 노동 강도가 너무 센 탓에 꽤 많은 사람이 신청하지만 회사 승인을 받은 사람만 쉴 수 있다.

모든 근태는 쿠펀치라는 앱으로 기록된다. 퇴근시간이 1분이라도 빠르면 몇백원이라도 깎는데, 이걸 정정하기 위해서는 근무시간확인서를 작성해야 한다. 묘한 느낌이 들기도 한다. 회사와 계약을 맺고 일하는데, 중간에서 앱의 관리를 받는 느낌이랄까.

물류센터에서 일하는 사람들을 두고 '노가다', '누구나 할 수 있는 일'이라고 말한다. 막상 일하다보니 다른 일들만큼 중요하고 필요한 노동이었다. 노동자 스스로 노동에 대한 자부심이 생길 수 있게끔 합당한

임금과 노동환경이 마련된다면 좋겠다. 성실하게 살아
가는 수많은 노동자가 조금 더 안정적으로 살 수 있게
되는 날을 꿈꿔본다.

미싱은 잘도 도네,
나아지지도 않고

박만복
———
봉제노동자

나는 열일곱살에 돈을 벌러 서울로 올라왔다. 누나들을 따라서 봉제공장에 취직한 뒤 지난 36년 동안 봉제일을 해왔다. 지금은 서울 중구 신당동에서 조그만 봉제공장을 운영하고 있다.

처음 공장에 들어가서 막내 시다(보조원)로 일했다. 조금 숙련된 시다를 거쳐 보조 미싱사가 되고, 오야(팀장) 미싱사가 될 때까지 죽어라 일을 배웠다. 입사해서 받은 첫 월급이 13만 5천원인데, 5천원은 오야가 내게 일 잘했다고 얹어준 거였다. 내가 일한 만큼 받을 수 있다는 게 좋았다. 공장에서 만난 아내와 밤낮으로 일하면 둘이서 한달에 오륙백만원을 벌었다. 마냥 이렇게 벌릴 줄 알았다.

IMF 사태가 터지면서 봉제공장에도 예외 없이 일

거리가 줄었다. 단가도 내려가 미싱을 해서 먹고살기 힘들겠다는 생각이 들었다. 공장을 그만두고 8개월 택시운전을 했는데 그것도 힘에 부쳐 다시 양복공장으로 돌아왔다.

공장으로 돌아와서 미싱을 그만두고 옷감의 치수를 재고 자르는 재단을 배웠다. 맨날 좁은 자리에 앉아 미싱 발판을 밟는 것보다 자유롭게 몸을 움직이며 칼질하는 게 재미있었다. 그리고 봉제공장에서 마무리 단계에 쓰이는 지그재그 미싱 등 여러 기계들을 익혀 나갔다. 이런 노력으로 공장장이 됐다.

그러다 봉제공장에서 옷의 마무리 공정인 시아게(다림질)를 배우기로 마음먹었다. 1년 정도 배운 뒤에는 작업 성과에 따라 보수를 받는 객공 시아게사로 일했다. 오전 여덟시에서 밤 열시까지 일을 했다. 일이 많을 때는 자정을 넘기기도 했다. 돈을 버는 재미가 있었지만 온종일 서서 다림질을 하다보니 다리, 발바닥, 어깨 등이 아파왔다.

시아게를 하면서 내가 공장을 운영하면 어떨까 하는 생각이 들었다. 발품 팔아 이곳저곳 공장을 알아보러 다녔다. 드디어 신당동에 있는 공장을 운영할 기회가 생겼다. 계약하는 순간 '이제 나도 사장이 되는구나!' 싶어 기뻤다. 포부도 있었다. 완성도 높은 옷을 만들어 홍보도 하고 직접 영업을 해보고 싶었다. 그러나 주문이 들어오면 납품기일 맞추기에 정신이 없었다. 영업은 꿈도 꾸지 못했다. 그래도 알음알음 소개로 온 사람들 덕에 일감이 조금씩 늘어났다.

성수기인 봄가을에는 일감이 많아도 미싱사들을 구하지 못해 일감을 놓칠 때도 있다. 미싱사들은 일감이 많을 때는 하루 열다섯시간 넘게 일한다. 하지만 비수기에는 미싱 한번 돌리지 못하는 날도 있다. 그러면 미싱사들이 다른 곳으로 일감을 찾아 떠난다. 이렇게 악순환이 반복됐다.

요즘 봉제노동자 평균 나이가 55~60살이다. 수십년을 일한 숙련된 봉제노동자들이 처한 노동환경은 30년 전이나 지금이나 별 차이가 없다. 일하는 환경, 노동시간, 공임 등 처우가 나쁘니 청년들은 봉제 일을 하지 않는다.

30년 전 처음 미싱사가 됐을 때 난 내가 일한 만큼 돈을 가져갈 수 있다는 게 좋았다. 객공 시아게사로 일할 때는 새벽까지 일해도 벌이가 괜찮아 좋았다. 하지만 그때나 지금이나 공임은 거의 변하지 않았다. 중국, 베트남 등에서 싸게 들어오는 옷이 많아 단가 인하 경쟁을 하는 의류업체들 탓에 공임이 낮게 책정되기도 한다. 옷마다 다르지만 한장에 5백원짜리도, 2천원짜리도 있다. 20년 전 재킷 한벌에 칠팔천원 하던 공임이 지금은 겨우 일이천원 정도 올랐다.

일당 노동자는 아침 아홉시부터 저녁 일곱시까지 일한다. 미싱은 12~13만원, 마무리는 17만원, 재단은 20만원 정도를 일당으로 받는다. 일이 많을 때는 사오백만원도 벌지만 일이 없을 때는 50만원도 못 벌 때가 있다.

지금 영세공장을 운영하는 처지에서 봤을 때, 봉제업의 객공 시스템은 결코 좋은 게 아니다. 객공은 근로기준법상 노동자로 인정받기 어렵고 보너스도 퇴직금도 없다. 4대 보험도 들 수 없다.

서울 도심 제조업 중 가장 큰 게 봉제산업이다. 신당동에만 봉제공장이 수백에서 천개 가까이 된다. 그중 노동자에게 4대 보험에 가입시킬 형편이 되지 않는 영세사업장이 열에 아홉이다. 정확하게 알 수는 없지만 서울만 봉제노동자가 9만명이 넘고 근로기준법 적용을 받지 않는 사업장이 대부분이라고 한다.

이제는 좀 바뀌면 좋겠다. 봉제노동자들의 공정임금, 공정단가 그리고 기본적으로 열두시간 이상 일하는 작업시간을 바꿔나가고 싶다. 봉제노동자 주 5일 근무, 4대 보험 등 여러가지를 바꾸고 싶은데 혼자서는 뜻대로 되지 않는 게 현실이다.

"신당동에만 봉제공장이 천 곳 가까이 돼.
그중 노동자에게 4대 보험을 가입시킬 형편이 안 되는 곳이
열에 아홉이야. 이제는 좀 바뀌면 좋겠어."

정부나 지자체에서 영세한 봉제사업주가 노동자들을 4대 보험에 가입시킬 수 있게 독려하고 비용을 일부 보조해주면 좋겠다. 그리고 사업장 단가, 임금, 노동환경 개선에 나서주면 좋겠다.

프로축구,
이런 리그도 있다

김축구(가명)
프로축구 4부리그 선수

프로스포츠 선수 계약은 선수는 소속된 구단의 지시에
따라 경기와 훈련에 참여해 스포츠 선수로서 특유의
기술을 제공하고, 구단은 그 대가로 계약상 정해진 보
수를 제공하는 계약입니다. 프로축구 4부(K4)리그 선
수들 역시 다른 노동자처럼 노동력(운동)을 사용자(구단)
에게 제공하여 그에 따른 보수를 받으며 살아갑니다.
저희 역시 노동자이고 그에 따른 권리를 보장받을 자
격이 있습니다. 하지만 사람들 대부분은 운동선수를
노동자로 생각하지 않는 것 같습니다.

　제가 속한 K4리그에서는 몇몇 선수를 제외하곤
거의 규칙적이고 안정적인 임금을 받지 못하고 있습니
다. 대한축구협회는 리그 규정을 통해 팀마다 최소 다
섯명의 선수와 최소 2천만원 정도를 보장하는 연봉제

계약을 체결하도록 하고 있습니다. 선수 다섯명은 경기 때 뛰는 선수 열한명의 절반도 안 되고, 2천만원으로 1년간 생활하기도 쉽지 않습니다. 그리고 나머지 선수들은 수당제 계약을 하게 돼 훈련수당과 승리수당으로 생계를 이어나가야 합니다. 경기에서 이기지 못할 경우에는 훈련수당만 받게 되니 어쩔 수 없이 다른 일을 함께해야만 생활할 수 있습니다.

해체된 한 K4리그 구단에서는 임금문제가 아주 심각했습니다. 연봉제 계약을 한 다섯명에게 계약대로 임금이 지급되지 않았습니다. 수당제 계약을 한 선수들도 훈련수당은 전혀 받지 못했고 승리수당으로 이 30만원 정도만 받을 수 있었습니다. 한달에 네 경기 남짓을 뛰는데 승리수당만 받게 되니 경기에서 이기더라도 다른 일을 병행해야만 생활할 수 있었습니다. 또한 원정경기를 할 경우 보통은 경기일 전날 구단이 해당 지역에 마련한 숙소에 도착해 컨디션 관리를 해야 하는데, 선수들이 사비로 숙소를 잡고 체력관리실 대신 운동장을 이용해야만 했습니다. 이러한 상황은 무려 1년 동안 계속됐습니다. 구단 쪽은 "현재 사정이 어려우니 이해를 부탁한다"라는 식으로 둘러대기 바빴습니다. 이런 불안정한 상황에서 선수들은 하나둘씩 다른 팀으로 떠나거나 선수 생활을 그만두기도 했습니다.

K4리그 다른 구단들은 이 정도까지 엉망은 아니었습니다. 구단들은 선수들에게 평균 40만원 정도 훈련수당과 2~30만원 정도 승리수당에 더해 경기명단에 들어갈 경우 10만원 정도 엔트리 수당을 지급해왔습니다. 물론 충분한 수준의 임금이라고 하기는 어렵지만, 해체된 구단 선수들보다는 상대적으로 나은 상황에 있었습니다. 그리고 이 구단들은 운동장 외에도 선수들이 개인적으로 운동할 수 있는 시설을 구비하고 있습니다. 또한 원정경기에 드는 비용을 선수들의 사비로 지불하게 하는 일은 없었습니다.

문제가 됐던 구단이 해체된 뒤 리그 규정이 강화돼, 구단이 연봉제 선수들의 임금을 지급하지 못하는 경우 리그에서 퇴출되도록 했습니다. 또한 대한축구협회가 선수들의 임금문제에 많은 도움을 주고 있습니다. 하지만 아직도 부족합니다. 사실 세미프로리그인 K3(3부리그), K4리그 구단에서 뛰는 선수들은 제대로 된 급여 수준을 기대하기 힘들다는 것을 알고 있습니다. 그럼에도 선수들이 이런 구단들을 선택하는 것은 언제가 될지 모르지만 K1(1부리그)에서 뛰는 선수가 되고 싶기 때문입니다. 이들은 꿈을 위해서 불합리한 임금 조건을 참고 운동하고 있습니다.

선수가 꿈을 이루기 위해 나아가는 과정이 이런

불합리함을 참고 인내한다는 것과 같은 말이어서는 안 됩니다. 세미프로리그가 더 나은 환경이 되기 위해서는 지금의 시스템을 개선해야 합니다. 임금 체불을 막는 리그 법규조항을 강화하고, 선수가 임금을 받지 못할 경우 협회가 나서서 선수들을 보호해야 합니다. 선수, 팬, 구단 스태프 모두 '운동선수도 노동자'라는 인식의 전환이 필요합니다. 이 인식의 전환을 통해, 저희는 더 나은 환경에서 축구에 집중하며 발전하는 선수가 될 수 있을 것입니다. 세미프로리그 선수들의 발전은 프로리그의 수준 향상에도 도움이 되기 때문에 종국에는 한국 축구 발전에 이바지할 것입니다.

부지런히 일하다. '근로하다'의 사전적 정의입니다. 세미프로리그에 속한 모든 선수는 '세미'프로가 아닌 '프로'가 되기 위해, 그 누구보다 열심히 축구 하나만 바라보고 부지런히 일합니다. 우리는 축구를 일로 삼고 열정을 갖고 근로하고 있는 것입니다. 한국축구 팬분들께서 저희가 더 나은 선수로 성장할 수 있도록, 저희의 처지가 개선될 수 있도록 세미프로리그에 관심을 가지고 저희 주장에 귀 기울여주시길 소망합니다.

재미를 위해서는
쉴 틈이 없다

신명재

게임 엔지니어

안녕하세요. 저는 11년차 게임산업에 종사하고 있는 노동자입니다. 최근 '첨단산업은 노동시간을 더 자유롭게 해야 한다'는 장관님 발표를 보고 가슴이 답답해져 몇자 적어봅니다.

아마 2011년이었을 거예요. 제가 처음 게임회사에 들어온 해가요. 그때만 해도 전자오락이나 만드는 괴짜 회사 이미지였는데 요즘엔 4차산업과 메타버스, 스마트함의 대명사가 되었죠. 하지만 시대 인식이 어떻게 변하든 우리 현실은 그리 아름답지는 않은 것 같아요. 마치 우아한 백조가 물 아래에서는 끊임없이 발을 버둥거리는 것처럼 말이죠.

제가 본 게임회사 직원들의 현실은 오후 아홉시는 '칼퇴', 열한시는 되어야 '야근'이라고 말하는 그런 것이었어요. 이유는 모르겠지만 그냥 모두가 그랬어요. 야근수당 같은 건 없었죠. 그렇게 밤에도 늘 회사에 불이 밝으니 '구로의 등대', '판교의 오징어잡이 배'라는 별명이 생겼나봐요. 저도 한번은 일이 너무 많아서 한달이 넘게 택시만 타고 다닌 적이 있었어요. (저는 운이 좋아 회사에서 새벽에 출퇴근하면 택시비가 지원됐어요.) 그날도 어김없이 택시를 타고 들어가는데 문자가 하나 와 있더군요. 바로 월급 입금 문자였어요. 여태 지난달 월급을 1원도 쓰지 못했는데 다시 한달이 지나 월급을 받은 거죠. 기분이 묘했어요. '나는 대체 왜 이러고 살고 있나' 싶어 '현타'라는 게 오더군요.

이렇게 바쁜 와중에도 저 같은 엔지니어들은 매주 새벽 서너시에 시작하는 정기 점검/업데이트를 해야 해요. 사람들이 잠을 자느라 접속률이 가장 낮을 때인 새벽이 게임 노동자들에게는 바쁘게 일해야 하는 노동시간인 거죠. 새벽부터 네트워크, 서버, 데이터베이스 등 각 직무별 순서대로 작업하는데, 누구 한명이라도 빠지면 그날 작업 전체를 취소해야 해요. 그럼 고객님과 한 업데이트 약속을 못 지키게 돼 큰일이 나죠. 그래서 그 전날은 불안감에 거의 잠을 자지 못해요. 30분 자다 깨고, 30분 자다 깨고를 반복하다 새벽에 집을 나서게 되죠. 그것뿐만이 아니에요. 게임은 24시간 쉬지 않잖아요? 그러니 '장애'가 나지 않도록 늘 긴장하고 있어야 해요. 그래서 어딜 가든, 심지어 휴가 때도 노트북은 필수품이죠.

불과 몇년 전이네요. 구로에서 '과로'로 생을 달리한 동료 기사를 본 게요. 모두들 '어쩌다 이런 일이'가 아니라 '올 것이 왔구나' 하는 반응이었어요. 그리고 어쩌면 나의 일이 될 수도 있겠다는 공포가 모두를 덮쳤죠. 그 뒤로 몇번 더 비슷한 일이 있고는 '주 52시간제'가 시작되었어요. 심지어 몇곳은 노조도 생기며 우리도 앞으로 좋아질 수 있다는 희망을 봤죠. 게다가 노조가 생긴 곳은 '포괄임금제'가 없어지면서 처음으로 '야근수당'이란 것도 받아봤고요. 아직도 첫 야근수당을 받은 그날 15년차 개발자가 한 말씀이 기억나요. '내 야근의 값어치가 이렇게 컸구나. 난 15년 동안 뭘 했던 거냐?' 그 말 앞에서 아무 말도 할 수 없었어요. 물론, 아직 스타트업이나 규모가 작은 곳은 제가 겪었던 과거에서 많이 좋아지지는 못했어요. 하지만 조금씩 바뀌는 분위기는 만들어졌네요.

이제 겨우 조금 숨통이 틔고 좋아지려는 찰나에 "노동시간이 부족하다, 유연화를 해야 한다"라는 장관님의 말씀은 우리 업계 노동자 모두를 화나게 했어요. 왜냐하면 그건 그나마 천천히 좋아지고 있는 이 상황을 다시 예전으로 돌리겠다는 말과 같기 때문이죠. 자연히 트라우마가 된 '과로사' 공포도 떠올랐고요. 맞아요. 사실 우리는 동료를 또 잃을까 무서워요.

그거 아세요? 이제 게임업계 평균연령이 예전 같지 않아요. 삼사십대가 주축이 되어가고 있죠. 이제 좋은 게임 하나만 바라보며 나를 갈아 넣던 청년에서 누군가의 배우자, 아빠, 엄마가 되기도 했죠. 이분들이 최소한 내 아이가 눈을 뜨고 있는 시간에 퇴근해서 아이와 소중한 시간을 나눌 수 있었으면 좋겠어요.

좋은 나라를 만든다는 건, 첨단산업을 육성하고 국가 경제 순위를 올리는 것도 중요하지만 그 속에 사는 저 같은 국민의 행복이 최우선되는 것이 아닐까요? 일하는 시간을 늘리는 것 말고 다른 방법은 없을까요? 당장 생각이 안 나시면 우리와 이야기하며 더 좋은 방법을 찾으면 어떨까요? 우리는 일을 하는 노동자이기도 하지만 이 나라의 주인인 국민이기도 하니까요. 어려운 시기에 고민이 많으시겠지만 '모든 문제의 답은 현장에 있다'는 말씀을 다시 한번 기억해보셨으면 해요. 노동조합 출신이시니 누구보다 더 잘 아실 거라 믿어요. 언제나 건강하시고 일 조금만 하세요.

모든 희망을
버릴지어다

고현석
영어 번역가

번역 일을 처음 시작하고 하루에 꽤 많은 시간을 작업에 할애했다. 생활고에 시달리던 당시 매우 어렵게 얻은 일거리를 붙잡고 하루 열두시간 넘게 번역에 매달렸다. 그렇게 몇년 동안 일하면서 나름 노하우도 생기고 번역료도 어느 정도 받게 됐지만, 이젠 허리 통증 등 몸이 안 좋아져 장시간 작업하기 힘들다. 초기의 절반쯤이나 일할까.

나는 주로 과학 단행본을 번역한다. 처음에는 긴 호흡의 글과 싸움하는 게 쉽지 않았다. 꽤 오랫동안 신문사와 뉴스통신사에서 일하면서 짧은 글을 쓰는 데 익숙해졌기 때문이다. 하지만 번역은 원저자의 문장을 매우 충실하게 우리말로 옮겨야 하는, 매우 지루한 작업이다. 가끔 원저자가 잘못된 내용을 쓸 때도 있다.

그럴 때는 원문을 뜯어고치고 싶은 충동이 든다. 약간 고민하다 결국 그대로 우리말로 옮긴 뒤 편집자와 나중에 상의하기로 하고 마음의 평화를 얻으려 하지만 마음 한구석이 찜찜하다.

늘 마감에 쫓기긴 하지만, 그러면서도 외국어 문장을 우리말로 옮긴다는 것이 애초에 가능한 일인지 하는 생각을 쓸데없이 많이 하게 된다. 어떤 날은 어떻게 번역해도 문장들이 죄다 마음에 들지 않는다.

"Absence of evidence is not evidence of absence." 내가 번뇌를 일으키게 만드는 전형적인 문장이다. '코스모스'의 저자인 천문학자 칼 세이건이 한 말로 알려져 있다. 이 영어 문장을 직역에 가까운 "증거의 부재는 부재의 증거가 아니다"라고 옮길지, 조금 풀어서 "증거가 없다고 해서 존재하지 않는 것은 아니다"라고 옮길지 며칠을 고민했던 기억이 있다. 풀어서 번역하면 이해는 쉽지만 원저자의 글맛을 살리기 힘들기 때문이었다. 지금은 이런 고민을 별로 하지 않는다. 몇년 번역 일을 하면서 요령이 생겼거나, 무감각해져서인지도 모르겠다.

하지만 지금까지 이야기한 문제들은 어쩌면 지극히 개인적이고 사소한 문제일 수 있다. 생계형 번역가인 나에게 가장 큰 문제는 수입, 즉 번역료와 관련된 것일 수밖에 없다. 이제까지 수십권 책을 번역하면서 계약서에 명시된 날짜에 번역료를 받은 경우는 몇 번 안 된다. 지급일에 입금을 기다리다 출판사에 연락하면 담당 편집자는 매우 미안해하면서 다음 달 또는 그다음 달에 반드시 지급하겠다고 약속한다. 항의하고 싶은 마음이 굴뚝같지만 출판사와의 관계에서 을인 처지이기에 다음에 주겠다는 말을 받아들일 수밖에 없다. 담당자에게 밉보이면 차후에 내게 일거리를 주지 않을 수도 있으니 말이다.

번역 단가 문제도 크다. 내 경우 초보 딱지를 떼고 어느 정도 궤도에 오르게 된 몇년 전에 받던 번역료와 지금 받는 번역료가 거의 같다. 심지어 1990년대와 비교해도 거의 같은 수준이다. 번역료 책정에는 물가상승 요인이 전혀 고려되지 않는 것 같다. 하지만 번역 단가를 올리기 위한 협상은 위험하다. 그러다 계약이 성사되지 않은 경험을 한두번 하며 웬만해선 출판사가 제시하는 단가에 맞추는 것이 결국 이득이라는 걸 깨닫게 됐다.

가끔 원서를 검토해달라는 의뢰를 받곤 한다. 출판사에서 책이 얼마나 시장성이 있을지 판단하는 데 참고하기 위해서다. 하지만 번역자에게는 계륵 같은 일이다. 책 전체를 읽고 출판사가 원하는 양식대로 정리해야 하므로 원서 검토에 걸리는 시간은 동일 매수의 번역 원고를 작성하는 시간보다 길다. 그럼에도 며칠 시간이 필요한 검토 의뢰를 받아들이는 이유는 검토비 명목으로 주는 1~20만원보다도 출판이 결정될 경우 자신이 번역을 맡게 될 가능성이 크기 때문이다.

몇년 동안 번역 일을 하면서 머릿속을 떠나지 않는 생각은 언제 이 일을 그만두게 될지 모른다는 것이다. 모든 프리랜서가 그렇듯이 번역가도 일거리가 더는 들어오지 않을지 모른다는 불안감에 시달리면서 산다. 그럴 때마다 이번 책만 마감하고 차분하게 미래를 생각해보자고 결심하지만, 결국 나도 모르는 사이에 다음 책을 번역하고 있는 내 모습을 보면서 좌절하곤 한다.

"이곳에 들어오는 자, 모든 희망을 버릴지어다." 단테의 『신곡』 지옥 편에 나오는 유명한 구절이다. 이 문장도 어떤 번역가의 손을 거쳤으리라. 그 번역가도 나와 같은 생각을 하고 있을까?

성매매는
폭력이고
착취일 뿐

짤(가명)

성매매경험당사자네트워크 뭉치 활동가

처음 지인으로부터 '6411의 목소리' 코너에 성매매 현장에 관한 글을 써보지 않겠냐는 제안을 받고 고민했다. 각종 노동 현장에서 일어나는 다양한 이야기가 실리는 곳인데, 성매매는 성착취일 뿐 노동이 될 수 없다고 외치는 우리의 목소리를 내보내는 게 합당한지 의구심이 일었기 때문이다.

나는 성차별·성착취 세상을 바꾸려는 성매매 유경험자들의 조직인 '성매매경험당사자네트워크 뭉치'에서 활동하고 있다. 2006년 지역 자조 모임에서 출발해 2023년 현재 여섯개 지역 50여명의 성매매 경험 당사자들이 성매매 현장에서 여성들이 어떤 방식으로 판매되고 착취당하는지, 성매매의 본질을 드러내고 알려 그 누구도 우리와 같은 폭력을 당하지 않기를 바라는 마음으로 활동하고 있다.

성매매방지법이 만들어진 지 18년이 지났지만, 대한민국은 성매매공화국이라 불릴 정도로 여전히 성매매 산업은 성황을 이룬다. 조건만남, 키스방, 성구매 후기사이트, 성구매 알선사이트…… 모양만 달라질 뿐 성매매 유형과 방식은 계속 다양화하고 늘어나고 있다. 온라인에서 여성에 대한 성착취 구조가 어떤 식으로 만들어지고 돌아가는지 보여준 일명 'n번방' 사건을 보면서, '뭉치'가 오프라인에서 경험했던 일과 다르지 않다는 것을 알았다. 여성에 대한 폭행과 불법 촬영, 동의를 가장한 포르노 촬영, 그루밍 사건 등은 여전히 일어나고 있다.

성매매는 과거도, 현재도 가장 취약한 상황에 놓인 여성들이 선택하는 경우가 대부분이다. 학대, 저학력, 빈곤, 다양한 폭력 피해에 노출되고 사회적 관계가 단절된 사람들이 인터넷사이트 등에서 광고를 보고 연락해 성매매업소를 찾게 된다. 있을 곳이 못 된다고 생각해 그만두겠다고 하면, 업주는 소개비와 방 보증금 및 가전제품, 일할 때 입어야 하는 옷과 신발, 가방, 화장품 등등 '너한테 들어간 돈이 얼마인지 아느냐'며 '그 돈은 네가 갚고 나가야 할 빚'이라고 압박한다.

그러나 그 빚은 갚을 수 있는 구조가 아니다. 성매

매하기 위해서는 큰 비용이 든다. 알선비와 방값, 음료와 콘돔 구매비, 밥값 등 일상적 비용 지출은 물론 몸이 안 좋거나 일이 생길 땐 지각비, 결근비 등 각종 벌금을 물어야 한다. 또 매일 화장하고 살 빼는 약을 먹어야 한다. 성매매 남성을 끌어들이기 위해 몸에 들러붙는 '홀복'을 입어야 하고, 팽팽한 피부를 유지하기 위해 보톡스 주사를 주기적으로 맞아야 한다. 이런 비용을 쓰지 않으면 성매매를 계속할 수 없다. 테이블에 들여보내주지 않아 손님을 만날 수 없다.

반면 업소 사장은 자고 일어나면 하루에 수백만원씩 번다. 우선 성매매 비용의 절반이 사장 몫이다. 업소당 여성 6~10명이 있고, 하루에 오는 성구매자들은 수십명에서 많게는 백명이 넘는다. 그리고 사장들은 장사가 되지 않거나 자기들 마음에 들지 않으면 욕하고, 때린다. 그만두겠다고 하면 집에 알리겠다고 협박한다. 폭력을 써서라도 여성들을 꼼짝 못하게 만든다. 사채를 빌려주면서 여성들이 서로 보증을 서게 해, 도망가지 못하게 서로 감시하도록 하는 일도 있다.

알선자들은 여성을 모아 업소에 팔아넘기기 위해 수단과 방법을 가리지 않는다. 이들은 여러 방법으로 여성들을 성매매 산업에 유입시킨다. 가출 상태여서 갈 곳 없고 친구도 없는 소녀들이 가장 쉬운 대상이다.

연인인 척 다가와 그루밍하며, 함께 행복하게 살기 위해 돈을 벌어오라고, 인터넷을 통해 성구매자를 찾은 뒤 이른바 '2차'를 하고 오라며 성매매를 알선하는 '남자친구' 노릇을 한다. 장애가 있는 여성을 유인해 성매매시키는 사례도 있다.

성구매자는 대가를 지급했다는 이유로 시키는 대로 하라며 성매매 여성에게 입에 담기 힘든 말과 변태 행위를 요구한다. 욕하고 때리기도 한다. 성구매자들은 여성의 몸을 자신의 우월함을 표출하는 장소로 여기기 때문이다. 성구매자들이 원하는 것은 단순한 성관계가 아니라 복종이다.

돈을 받았다는 이유로 성매매 여성이 일이나 노동을 하는 것으로 생각하는 사람들에게 말하고 싶다. 성매매 산업은 폭력이고 착취일 뿐이다. '뭉치'는 그런 성산업은 없어져야 한다고 주장한다. 성매매는 하고 싶어 하는 것이 아니라, 할 수밖에 없는 상황에 놓이게 돼서 하는 것이다. 그리고 그곳은 쉬 빠져나올 수 없는 늪이다. 성매매 여성들의 꿈은 성매매를 하지 않는 것이다. 어쩔 수 없이 성매매하고 있지만 적어도 좋아서 성매매하는 것으로 보지는 않았으면 한다.

이렇게 지구가
더워지다가는…

김영훈

태안화력발전소 노동자

출근하기 전 기상예보를 확인한다. 오늘도 뜨거운 하루가 되겠구나 생각한다. 나의 일터인 태안화력발전소는 아주 뜨겁다. 석탄을 태우며 내뿜는 증기들로 인해 터빈발전기 주변은 4~50도에 육박한다.

나는 2016년 한국서부발전 태안화력발전소 하청업체에 들어갔다. 급여는 적었지만 2년만 일하면 정규직으로 전환될 수 있다는 말에 걱정하지 않았다. 하지만, 7년째 그 약속은 1년 단위의 쪼개기 계약으로 지켜지지 않고 있다. 그러던 중 동료였던 김용균의 사망사고가 발생했고, 우리는 일터의 안전과 고용안정을 위해 노조를 만들고 불법파견과 쪼개기 계약 철폐, 비정규직 철폐를 외치고 있다.

그런데 최근 걱정이 또 하나 생겨났다. 바로 기후

위기다. 태안화력발전소는 정부의 제10차 전력수급기본계획에 따라 2025년부터 순차적으로 폐쇄에 들어간다. 기후위기 극복의 일환으로 탄소배출 줄이기가 전 세계적인 과제가 됐기 때문이다. 기후위기라는 환경문제 앞에서 탄소중립은 꼭 이뤄야 하는 목표이고, 그것을 모르는 이는 없다.

그 사실을 그 누구보다 잘 알고 있는 사람들이 우리 발전소노동자들이다. 365일 뜨거운 열기와 소음 그리고 석탄과 분진 속에서 닦고 조이고 기름 치는 일을 하는 노동자들이야말로 발전소 안의 유해물질과 각종 화학물질이 어떻게 발생하고 어떻게 처리되는지 가장 잘 알고 있기 때문이다. 그래서 석탄화력발전소 폐쇄 또한 충분히 이해하며 동의한다. 그러나 그것은 환경문제를 생각하는 시민의 입장에서 그렇다는 것이고, 노동자로서 개인의 생존은 또다른 차원의 문제다. 석탄화력발전소가 폐쇄되면 그곳에서 일하던 노동자들의 일터 또한 사라지기 때문이다. 먼저 폐쇄가 진행된 경남 삼천포와 전남 여수, 충남 보령, 울산화력발전소를 봐도 알 수 있다. 발전소 문이 닫힘과 동시에 그곳에서 일하던 수많은 노동자가 일자리를 잃었다.

여수발전소 한 노동자는 고용노동부 여수지청과 발전사, 하청업체가 고용대책회의를 열었지만 하청노

"오늘도 나는 뜨거운 작업장에서,

언제까지 일할 수 있을까를 걱정합니다."

동자들을 받아줄 곳이 없으니 어쩔 수 없다는 통보를 받았고 그대로 일자리를 잃었다고 한다. 노동자에게 대책이 없으니 각자도생하라는 식으로 방치해버린 셈이다. 이런 문제는 비정규직에만 국한되는 것은 아닐 것이다. 하청노동자들이 일자리를 잃은 다음에는 구조조정을 가장한 정규직 정리해고도 시작될 것이고, 임시로 다른 지역 발전소로 이동한다고 해도 전체적으로 일자리는 줄어들고 인력은 남아도는 상황에서 석탄화력발전소 노동자는 더는 갈 곳이 없어지게 될지 모른다.

지금 태안화력발전소 비정규직 하청노동자들은 하루아침에 실업자가 될 위기에 놓여 불안에 떨고 있다. 그뿐만 아니라 지역 소상공인들도 발전소가 폐쇄되고 그곳에서 일하던 노동자들이 빠져나가면 지역경제에 큰 타격을 줄 것이라며 불안해한다. 당장 단골 식당 밥집 아주머니도 이 작은 동네에서 발전소노동자들이 빠져나가면 지역이 다 망할 것이라며 볼 때마다 걱정을 늘어놓으신다. 3천여명 노동자가 일하고 있는 태안화력발전소가 없어진다는 건, 그만큼의 손님을 잃는다는 것과 다름없기 때문이다.

'정의로운 전환'(just transition)이라는 말이 있다. 에너지 전환과 관련해 국제적으로 사용되는 용어인데,

지금 우리와 미래 세대에게 깨끗한 환경을 물려주기 위한 과정에서 어떤 이해당사자도 희생되지 않고 억울하지 않아야 한다는 것이 핵심이다. 모두의 지속가능성을 위해 새로운 변화를 맞이하는 과정에서 그 누구도 '남겨지는 이', '사라지는 이'가 되지 않도록 해야 한다는 말이다. 그러나 지금 내가 마주하고 있는 현실은 다르다. 석탄화력발전소 노동자들은 대책 없이 남겨지거나 사라질 위기에 처해 있다.

현재 태안화력발전소에서는 여섯개 노동조합이 연대해 '정의로운 에너지 전환을 위한 태안화력발전소 노동자 모임'을 꾸렸다. 하지만, 우리가 내는 목소리에 높은 자리에 있는 누군가가 얼마나 귀를 기울여줄지는 알 수 없다. 오늘도 나는 뜨거운 작업장에서 일하며 언제까지 일할 수 있을까를 걱정한다.

관광객은
돌아왔지만

허지희

세종호텔 해고노동자

서울지하철 4호선 명동역에서 10번 출구로 나오면 세종호텔이 있습니다. 저는 지난겨울 '코로나로 인한 경영상의 어려움'을 이유로 28년 동안 일한 세종호텔에서 정리해고됐습니다.

2011년, 세종대학교 재단에서 113억원 규모 회계비리로 퇴출됐던 주명건 전 이사장이 세종호텔 회장으로 재단에 복귀했습니다. 이어 복수노조, 전환배치, 구조조정, 해고 등 뉴스에서나 보던 단어들이 우리 회사에서도 현실이 됐습니다. 제가 20년을 일한 전화교환실도 아웃소싱을 위한 통화량 조사가 시작됐고, 저는 이듬해 노동조합의 파업과 로비 점거에 참가했습니다. 그리고 20년 근속상을 받은 날 침대 시트를 갈고 청소하고 쓰레기를 버리는 룸어텐던트로 발령 났습니다. 호텔에서 장기 근속한 여직원을 청소노동자로 발령 내는 것은 흔히 쓰는 퇴출 방법입니다. 퇴사를 고민했지만 노동조합과 함께 싸우자는 말에 용기를 내보기로 했습니다.

전직원 성과연봉제가 복수노조 위원장과 대의원 세명의 직권조인으로 통과된 뒤 룸어텐던트 파트에는 전에 없던 인스펙터(감독관) 제도가 생겼습니다. 인스펙터는 청소한 객실을 점검해 흠을 찾아 사진을 찍어 팀장에게 전송하고 청소 상태 등급을 매겼고, 팀장은 그 사진과 청소 상태 등급을 임금 삭감 자료로 이용했습니다. 인스펙터에게 사진을 찍히거나 지적당하지 않으려 애쓰다보니 노동 강도가 높아져 몸은 서서히 병들어갔습니다. 룸어텐던트라면 누구나 가지고 있는 테니스엘보와 손목터널증후군부터 목·허리 디스크, 어깨 회전근 미세파열, 족저근막염을 안고 살게 되었습니다. 제 월급은 성과연봉제 시행 첫해 9퍼센트가 삭감돼 10년 전 수준으로 돌아갔습니다. 세종호텔의 성과연봉제는 사원은 최대 10퍼센트, 계장 이상은 30퍼센트까지 임금을 삭감할 수 있도록 하고 있거든요.

코로나19로 명동 외국인관광특구에 위치한 세종호텔에 외국 관광객이 끊겼습니다. 회사는 무급휴직을 권유했지만 신청자가 거의 없었습니다. 얼마 안 가 정부에서 관광업종에 고용유지지원금을 지원하기 시작했습니다. 물론 고용을 유지하는 조건이므로 직원을 해고하거나 대체할 알바를 고용해서도 안 됩니다. 고용유지지원금으로 월급의 70퍼센트를 받으며 8개월을 버텼더니, 희망퇴직이 기다리고 있더군요. 회사는 희망퇴직을 통해 정직원을 내보내고 룸어텐던트 파트와 시설팀을 비정규직으로 대체했습니다. 희망퇴직을 하지 않고 버틴 저를 포함한 직원 두명은 팬트리(설거지)팀으로 보냈습니다.

팬트리는 설거지만 하는 게 아닙니다. 연회를 준비할 때는 전복 8백개를 닦고 새우 8백마리 껍질을 까고 갈비탕에 들어갈 수없이 많은 고깃덩어리의 기름을 가위로 오려내는 등 조리 업무를 보조합니다. 연회 당일 새벽에는 초밥을 수십판 만들고, 파티가 시작되면 셰프 모자를 쓰고 즉석코너에서 엘에이갈비를 굽고 전을 부치고 튀김을 만듭니다. 사회적 거리두기로 줄어든 연회팀 업무는 극성수기 룸어텐던트의 업무량에 비하면 어려운 일은 아니었기에 이렇게 또 지나가길 바랐습니다.

2021년 8월 회사는 더이상 버틸 수 없다며 커피숍과 웨딩을 포함한 연회 등 식음료팀 전체를 없앴습니다. 333개 객실을 보유한 4성급 호텔이 조식 없이 운영하겠다는 억지 주장을 했습니다. 코로나로 회사의 수입이 줄어든 것은 어쩔 수 없지만, 수십년 동안 모아온 자산으로 부동산을 쇼핑하고 호텔이 투자한 세종대 재단 안 KTSC(옛 한국관광용품센터)의 지분은 76퍼센트까지 늘리면서 은행에서 돈을 빌려주지 않아 생긴 경영 위기라고 둘러대니 기가 막힐 노릇이었습니다.

호텔은 2021년 12월 10일에 보란 듯이 저를 포함한 민주노총 조합원 열다섯명을 정리해고했습니다. 노조와 선정 기준과 대상자를 협의하지도 않았습니다. 해고 회피 노력의 일환이라며 신문에 호텔 소유 부동산 매각 광고를 했지만 실제 거래는 없었습니다. 이런 정리해고를 합법이라 인정하는 노동위원회에 우리는 분노했습니다. 적법한 쟁의 절차를 거쳐 이뤄진 파업인데 조합원들이 회사 로비를 점거한 것은 부당하다며 호텔 출입금지 가처분 결정을 내린 법원에도 분노했습니다. 그 결정으로 우리는 호텔 앞 길바닥에서 천막농성을 하고 있습니다.

세종호텔은 제가 28년 동안 젊음과 노동력과 시간을 갈아 넣은 직장입니다. 우리가 어떤 잘못을 해서 해고된 게 아니라 코로나를 핑계 대고 밀어낸 것에 대한 억울함이 회사와 싸우는 이유입니다. 우리는 사회적 거리두기가 끝났으니 정리해고를 철회하라고 요구합

니다. 입국 때 PCR검사가 폐지됐고 외국인들이 한국
에 들어오고 있습니다. 코로나로 해고된 우리는 원래
의 자리로 돌아가 일하고 싶은 노동자들일 뿐입니다.

'일타강사' 뒤에
우리가 있다

유윤열

메가스터디 기숙학원노동자

올해 초 '일타 스캔들'이라는 드라마가 방영됐다. 한국 사교육 시장을 움직이는 주인공이 창출해내는 연간 수입이 1조원 규모라는 설정으로도 유명했다. 실제 현실은 어떨까. '시장논리'에 따라 스타 강사들의 연간 수입은 수백억원을 넘나든다. '일타 스캔들' 실제 모델이라는 현우진씨의 "재계약 안 할 가능성" 발언이 알려진 뒤 메가스터디교육 주가가 10퍼센트 가까이 하락하는 일도 있었다. 보도에 따르면 현씨의 추정 연봉은 3백억원이다.

나는 2019년부터 경기 용인시 메가스터디 기숙학원에서 일하고 있다. 학생들이 1월부터 11월 수능 전까지 집단으로 숙식하며 공부하는 기숙학원은 용인시에만 열다섯곳 정도 존재한다. 정규직이라지만 야간근무를 시작했던 2020년 월 실수령액이 2백만원 초반대였고, 2021년에는 5만원 정도 올랐다. 최저시급과 큰 차이가 나지 않았다.

하는 일은 학생들 숙소생활 관리다. 숙소 내 정숙 유지, 학생 면담, 시설·세탁 민원 응대, 동료의 코골이·잠꼬대 등으로 인한 불면 호소 응대, 화재 발생 때 대피 및 환자 발생에 따른 조치와 응급실 방문 등등. 폐쇄적인 기숙학원 특성상 휴대전화, 태블릿 휴대와 흡연, 음주를 엄격하게 금지하고, 취침시간 중 유동 인원도 관리한다.

450여명을 수용한 4층 기숙사 중 한개 층을 관리하고 있었는데, 2021년 12월 새로운 업무분장이 이뤄지면서 관리자로부터 아무런 설명을 듣지 못한 채 신입사원 때 했던 1~4층 순환근무를 지시받았다. 모욕감을 느꼈다. 또 그전부터 지속된 선임자의 막말과 욕설 등이 더해지면서, 2022년 1월 26일 휴게시간을 자유롭게 사용하지 못하도록 하고 근무 위치에서 무급 대기노동을 시키는(근로기준법 제54조 위반) 관행을 고용노동부에 진정했다. 근거는 휴게시간에도 근무 위치를 지키도록 명시한 업무 매뉴얼이었고, 고용노동부 조사에서 관리자도 이를 인정했다.

법으로 보장된 노동자의 권리를 주장한 대가는 혹

독했다. 2022년 2월부터 "유윤열 선생님 자리 지켜주세요" "순찰 똑바로 돌아주세요"와 같이 CCTV를 통한 차별적 감시·지적과 휴게시간에 건물 밖으로 쫓겨난 채 휴식하기 등등.

그들의 목적은 진정 취하였다. 현재도 메가스터디는 대형 로펌인 '광장'을 선임해 고용노동부가 인정한 휴게시간 임금 미지급 건과 2022년 6월까지 직장 내 괴롭힘에 대한 위자료 청구소송에 대응하고 있다.

2022년 2월부터 시작된 보복성 괴롭힘으로 무기력과 우울을 동반한 적응장애 진단을 받았다. 6월 10일 직장 내 괴롭힘을 진정했으나, 고용노동부가 근로기준법 제76조의3 제2항에 따라 사용자인 메가스터디에 조사하도록 하면서 여섯개 항목(CCTV 감시, 차별적 업무 지시, 욕설·폭언, 주요 업무 배제, 별도의 카톡방 운영, 회식 배제) 모두 '혐의 없음'으로 무마됐다. 그나마 2022년 7월 '체불임금 달라 하자 기숙학원에서 벌어진 일'이라는 제목으로 이 일이 언론에 기사화된 뒤 9월 28일 고용노동부의 2차 조사에서 욕설·폭언이 겨우 인정됐다.

언론에 드러난 건 유명 일타강사지만, 그 무대 뒤에서 일하는 노동자는 메가스터디에만 1600명이 넘는다. 내가 일하는 기숙학원만 해도 새벽 네시에 출근하는 식당노동자, 여섯시에 출근하는 미화노동자, 야간

팀, 주간팀, 담임팀, 시설지원팀 등 80여명이 있다. 미화팀은 월급 실수령액이 지난해 150여만원에서 올해 그나마 올라서 180여만원이라고 한다. 일타강사와 소수 임원진 등을 제외하면 이곳이 바로 6411 버스다.

지난 5월 고용노동부가 정의당 이은주 의원실에 제출한 '3대 입시 사교육 업체 진정사건 접수 현황(2020년~2023년 4월)'을 보면, 메가스터디가 8개 사업장 20건으로 종로학원(6개 사업장 5건), 대성학원(10개 사업장 5건)을 압도했다. 부당해고 구제신청 건수도 8건으로, 종로학원(2건), 대성학원(1건)의 4~8배 수준이었다. 이런 통계를 확인하자 1년 6개월에 걸친 낙인, 보복, 모욕을 견뎌낸 게 조금이나마 위로가 됐다.

메가스터디 손주은 회장은 지난 6월 KBS 시사 프로그램에서 입시지옥의 원인으로 지목된 사교육계 대표인 "나도 '사회악'일까?"라고 반문했다. 손 회장에게 묻고 싶다. 메가스터디가 이만큼 성장하도록 한 수많은 노동이 그림자로 취급된다면 그것이 바로 사회악 아닙니까?

바다가
점점 좁아진다

이광수
———
어부

나는 서울 태생이지만 일찌감치 도시 생활을 정리한
뒤 산 좋고 바다 좋은 강원도 고성에 홀로 자리 잡았
다. 산불 감시인, 관광해설사, 지역 대학 기숙사 사감
등 여러 일을 했고 현재는 예전부터 꿈꿔온 선장이 돼
고기잡이를 하고 있다. 초보 어부로는 다소 늦은 65세
에 고성의 작은 항구인 교암항에 닻을 내린 것이다.

  소형 어선의 선장이 되려면 해기사 시험에 합격한
뒤 60일 이상 실제 승선하고 해경에서 출항확인서를
받아야 한다. 어느덧 3년이 지나 요즘은 바람과 구름
을 보고 날씨의 변화를 얼추 짐작할 수 있지만 평생 고
기를 잡았던 선배 어부들에게는 여전히 핀잔을 들으며
배워가는 처지다.

  처음에는 날마다 펼쳐질 동해의 일출, 수면 위로

쏟아지는 햇살과 미풍 속에 바다를 자유로이 떠다니는 그림을 기대하며 2.99톤짜리 작은 어선을 샀다. 공교롭게 겨울이 시작되는 11월 말이었는데 그맘때는 찬바람이 본격적으로 불어오며 파도가 거칠어지고 예고 없이 큰바람이 터지기도 해 경험 많은 어부들도 긴장하는 시기다. 거친 파도 속에서 엔진 고장으로 다른 어선에 예인되고, 배 스크루가 정치망 그물에 걸리는 등 생각지 못했던 고생을 하며 겨울을 났다. 봄에는 몇 미터 앞도 분간할 수 없는 해무에 고립되기도 했는데, 그럴 때마다 너무 늦게 무작정 도전한 게 아닐까 고민하면서도 좋은 날이 더 많았기에 매일 씩씩하게 바다로 나갔고 그렇게 점점 어부가 돼갔다.

어선으로 고기를 잡으려면 분야별 허가를 받아야 한다. 내 배는 그물의 한 종류인 자망과 낚시를 할 수 있는 연승까지 복합면허가 있다. 숙련이 필요한 그물은 초보에게 위험해서 처음에는 낚시로 대구잡이에 도전했다. 항구에서 20여분 나가면 수심이 90~150미터 사이인 대구를 잡는 포인트가 나온다. 3백 그램 정도 나가는 인조미끼인 메탈 지그를 내려서 아래위로 고패질하다보면 무엇인가 턱하고 무게가 느껴진다. 미끼를 내릴 때 무는 경우가 많다. 동트기 직전 출항해 너덧시간 조업하고 귀항한다.

큰 걱정거리 중 하나는 해마다 늘어나는 불가사리다. 기후위기 때문인데, 해마다 조업일수가 줄고 물고기들 서식 상태도 혼란스럽다. 물이 너무 탁해져 어부들끼리는 똥색이라고 부르기도 한다. 높아진 수온 탓에 바다생태계가 변해 고기가 사라지니 어부들은 걱정이 많다. 성게도 8월 중순까지는 산란해야 하는데 올해는 10월에도 알을 몸속에 그대로 품고 있다. 다들 지구온난화 때문이라고 말하면서도 어떻게 바다를 되살릴지 몰라 답답할 뿐이다.

고기들도 환경 좋고 먹이가 풍부한 곳을 좋아한다. 육지에 산과 계곡이 있듯 바닷속에도 봉우리와 계곡이 있는데 계곡을 따라 흐르는 해류가 해조류를 키워 물고기들을 모은다. 바다 밑 평지는 대부분 모래밭으로 광어나 가자미가 서식하기 좋다.

암초나 바위계곡 등 물고기가 많은 어장은 어부들끼리 자리다툼을 하기 마련이다. 넓은 바다지만 한정된 좋은 포인트를 차지하기 위해 어부들은 이른 새벽부터 출항에 바쁘다. 낚시뿐 아니라 그물도 마찬가지여서 그물 줄이 서로 엉키는 경우에는 어쩔 수 없이 다른 그물 줄을 끊는 일도 있어 가끔 무전을 통해 욕이 넘나든다. 그렇게 싸우던 사이라도 기상특보가 내려지면 서로를 챙겨 항구로 돌아와 함께 바다 걱정을 한다.

겨울에는 도루묵과 도치가 흔한데 몇년 새 어획량이 들쭉날쭉하다가 올해는 그마저 힘들 것 같다고 어부들 걱정이 많다. 사시사철 잡히던 가자미도 줄었고 참가자미는 귀한 생선이 된 지 오래다. 그러다보니 고기 나는 데 인심 난다고, 목 좋은 포인트 잡기는 전쟁에 가깝고 레저용 배낚시도 늘어나 어민들과 자리다툼을 한다. 돈벌이가 좋아 레저낚시 쪽으로 뱃머리를 돌리는 어민도 늘어나는 형편이다.

배는 많고 고기는 줄어드니 바다를 보고 사는 이들에겐 걱정과 불만이 많다. 눈앞의 이익도 중요하지만 더불어 깊은 고민도 함께하면 좋겠다. 욕심이 분수를 넘으면 갈등이 시작된다. 갈등이 변화를 부르기도 하지만, 사람 사는 세상만큼은 더불어 사는 지혜가 발현돼 약육강식의 세계가 되지 않았으면 좋겠다. 거칠게 급변하는 자연환경에 순응해 살기도 벅찬데 가까운 이웃만큼은 서로가 힘이 돼줬으면 하는 바람이다. 무엇보다 두려운 것은 은밀했던 자연의 변화가 피부로 와닿을 만큼 극단적이 됐다는 점이다. 결국 우리들의 탐욕과 이기심이 생명의 근원인 바다까지 망가뜨렸고 그로 인해 불행한 변화가 해일처럼 다가오고 있다. 선장이 되기 전에는 동해를 보며 이런 고민을 하게 될 줄

"자연의 변화는 피부에 와닿을 만큼
극단적이 되었습니다. 결국 우리의 탐욕과 이기심이
바다까지 망가뜨린 것 아닐까요."

몰랐다. 늦게 시작한 만큼 앞으로 길지 않을 어부 생활, 아침마다 행복하게 바다로 나가고 싶다.

'농'이 사라진
사회에서

이동현

농업미생물학자, 농업회사법인 미실란 대표

나는 농업환경 속 미생물을 연구하는 농업미생물 학자
다. 전라남도 고흥군의 작은 농촌 마을에서 나고 자라,
해충 방제에 이용되는 미생물 연구로 박사학위를 받은
뒤 17년 전 아이들이 떠난 섬진강가의 곡성 동초등학
교 폐교에 터를 잡았다. 농업회사법인 주식회사 미실
란을 설립하고 자본주의적 경쟁에 지친 도시민의 치유
를 돕는 농업과 미래가 있는 농촌과 매력적인 농부의
삶을 꿈꾸면서, 지속가능한 친환경 생태유기농업 모델
을 만들기 위해 노력하고 있다. 농촌진흥청과 건강에
좋은 기능성 벼 품종을 연구해왔고 곡성 특산품인 토
란과 곡물을 이용한 새로운 상품 개발도 진행 중이다.
　　곡성에 터를 잡고 처음에는 논 9백여평을 빌렸다.
연구하는 농부가 돼 벼 품종 278종을 구해 발아시키고

파종해 정성껏 모를 길렀다. 논을 경운하고 제초제와 화학비료, 화학농약을 사용하지 않고 친환경 농업을 하겠다며 손으로 일일이 모내기했다. 한여름 새벽부터 들녘에 나가 잡초를 뽑고 벼의 생육상태와 논의 생물들을 관찰했다. 농민들을 설득해 몇년에 걸쳐 논 2만여평을 빌리고 품종별 특성을 조사하며 쌀농사를 전업으로 하는 농부가 됐다.

동트기 전 다섯시부터 논에 나갔고 어느 날은 저녁 여덟시까지 논 물꼬를 살피고 잡초를 뽑았다. 초등학교 1학년 큰아들과 유치원에 다니던 둘째아들까지 일을 거들고 있는 모습을 보며 지나가는 어르신들은 제초제 뿌리면 되는 일을 왜 그렇게 힘들게 농사짓냐며 혀를 차면서 안쓰러워하셨다. "왜 돈이 안 되는 벼농사에 그렇게 애를 쓰세요?" 일반 시민들만이 아니라 농부들까지도 이런 질문을 한다. 쌀을 포함한 농산물을 단순하게 경제적 손익으로만 평가하는 방식이다. 자본의 논리를 펴는 사람들은 쌀이 우리 음식문화의 중심이며, 국민 건강을 지키고 생태환경을 지키는 데 중심적인 역할을 해온 것을 부인한다. 또한 정직한 농부들이 논과 들녘 그리고 습지 생태계를 지키고자 노력해왔음에도 쌀을 비롯한 농산물의 턱없이 낮은 가격은 그 노력을 폄훼할 뿐이다. 유전자변형작물(GMO)과

화학농약으로 재배된 외국산 농산물에 아주 관대한 정부와 언론은 관련된 정보조차 제공하지 않으면서 국민의 알 권리마저 빼앗고 있다.

그 결과 친환경 생태농업을 지향하는 소농 중심 농가들이 경제적 여건 악화와 사회적 무관심 속에 농업을 포기하는 사례가 늘고 있다. 소농들이 포기한 논은 축산을 겸한 대농들이 흡수하고, 그 대농들은 화학비료와 화학농약 그리고 제초제로 벼농사를 짓고 수확 뒤엔 땅에 순환시켜줘야 할 볏짚마저 회수해 대형시설에 가둬 키우는 소에게 먹이로 준다. 이렇게 시간이 흐르면 논의 흙은 생명이 살지 않는 척박한 흙으로 변해갈 것이다. 이 오염된 논의 물은 여름이 되면 물꼬를 따라 흘러 실개천과 강물 그리고 바다를 더럽힐 것이다.

식량공급이라는 핵심적인 구실을 하는 농업은 다양한 긍정적 가치를 창출한다. 논은 빗물을 저장해 홍수를 예방하는 데 기여하고, 농작물은 광합성을 통해 이산화탄소를 흡수하는 대신 산소를 방출한다. 유기농법으로 경작된 논은 토양을 건강하게 보전하면서 생태계의 생물종 다양성이 유지되도록 돕는다. 농업을 지킴으로써 친환경적인 농촌 사회의 문화가 계승되고 '우리 마음속 고향'이 지켜지는 것이다. 벼가 파랗게 자라고 있는 여름 논과 노랗게 익은 가을 논의 아름다운 풍경도 농업이 없다면 사라질 것이다. 이런 공익적 가치를 통해 우리 사회가 얻는 것이 큰 만큼 국가 차원에서 농업은 보호돼야 하며 노력에 합당한 농산물 가격이 책정돼 농민들도 제대로 대우받아야 한다. 대한민국 농부들이 바라는 것은 가을 태풍이 한반도로 오지 않기를, 풍년이 들기를, 지켜온 들녘의 생명과 평화의 가치만큼 쌀을 비롯한 곡식의 가치를 제대로 인정받는 것일 뿐이다. 그것이 농부인 나와 우리의 마지막 자존심이다.

오스트리아 산골 마을 앞 공동묘지에서 '나는 씨앗 뿌리는 농부입니다'라고 적힌 비문을 본 적이 있다. 우리나라에도 씨앗을 뿌리는 농부의 삶을 살다가 세상을 떠난 이들이 많지만 자신이 농부였음을 이야기하는 비문을 본 적도 들은 적도 없다. 언젠가부터 농촌을 배경으로 한 시도 소설도 드라마도 보기 힘들어졌다. '농'이라는 단어도 사라지기 시작했다. 대학에서도 농업 대신 바이오, 생명과학 같은 색다른 이름을 쓴다. 내가 나온 농생물학과도 지금은 식물의학과로 이름이 바뀌었다. '농'은 평생 농부로 살아온 사람들, 앞으로 농부로 살아갈 사람들에게 심장과도 같은 글자다. 그런데 이 글자가 농업을 배우고 익히는 학교나 농산물을 유통하는 시장에서조차 환영받지 못하는 상황은 심각한 문제가 아닐 수 없다. 우리 사회 전반에서 지워진 '농'의 정당한 가치를 복권해야 할 때다.

세금 없이 팔랬더니
사직서를 받고 있네

롯데면세점 직원

안녕하세요?

　저는 1989년 4월 24일 롯데면세점에 입사해 지금까지 33년째 일하고 있는 판매서비스 정규직 노동자입니다. 서비스연맹 서비스일반노조 롯데면세점 지회장이기도 하고요.

　제가 입사한 1989년 해외여행이 자유화돼 해외에서 국내로 오는 관광객뿐만 아니라 내국인도 해외로 출국하면서 면세점을 이용할 수 있게 됐고, 이를 계기로 면세 사업이 번창해갔습니다. 지금은 인천공항에서 근무하고 있지만, 입사 뒤 롯데면세점 명동 본점에서 오랫동안 근무했습니다. 코로나19 이전까지는 중국 고객이 대부분이었지만, 제가 입사할 때 면세점 이용 고객은 일본인들이 97~98퍼센트를 차지했고 이들을 상대로 일본어로 서비스하는 것에 자부심을 느끼기도 했습니다.

그런 저에게 '나는 노동자구나'를 확인하는 계기가 있었습니다. 바로 롯데호텔 파업이었습니다. 밀레니엄 시대라고 하던 2000년, 롯데호텔 노동조합은 6월 9일부터 74일간 파업을 벌였습니다. 외환위기 당시에도 면세점이나 호텔은 요즘과 다름없이 환율 특수를 누리면서 많은 이익을 남겼는데도, 사회 분위기에 편승한 회사가 직원 개개인을 불러 상여금의 50퍼센트를 반납하라는 사인을 시켰기 때문입니다.

여기에 후배 사원들을 비정규직으로 채용한 점도 영향을 끼쳤습니다. 면세점도 호텔의 한 부서였고 저도 조합원이었기에 파업에 동참했습니다. 파업 결과, 이후 롯데면세점에 입사하는 직원들은 계약직으로 입사해 3년이 지나면 일괄 정규직으로 전환한다는 전향적인 합의를 끌어낼 수 있었습니다. (7년 뒤인 2007년에 시행된 비정규직보호법은 2년 이상 일하면 정규직으로 전환하도록 규정함.)

그래서 제가 지금까지 롯데면세점에서 정규직 판매서비스 노동자로 일할 수 있게 된 자랑스러운 투쟁이었다고 당당하게 말할 수 있습니다. 당시 여러 일을 보고 배우고 겪으면서 세상을 보는 눈이 달라져 지금까지 노동조합 활동을 하고 있습니다. 경쟁사인 신라면세점에서는 매장에 근무하는 직영사원이 사라진 지 오래고, 최근 면세점 사업에 뛰어든 현대, 신세계 등도 직영사원은 거의 채용하지 않은 것으로 알고 있습니다. 현재 면세점들은 대부분 입점업체 직원들로 운영되는데, 1994년께 서울 명동 본점 루이뷔통 매장에 업체 직원을 대거 투입하면서 판촉사원이라고 불리는 입점업체 직원들이 일하는 관행이 자리 잡은 것으로 기억합니다. 돌이켜보면, 대기업에서 책임져야 할 고용을 입점업체에 맡겨버리는 면세점 하청 구조의 시작이 아니었나 싶습니다.

이번 팬데믹으로 많은 직원이 해고됐는데 그중에서도 열악한 판촉사원과 도급사원부터 피해를 보았습니다. 그나마 노동조합이 결성된 판촉사원이나 대기업 정규직 직원들은 근로시간 단축과 무급휴직을 하면서 버텼지만, 입점업체 직원 대부분은 우리 곁에서 사라졌습니다. 한 업체 직원은 회사로부터 '매출 감소로 불가피하게 인원 조정이 필요하다. 3개월 치 임금을 줄 테니 우선 모두 사직서를 써라. 대상은 누가 될지 모른다. 사직서를 쓰지 않으면 3개월 치도 받지 못할 것이다'라는 통보를 받고 어쩔 수 없이 사직서를 썼다고 전해줬습니다. 그렇게 누가 해고 대상이 될지 알 수 없는 가운데 사직서를 썼는데, 해고 통보를 받은 직원은 상대적으로 임금이 높은 매니저급이었습니다. 그 결과 시내 면세점의 경우 직원이 한명도 없는 매장까지 생겼고, 평소에는 매장 입구에 바리케이드를 쳐뒀다가 고객이 요청하면 해당 상품에 관한 아무런 지식이 없는 주변의 직영사원이 달려가 응대하고 있습니다.

이렇게 보면 애초에 직영사원이 근무하는 것이 정상일 텐데, 지난 수십년 동안 판촉사원으로 운영하면서 대기업 면세점들은 인건비를 대폭 절감했습니다. 대규모유통업법에서는 '납품업자 등으로부터 종업원이나 그 밖에 납품업자 등에 고용된 인력을 파견받아 자기의 사업장에서 근무하게 하여서는 아니 된다'(제12조 1)고 규정하고 있지만, 그 아래 여러 예외조항도 두고 있습니다. 대기업들이야 이런 조항들을 잘 살펴서 불법 논란을 피해가고 있겠지만, 과연 그게 합당한 일일까요.

올해 10월부터 인천공항 1·2터미널 면세점 입찰이 예고돼 있습니다. 입찰제안서 내용 가운데 고용과 관련해서는 면세점 운영 주체인 대기업의 직영사원 채용을 의무화하는 조항이 꼭 필요합니다. 면세점은 특허사업이기에 이런 기준을 내세우면, 응찰하는 기업들도 따를 수밖에 없습니다. 이렇게 한다면 면세점에서

질 좋은 일자리가 창출되고, 대기업은 고용에 관한 사회적 책무를 제대로 이행하게 될 것입니다.

천원짜리
따뜻한 아침밥

김민화

경희대 소비자생활협동조합 사무국장

대학생활협동조합은 사람들의 결합체이며 또한 사업체다. 대학을 구성하는 교수, 직원, 대학(원)생이 자신들의 복지 향상을 위해 대학생활협동조합을 만들었으니 사람들의 결합체다. 또 모인 사람들이 학내 생활에 필요한 식당, 서점, 문구점, 커피점, 기념품점, 자동판매기 등 여러 매장에서 사업을 하니 사업체다. 나는 이 두가지 업무를 위해 채용된 실무책임자다.

2020년 발생한 코로나19는 많은 직종에 영향을 미쳤지만, 대학에서 매장 사업을 하는 이들에게는 더욱 더 가혹하고 혹독했다. 학생들로 활기찼던 대학 교정은 비대면 수업으로 인해 적막하기 그지없었으며, 이용자 없는 매장 운영이 언제 끝날지 아무도 장담할 수 없는 시간이 계속됐다. 연간 76억원 매출을 올렸던 사업은 2020년 17억원, 2021년 20억원 수준으로 떨어졌다. 직원들은 유·무급 휴업으로 버텼으며, 일부는 다른 일자리를 찾아 이직했다.

국가에서 지원하는 소상공인 지원도 우리에게는 그림의 떡이었다. 개별 매장 매출로는 소상공인이지만 전체가 하나의 사업자등록증으로 운영되다보니 소상공인이 아니란다. 학교 구성원들의 복지를 위해 만들어진 조직이지만, 구성원이 나오지 않는 학교에서 직원들의 '생존'을 어떻게 유지할 수 있는가를 고민해야 했던 시간이었다.

조합원 모집 또한 쉽지 않았다. 모든 수업과 회의가 비대면으로 진행되다보니 학생들이 조합원으로 가입할 이유도 관심도 없었다. 우리 대학의 경우 조합원에게는 매장 이용액의 일부를 환원하는 제도로 일종의 포인트 개념인 '이용고 배당'을 하는데, 사람들이 아예 학교에 오지 않으니 설명할 방법도 권유할 방법도 없었다. 겨우 할 수 있는 게 대학 교과서와 기념품을 온라인몰로 만들어 판매하는 수준이었다. 하지만 학식, 매점 상품은 온라인 판매로 적합하지 않아 한계가 있었다. 신선도가 생명인 음식을 부산까지 배달할 수는 없지 않은가.

주인(조합원) 없는 조합에 직원만 남아 생존할

"학생들에게 따뜻한 아침식사를 제공하기 위해

누구보다 먼저 움직이는 이들이 있음을 알아주세요."

©Antony Mayfield

수 있을까? 생협을 정리해야 할까 고민하던 기간이 2020년 1학기부터 2022년 1학기까지 5학기를 채웠다. 드디어 2022년 2학기부터 대면 수업이 결정됐고, 학생들이 다시 교정을 찾았다. 매장을 재개점하기 위해 떠난 사람들의 자리를 채우는 채용을 진행했으나, 모든 자리를 메우기에는 역부족이었다. 특히 학생식당에서 일하실 분들을 채용하는 게 어려웠고 아직도 진행 중이다. 그러나 다시 돌아온 학생들은 우리 사정을 잘 모르는 채 불편한 사항에 관해서만 이야기하고 있어 안타깝다.

대면 수업으로 다시 활기를 띠기 시작한 교정에서 학생들의 복지 향상을 위해 여러 방안을 고민하고 있다. 그중 대표적인 사업이 '천원의 아침밥' 사업이다. 천원의 아침밥은 국가와 대학의 지원으로 학생 본인은 천원만 부담하여 아침식사를 하는 것이다. 우리 대학은 하루 백명분의 천원의 아침밥을 준비했다. 그러나 백명분 식사는 여덟시 개점과 동시에 20분도 채 되지 않아 매진됐고, 발길을 돌리는 학생들이 있어 지금은 130명분을 제공한다. 하지만 이 또한 여덟시 40분이면 매진된다. 그러나 연간 제공할 수 있는 식수가 1만 2600식으로 제한돼 있어 마냥 늘릴 수만은 없는 사정이다. 현재 우리 대학을 포함해 마흔한곳이 천원의 아침밥 사업에 참여 중인데, 정부에서 전국 모든 대학을 대상으로 사업을 확대한다고 한다. 아침식사뿐만 아니라 점심, 저녁까지도 확대하겠다는 이야기도 들린다.

하지만 사업을 기획하고 이용하시는 분들께 드리고 싶은 말이 있다. 여덟시에 아침식사를 제공하려면 최소한 네분의 노동자가 여섯시에는 출근해야 한다. 학생들에게 따뜻한 아침식사를 제공하기 위해 먼저 움직이고 있는 분들이 있다는 사실을 인지하고, 이분들께 감사의 마음을 가져주시길 당부드린다. 아침식사뿐 아니라 점심, 저녁까지 사업을 확대하는 것은 환영하나 이 경우 식사를 준비해야 하는 노동자들의 근무시간은 어떻게 될까도 함께 고민하면서 정책이 수립되길 바란다.

지난 3월 말, 대학생협 1년 사업을 계획하고 이를 운영할 임원진을 선출하는 20기 대의원총회가 열렸다. 코로나19로 중단된 학생 이삿짐 운반 사업인 '짐캐리', 명절 귀향·귀경버스 운행, 장학금 확대, 우산·천막·테이블 등 물품 대여와 천원의 아침밥 사업 등등 우리 생협의 주인인 조합원 복지 향상 방안이 논의되고 결정됐다.

우리는 다시 팬데믹 이전의 일상으로 복귀하는 중이다. 하지만 대학생협 처지에서는 2년 6개월 동안 정부는 존재하지 않았다. 코로나 팬데믹의 파도를 헤쳐 나가기 위해 탑승한 배는 같은 배가 아니었다. 대학생협은 파손된 배를 겨우겨우 붙잡고 있었으며, 생협 직원들은 나뭇조각에 의존했던 것 같다. 다시 걸음마를 뗄 때는 대학생협 직원들에게 응원을 바란다.

나는 언제부터
내 일터가
부끄러워졌나

정현호

공공운수노조 가축위생방역지원본부지부 조합원

"저는 우리나라 축산물이 위생적이고 안전하게 밥상에 올라갈 수 있도록 도축 단계에서 철저하게 검사하는 도축검사원입니다!"

그 누구보다 당당하고 자부심 넘쳤던 14년 전 나의 다짐이다. 하지만 지금은 누군가 나의 직업을 묻는다면 "도축장에서 일해요……"라고 말끝을 흐리며 자리를 피하곤 한다. 왜 이렇게 된 걸까? 이 일을 시작하고 시간이 지날수록 이 직업이, 소속이, 신분이 부끄럽고 창피해지기 시작한 이야기를 꺼내보려 한다.

아침 출근길, 굽이굽이 좁은 도로를 달려가다보면 불쾌한 냄새와 가축들의 비명이 차 안으로 스멀스멀 전해진다. 근무지에 도달했다는 신호다. 검사관실에 마련된 책상에 가방을 내려놓고 일과를 시작한다.

나와 같은 도축검사원들은 소속 사무소가 있지만, 도축장에서 상시 근무를 하기에 도축장이 내근지다.

하지만 회사는 사무실을 임차할 예산이 없고, 축산물위생관리법에 의거해 시·도지사가 임명·위촉한 수의직 공무원인 검사관처럼 법적으로 사무실을 제공받을 권리도 없다. 그래서 검사원들은 도축장에 부탁해 남는 사무실을 얻어 쓰거나 검사관실 한쪽을 빌려 근무한다. 공식적으로 사무실이 없으니 사무집기 구매 예산도 없다. 업무용 컴퓨터 절반가량은 사비로 구매한 것이고, 프린터와 팩스는 다른 기관이나 업체 눈치를 봐가며 빌려 쓴다.

어떻게 정부에서 일을 시키면서 기본적인 업무환경조차 만들어주지 않는가? 신세 한탄도 잠시, 도축 시작을 알리면 서둘러 복장을 갖춰 입는다. 방수 방역복, 위생장화, 안전장갑 위에 라텍스장갑, 방수 앞치마, 방수 토시, 안전 고글, 위생모, 그 위에 안전모까지 착용해야 비로소 복장이 갖춰진다. 삼복더위에 일은 시작도 안 했는데 이마와 등줄기에 땀방울이 흐르기 시작한다. 도축장이라는 곳이 안전사고와 인수공통감염병 발생 빈도가 높고 위생적으로 관리돼야 하는 곳이기에 위생·안전장구 착용은 필수다.

나의 주 업무는 도축검사와 시료 채취다. 도축되

는 가축의 내장과 지육이 식용으로 적합한지, 항생제가 남아 있는지, 도축장 환경이 위생적으로 관리되는지 검사한다. 그리고 가축들이 백신은 잘 맞았는지, 구제역·아프리카돼지열병·광우병 같은 전염병으로부터 안전한지 검사하는 데 필요한 시료를 채취한다.

현장에 들어서면 먼저 습한 환경이 온몸을 덮치고, 시끄러운 기계 소음이 귀마개를 뚫고 고막을 찌른다. 소의 머리와 다리가 잘리고 가죽이 벗겨져 내장 적출 단계로 넘어오면, 장기·림프절 검사 같은 해체검사를 한다. 한 손에는 날이 바짝 서 있는 검사용 칼을 들고, 다른 한 손은 미끄러운 내장이 손상되지 않게 조심스레 잡아당기고 밀고 뒤집어가며 바쁘게 장기의 상태를 살피며 내장 구석구석에 숨어 있는 림프절을 찾아 절개해 검사한다.

사료로 가득 찬 소의 장기는 상상 이상으로 거대하다. 성인 남성 몸무게 정도인 소의 장기를 매일같이 뒤집고 펼치고 들어 올리기를 10년 넘게 반복한 결과, 왼쪽 어깨에 석회성 염증이 생겨 왼팔을 자유롭게 들어 올릴 수 없다. 나쁜만이 아니다. 불안정한 자세로 반복적인 업무를 하다 목, 허리 통증을 호소하는 후배들이 적지 않다. 그래도 오늘도 현장에서 허리를 숙이고 고개를 숙여가며 일한다. 몸이 망가져도 '공공기관

직원'이라는 사명감으로 국민에게 위생적이고 안전한 축산물을 공급한다는 책임감으로 통증을 참아가며 근무한다.

하지만 도축검사원은 법적으로 도축검사 업무의 주체가 아닌 보조다. 검사관 업무를 돕는 보조. 따라서 내가 검사한 축산물의 관련 서류 어디에도 내 이름은 없다. 물론 실상을 살펴보면, 도축검사원들은 전국 대부분 도축장에서 오랜 경험을 바탕으로 해체검사와 지육검사의 주체가 되어 일당백의 역할을 해내고 있다. 열심히 도축검사를 수행해도 공식적으로는 없는 존재인 셈이다.

내가 소속된 가축위생방역지원본부는 가축방역 현장을 책임지는 작은 기관으로 시작해 이제는 정원 1200명 넘는 현장 전문기관으로 발전했다. 하지만 정원의 약 95퍼센트가 무기계약직이라는 기이한 구조로 구성돼 있다. 특히 현장직원 전원이 무기계약직이다. 승진은 기대할 수 없고, 수당이나 상여금도 일반직과 차별대우를 받는다. 올해 1월, 꽁꽁 얼어붙은 손으로 피켓을 들고 임금도 포기한 채 실낱같은 희망을 품고 경고파업 총결의대회를 열어 이런 부당한 현실을 개선해달라고 호소했다. 하지만 8개월이 흐른 지금 달라진 것은 별로 없고, 희망을 잃고 지쳐 회사를 떠나는 후배들이 늘고 있다. 14년 전 입사했을 때 다짐처럼 자부심을 가지고 일하는 일터가 될 수는 없을까. 도축검사원에게도 사무실과 승진 기회가 주어지고, 검사원도 검사에 참여했다는 문서 한장 남길 수 있는 그날이 어서 오길 바란다.

당신에게
꼭 맞는 책

강상도

김해 경운초등학교 전담사서

나는 초등학교 도서관 사서다. 학교도서관 문을 열고 불을 밝히면 서가에 꽂힌 책들이 각자 청구라벨로 개성을 드러내고 있고, 구석진 서가에 반듯하게 머물러 있지만 눈에 잘 들어오지 않는 책들은 오늘 몇명 아이의 손에 닿을지 궁금해진다. 아이들이 하나둘 도서관에 오면 서가에서, 검색용 컴퓨터 앞에서, 좋아하는 공간에서 소곤소곤 이야기를 나눈다.

"재밌는 책 추천해주세요." "무섭고 공포스러운 책 추천해주세요." "로맨스나 추리소설 없나요?" "사서 선생님이 좋아하는 책 알려주세요." "INTJ에게 맞는 책 있나요?"

나는 어린이들과 함께 학교도서관에서 책 읽고 떠들며 재미난 일들을 만들어가고 있다. 아이들과 함께 성장하고 싶어 아직도 도서관이라는 무한의 공간에서 새로움을 꿈꾸고 있다. 두 학교를 거치며 그런 나날이 어느덧 11년이나 흘렀다. 한계에 부딪힐 때도 있었다. 저학년에서 고학년으로 갈수록 같은 또래라도 질문 수준이나 독서성향이 달라진다. 그런 어린이들 세계를 두루 알아간다는 것이 어려웠고, 분야별 포괄적인 책 읽기가 부족해 답답하기도 했다. 하지만 그런 속에서도 꾸준히 아이들과 어울리며 함께 책을 보며 사서로서 역량을 키워나갔다.

학교도서관에서 사서가 할 일은 많다. 전교생을 상대로 원하는 책을 어떻게 찾아 읽을지 알려주는 학교도서관 이용방법 교육부터 책읽기 연간계획 수립 및 작가와의 만남 준비와 진행, 교과 협력수업, 책 안내와 처방, 북큐레이션…… 이런 일련의 독서경험 쌓기 과정에는 아이들을 책 읽는 독자로 성장시키기 위한 사서선생님의 열정이 큰 역할을 한다. 책을 대출하는 업무 또한 단순해 보이지만 아이의 눈빛을 읽어내며 대화할 수 있는 중요한 과정이다. 이 과정을 통해 아이의 성향과 좋아하는 책을 파악하고 다음에 읽을 책을 추천할 수 있기 때문이다.

어린이의 책 읽는 태도가 완전히 달라졌다고 느낄 때는 사서로서 보람을 느낀다. 그런 뭉클했던 기분을 오래 느끼다보니 사계절이 변할 때마다 새롭다. 특히 1, 2학년 교실을 직접 찾아가 그림책을 읽어주는 격주 수요일에는 긴장되면서도 아이들의 눈빛 하나하나에 설렘이 가득 담겨 있어 힘을 내곤 했다. 그러면서 나 또한 그림책에 더욱 빠져들어 그림책 읽기 과정을 늘렸다. 학교도서관 사서는 어린이의 목소리를 듣고 도서관을 함께 채워나간다. 책으로 연결된 모든 시도는 다양할수록 좋다.

몇년 전 수줍음으로 다가온 아이의 두근거리는 마음을 잡아준 것은 가장 뜻깊은 기억으로 남는다. 아침 일찍 학교도서관을 찾는 아이는 늘 혼자였다. 나는 아이에게 도움을 청했고, 그 아이는 처음에는 서툴렀지만 아침마다 도서대출과 반납을 처리하거나, 어린 동생에게 책을 검색하고 찾아주는 도서관 봉사를 하며 즐거워했다. 짧고 재밌는 책을 권하자 아이는 책 읽기도 좋아했다. 방과후 시간에 읽은 책 이야기를 들려줬다. 독서동아리에 참여하거나 적극적으로 도서관 일을 돕고 또래친구에게 책을 권하는 아이의 변화된 모습에 나 또한 놀랐고, 선한 영향력으로 한 아이 마음에 다가갈 수 있다는 사실을 체감했다.

아이들 한명 한명 독서 상태를 파악하고 추천할 책과 독서방법을 알려주는 독서 길잡이 역할을 하고 싶지만, 학교도서관 사서의 근무환경은 매우 열악하다. 아이들이 방학 때 학교도서관을 가장 많이 이용하다보니 직무역량 강화연수도 편하게 참여하기 어렵다. 사서 고유업무 밖의 업무를 맡은 경우도 있다. 정서적·심리적 어려움이 있는 아이에게 그림책을 읽어주며 '나를 찾아가는 행복찾기' 활동을 하는 방과후 '두드림 학교'도 진행했지만, 교사가 아닌 나에게는 수업권이 없다. 사서가 가장 잘할 수 있는 독서치료 수업의 전문성조차 외면당하는 현실이다.

"학교도서관에서는 흥미진진하고도 재밌는 일들이 벌어지죠. 책 속 놀이터가 되기도 하고, 고민 상담도 하고, 친구와 같이 놀이를 즐기기도 해요. 하지만 이 좋은 것들이 모든 아이가 누릴 수 있는 혜택이 아니라는 점이 안타까워요. 모든 초등학교에 사서 선생님이 있는 게 아니니까요."

지역신문 또는 책모임에서 도서관 사서에 관해 발언할 기회가 있을 때마다 하는 말이다. 어린이가 평생 책 읽는 독자로 성장하기 위해서는 학교도서관을 제대로 운영할 수 있는 사서선생님이 꼭 필요하다. 더 많은 학교에서 사서선생님이 아이들을 만나고, 전문가로서 충분한 관심과 지원을 받아 교육현장에서 더 큰 역할을 할 수 있기를 바란다.

어쩌다보니,
농촌

조은지
———
귀촌청년

서울에서 나고 자라다 전북 완주군의 시골로 온 지 9개월 차. 귀농·귀촌청년으로서 도시인들에게 으레 듣는 말은 두가지다. '유유자적 여유로울 것 같아 부럽다'와 '대체 뭐로 벌어먹고 사느냐'다. 둘 다 맞고도 틀린 말이다. 도시와 달리 한적한 풍광 속에서 여유를 느낄 수도 있는 반면 오히려 바쁘게 챙겨야 할 일들이 많다. 안정적으로 월급이 나오는 직장도, 손님으로 끌어들일 만한 사람도 적지만, 그만큼 인력이 더 필요한 곳이라 이것저것 해서 벌어먹을 데도 많다.

딱히 어떤 직업을 갖겠다고 생각하지는 않았다. 그저 좀더 자급자족하고, 돈은 최소한으로 필요한 만큼만 버는 삶을 생각했을 뿐이다. 도시인이 농촌에서 뭘 하며 살 수 있을지 알기 어려우니, 직접 와서 경험

"이곳에 필요한 일,

마음에 내키는 일들을 찾아 해나가고 싶다.

사회가 규정하는 일자리가 아닐지라도."

ⓒ필자 제공

해보고 싶었다.

그렇게 오게 된 농촌에서, 어쩌다보니 다양한 일을 하게 됐다. 일단은 일주일에 한번 여섯명이 공동으로 경작하는 밭에서 일한다. 기계나 비닐, 농약 없이 짓는 농사이기에 품이 많이 든다. 우리가 먹을 걸 기르는 정도지만 수확물이 많을 때는 종종 동네식당에 팔기도 한다. 토종 씨앗으로 약 안 치고 지은 농산물임을 알아주는 사람들이 조금씩 사주는 정도다. 그렇게 번 돈으로 가끔 밥을 사먹거나 필요한 모종, 종자를 산다.

일주일에 이삼일은 읍내 자전거 가게에서 일한다. 같이 사는 짝꿍이 자전거 수리 교육을 받다가 덜컥 직원으로 일하게 된 곳이다. 짝꿍이 귀농·귀촌센터에서 교육받느라 출근하지 못하는 날 가게에 나간다. 가게 영업시간이 아닌 이른 아침이나 저녁시간에 손님들 전화를 받고 응대하는 일도 한다. 수입은 한 사람 생활비 정도인데, 그걸 둘이 나눈다. 자전거 특성상 한여름과 한겨울에는 수입이 거의 없다.

얼마 전에는 동네 청년들의 품앗이를 주선하는 사무소를 통해 일거리를 받기도 했다. 컴퓨터 사무에 자신 있다고 하니, 발표자료를 만드는 일감이 들어왔다. 또 마을의 혐오시설 유치에 반대하는 전단지 수천장을 접고 붙였다. 시급 1만 5천원씩 네번 일하고 지금까지

21만원을 벌었다.

　최근에는 쌀을 수확하고 판매하는 일로 바빴다. 동네 '벼농사 두레'를 통해 벼농사에 필요한 공동작업을 함께하고 내가 농사지을 땅을 분배받을 수 있었다. 이앙기와 트랙터 섭외, 운반 및 도정까지 모두 두레 도움을 받았다. 우리 몫으로 받은 논 5백평에서 쌀 560킬로그램을 수확했다. 둘이 먹기에는 많은 양이라, 부랴부랴 전단지 만들고 온 인맥을 동원해 홍보에 나섰다. 며칠 동안 쌀을 소분하고 포장해 자전거로 택배 영업소에 날라가며 모두 판매할 수 있었다. 목돈깨나 번 기분이었지만, 계산해보면 사실 몇십만원 남았을 뿐이다.

　여름에는 전라북도 지원을 받아 자연농 농부들을 찾아다니는 활동을 하면서 얼마간 활동비를 받아 썼다. 여기에 원격으로 서울에 있는 어머니 가게 일을 보고 얻는 약간의 용돈, 가끔 생기는 일용직 아르바이트, 먹거리를 만들어 동네장터에서 파는 일, 한달에 한두번씩 쓰는 글의 원고료 정도가 지금까지의 수입이었다. 이렇게 돈벌이한 일을 써놓고 보니, 내가 봐도 대체 어떻게 벌어먹고 산 건지…… 그래도 일단 이 생활이 가능한 까닭은 밭에서 나오는 작물들로 식재료비를 아낄 수 있고, 서울보다 월세가 아주 싸기 때문이다.

주변 어르신들은 근처 대도시 직장에 취직하든지 귀농 청년에게 지원하는 억대 대출을 받으라고 권한다. 대출받아 땅을 사거나 비닐하우스나 스마트팜을 지어 대농으로 발돋움하라는 얘기다. "3년만 죽었다 생각하고 고생하면 시골에서 잘살 수 있다"고 조언해준다. 어떤 작물이 잘 팔릴지, 어떻게 마케팅할지도 알려준다. 먼저 와서 성공한 사람들 사례는 하도 많이 들어서 이젠 외울 정도다.

경험에서 우러나온 진심을 담은 조언이지만, 꼭 돈만 좇아가야 하는지, 청년이 농촌에서 돈 버는 길은 그런 것뿐인지 의문이 든다. 안정적으로 월급 받는 일자리가 많아지면 청년들 귀농·귀촌이 늘어날까? 나를 비롯한 주위 귀농·귀촌 친구들은 이미 도시에서 그런 일자리를 경험했고, 그 과정에서 고됨과 불안을 느끼고 고심 끝에 지역으로 온 경우들이다. 그렇다보니 다들 여러가지 일을 하면서 벌어먹고 살아간다.

"솔직히 1년도 못 버티고 나올 거라고 본다."

지역으로 들어가겠다는 내게 아버지가 했던 말이다. 나는 버티면서 살고 싶지는 않다. 돈 안 벌고 신선처럼 살겠다는 것은 아니다. 미래를 준비하지 않겠다는 것도 아니다. 어떻게 생의 끝까지 잘 살아갈 수 있을지 고민하며 일하고 싶을 뿐이다. 그렇기에 소농을 기반으로 내가 할 수 있는 일, 이곳에 필요한 일, 마음에 내키는 일들을 찾아 해나가고 싶다. 사회가 규정하는 일자리가 아닐지라도.

2부

차별 없는 세상을
향한 목소리

당당한 10년 차
여성 대리기사

이미영

대리운전노동자, 카부기상호공제회 공동대표

익숙한 알람소리에 눈을 뜬다. 오전 열한시. 자리에서 일어나 씻자마자 흰색 블라우스에 검은색 정장을 갖춰 입는다. 내가 일하는 트리콜 대리운전은 정장 입고 사진을 찍어 올려야 대리콜 프로그램에 로그인된다. 로그인해두고 식사와 청소 등을 마치고 오후 한두시쯤 집을 나선다. 경남 김해 집에서 2~30분 거리에 골프장이 세개 있는데, 낮콜 대기를 위해 골프장 가까운 곳으로 이동한다.

1994년 홀로서기를 시작한 뒤 횟집, 학원, 식품재료 배달 등 여러 일을 전전했다. 빚도 갚고 아들 뒷바라지를 하려면 돈을 벌어야 했다. 생활정보지를 뒤지며 일할 곳을 찾던 중 대리운전을 알게 됐다. '막장 일'이라며 말리는 이도 있었지만, 운전 실력 자신 있겠다 못할 게 뭐 있나 싶었다. 그렇게 내 나이 마흔일곱 2011년 8월 대리운전 일을 시작했다.

일을 시작하고 한달 만에 몸무게가 5킬로그램 줄었다. 처음 타보는 차, 특히 외제차 운전은 조심스러웠다. 가장 큰 어려움은 지리를 잘 모른다는 점이었다. 한번은 초행길인데 비는 오고 내비는 잘 안 터졌다. 할 수 없이 택시를 세워 따라갈 테니 목적지까지 가달라고 했다. 도착하니 택시비 8천원. 만원짜리 콜에 택시비까지 줘야 하는데 손님은 깨워도 일어나지 않았다. "고객님 안 일어나시면 경찰서 가겠습니다." 지하주차장에서 차를 빼려 하니 그제야 일어났다. 돈이 없단다. 20분쯤 뒤 집에서 요금을 가져다줬다.

여성 대리운전 기사라고 함부로 대하는 사람들도 많았다. 지폐를 건네며 "이 돈 줄 테니 자러 갑시다"라거나, 뒷좌석에서 내 어깨와 겨드랑이 쪽에 손을 대는 이도 있었다. 그럴 때마다 "한번만 더 그러시면 경찰서 가겠습니다"라고 말했다. 하지만 시간이 아까워 실제 경찰서에 가본 적은 없다. 속상해서 울기도 했다. 왜 막장 직업이라고 하는지 조금은 이해됐다.

동료기사들에게 털어놨더니 "그 자리에서 경찰 불렀어야지…… 두둑이 받아야지"라는 반응이었다. 그 무서웠던 상황을 위로해준 동료는 없었다. 무섭고 치

욕스러운 그 순간이 그들에겐 술안주 삼는 가십거리였다. 누군가 호루라기와 작은 플래시를 갖고 다니라고 말해줬다. 그때부터 내 열쇠고리에는 호루라기와 플래시가 늘 달려 있다. 물론 나쁜 손님만 만난 건 아니다. 수고한다며 택시비 하라고 더 챙겨주던 분도 있었다.

밤낮이 바뀐 생활을 하며 지인들과 소원해졌고 점차 세상과 단절돼갔다. 손님들의 갑질과 만행까지 겹쳐 위염, 족저근막염, 불면증이 생겼다. 심신이 지쳐서 2017년 대리운전을 그만뒀다. 빚 갚고, 부모님을 모셔야 했기에 많은 돈이 필요했다. 지인 회사 경리, 학원 차 운행, 요양병원 식당 일 등 투잡, 쓰리잡을 뛰었다. 하루 열두시간을 넘게 일하며 빚도 꽤 갚았다.

2021년 10월 다시 대리운전을 시작했다. 그사이 세상이 많이 바뀌어 여성기사 희롱, 갑질은 많이 사라져 있었다. 하지만 선납 주급이 인상돼 있었다. 콜당 수수료는 요금의 20퍼센트인데, 주급 수수료 20만 3500원을 회사에 선납해야 한다. 이 돈을 미리 넣어야 배차 받을 수 있다. 여기에 매달 보험료가 12만원이고, 김해에서 부산까지 자정부터 새벽 네시 기사들을 태우고 두번 왕복하는 합류차 사용료 3천원, 회사 프로그램 사용료 천원도 매일 낸다.

현재 대리운전비는 기본거리 1만 4천원~1만 6천

원, 김해에서 부산까지는 2만 5천원부터 시작된다. 콜을 잘 받으면 하루에 대여섯 콜, 못 탈 때는 두 콜도 받는다. 월·화는 콜이 없는 편이고 수·목이 많다.(요즘은 불금이 아니라 불목이다) 경제가 어렵다더니 지난해 연말께부터 확실히 콜이 줄었다. 그렇게 쉬는 날 없이 밤새워 일해서 버는 돈은 한달에 350~400만원 정도다. 지난해 1월부터 콜당 고용보험료를 낸다. 특고(특수형태근로종사자) 프리랜서로 5월엔 종합소득세 신고도 했다.

최근엔 부울경(부산울산경남) 대리기사들 모임인 '카부기상호공제회'에 가입한 게 큰 변화다. 부울경 대리기사 약 2만명 가운데 카부기 밴드 회원이 6천명, 그중에 카부기공제회원이 370명이다. 다달이 회비 1만 3천원을 내고, 회원들이 다치거나 사고를 당하면 서로 돕는다. 지난해 3월 가입해 운영위원을 하다가 올해 초엔 공동대표까지 하게 됐다. 특히 여성회원 24명은 지난해 11월부터 '여자만세' 카톡방을 만들어 소통한다. 대리경력 3개월에서 23년 차까지 모여 둘도 없는 동료 언니, 동생 하고 지낸다. 서로 격려하고 상담도 해주고, 외곽지 픽업에 화장실 정보까지 나눈다. 언제나 외롭게 일하다 서로 염려해주며 기쁨도 슬픔도 함께 나누게 돼 세상 밖으로 나온 듯하다. 당당한 10년 차 여성 대리기사로 말이다.

11년 만에
지하철에 오르며

황시운
———
소설가

친구와 함께 지하철을 타고 국립현대미술관에 가서 산
책하듯 전시를 관람한 뒤 다시 지하철을 타고 집으로
돌아온다. 어려울 게 없는 일정이었다. 그러나 이 간
단하고 평범한 일정을 실행할 용기를 내기까지 장장
11년이나 걸렸다.

2011년 봄에 일어난 추락사고로 척수가 손상되면
서 하반신이 마비됐다. 그리고 척수손상 후유증으로
신경병증성 통증을 앓게 됐다. 사고 이후 내 인생은 그
전까지와는 완전히 달라졌다. 산책과 미술관을 좋아하
던 나는 더는 서지도 걷지도 못하는 휠체어 생활자가
됐고, 경제적으로 한없이 무능력해졌으며, 온종일 하
반신이 불에 타거나 살갗을 사포로 갈아내는 것 같은
통증에 시달려야 했다.

하루아침에 몸의 절반을 잃고 휠체어를 타게 된 내게 세상은 불친절하기만 했다. 문밖으로 나서면 온갖 턱과 장애물이 앞을 가로막았고, 믿었던 사회안전망은 성기고 약해서 나를 제대로 보호해주지 못했다. 게다가 마약성 진통제로도 잡히지 않는 끔찍한 통증은 번번이 내 발목을 잡았다. 세상이 내게 등을 돌렸다고 믿었다. 그리고 등 돌린 세상을 피해 긴 세월 좁은 방 안에 숨어 웅크리고 있었다. 다시 산책하고 미술관에도 가고 싶다는 바람을 갖게 된 것은 지난해 봄. 낯선 도시의 골목을 걷고 또 걷는 꿈을 꾸기 시작한 뒤의 일이었다. 꿈이 거듭될수록 바람은 점점 더 간절해졌다. 친구에게 반복되는 꿈과 그로 인해 갖게 된 바람을 이야기하자, 친구는 지하철을 타고 우리 집에서 멀지 않은 과천 국립현대미술관에 함께 가자고 제안했다.

　　인덕원역에서 친구와 만나 함께 승강기를 타고 지하철 승강장까지 내려갔다. 인덕원역은 승강기를 통해 지상에서 지하 승강장까지 어려움 없이 내려갈 수 있도록 설계돼 있었다. 수많은 장애인이 이 당연한 편리를 위해 얼마나 오랜 세월 뼈아프게 투쟁해왔는지 어렴풋이나마 알고 있었기 때문에, 승강기를 탈 때 잠시 가슴이 먹먹해지기도 했다. 친구와 나는 지하철을 기다리며 지하철 이용이 생각했던 것보다 편리하다는 얘기를 나눴다. 이런 정도라면 나 혼자서도 얼마든지 휠체어를 타고 서울로 미술관 나들이를 다닐 수 있을 것 같다고 하자, 친구도 내 말에 동의하며 용기를 북돋워 줬다.

지하철이 도착했고 우리는 휠체어 표지가 있는 승강장을 통해 별 어려움 없이 지하철에 올랐다. 늘 그랬듯 사람들이 흘끔대는 시선이 느껴졌지만, 불쾌하단 생각이 들진 않았다. 앞으로 혼자서 지하철 타고 어디든 돌아다닐 수 있을 거라는 생각에 잔뜩 신이 나 있었기 때문이다. 이렇게 간단한 일을 그동안 왜 못해왔나, 자책감이 들 정도였다. 그러나 그런 기대는 하차할 역에 도착해 지하철 문이 열리는 순간 산산이 깨지고 말았다. 지하철을 탈 때와 달리, 내가 타고 있는 수전동 휠체어가 통과하기에 지하철과 승강장 사이 거리가 너무 멀었다. 걷는 사람들에겐 발이 빠지지 않도록 주의해서 건너면 그만일 틈이, 휠체어를 탄 내게는 앞바퀴가 빠져버릴 것이 분명할 만큼 넓었다. 휠체어가 지하철과 승강장 사이의 틈에 끼는 것만도 위험했고, 그 과정에서 휠체어에서 떨어지기라도 한다면 2차 장애를 입을 수도 있었다. 나도 친구도 어쩌면 좋을지 몰라 우왕좌왕하는 사이 지하철 문이 닫혔다.

내려야 할 역을 지나쳐버렸다는 사실에 불안이 몰

려왔다. 다행히 나보다 침착하고 요령 있는 친구는 지하철이 다음 역에 도착하자 내 휠체어를 뒤로 기울여 앞바퀴를 든 다음 휠체어를 밀어 지하철에서 내리도록 도와줬다. 어쩌다보니 한 정거장을 더 와서 내리게 된 우리는 승강기를 찾아 긴 승강장을 한참 헤맨 끝에야 건너편 승강장으로 이동할 수 있었다. 잠시 뒤 반대 방향으로 가는 지하철이 도착했다. 이번에도 지하철과 승강장 사이 거리는 너무 멀었다. 친구는 다시 한 번 내 휠체어를 뒤로 기울였다. 지하철 안 사람들이 나와 친구를 흘끔거렸다. 이번에는 불쾌했고 화도 났다. 얼굴이 화끈거렸고 온몸에서 땀이 흘렀다. 다음 역에서 마찬가지 방식으로 친구가 도와줘 하차할 수 있었다. 휠체어 표시돼 있는 장애인용 승강장이었지만, 자력 휠체어 승하차는 불가능했다. 이런 지난한 과정을 거쳐 미술관에 도착했을 땐, 전시회 관람이고 뭐고 이미 진이 다 빠져버린 뒤였다.

친구 덕분에 무사히 건너올 수 있었지만, 나 혼자서는 건너기 힘든 간극과 마주할 때마다 한껏 의기소침해졌다. 겨우 10여 센티미터 틈이, 여차하면 내 삶을 집어삼키고 말 크레바스라도 되는 양 절망스러운 기분마저 들었다. 후에 나보다 오래 장애를 가진 채 살아온 선배 장애인은 승하차 역마다 미리 연락해서 타고 내릴 때 역무원의 도움을 받을 수 있다고 조언해줬다. 하지만 매번 하차할 역에 시간 맞춰 전화해 승강장으로 역무원을 불러내는 일도 보통 일은 아닐 것 같았다.

언제나 그런 식이다. 누구도 소리 내 거절을 이야기하지 않지만, 세상은 늘 수많은 턱과 장애물을 둬 끊임없이 거절의 메시지를 던졌다. 휠체어를 타고 집을 나서는 순간부터 마주해야 했던 턱과 장애물들이 주르륵 떠올랐다. 휠체어 생활자가 된 뒤 나는 매 순간 세상의 거절과 마주한다. 그리고 차곡차곡 쌓이는 거절들에 밀려 점점 집 안으로 숨어들었다. 내 딴에는 용기를 내서 시도한 11년 만의 지하철 타기를 통해 세상이 여전히 내게 등 돌리고 있음을 확인했다. 내게 등을 돌린 세상에서 언제쯤 다시 산책할 용기를 낼 수 있을까, 자신이 없다.

'메이드 인
베트남' 아녜요,
나는 나예요

부티탄화
옥천군결혼이주여성협의회 회장

어렸을 때부터 집안일, 농사일 했어요. 하루 두번 소에
게 풀을 먹이러 나갔죠. 여섯살 때쯤 일인데, 비 오면
나가기 싫잖아요. 작은 강에서 넘어졌는데, 춥고 힘드
니까 소가 미운 거 있죠. 그래도 참았어요. 우리 집 형
편이 어려우니까, 소라도 있어 남의 농사일 도와야 돈
을 받고, 땅도 빌릴 수 있으니까. 눈물 꾹 참았어요. 다
들 그런 줄 알고 일했어요.

  공부하면 달라질 수 있으리라 생각했던 적도 있어
요. 학교까지 두시간을 걸어가고, 비옷이 없어서 네모
난 비닐에 구멍을 뚫어 얼굴만 내놓고 다녔지만, 열심
히 했어요. 선생님이 되고 싶었거든요. 하지만 형편이
어려워 고등학교 졸업하자마자 중국인이 운영하는 신
발공장에서 일했어요. 몇천명이 쭉 서서 일하는 공장

인데, 가죽에 그려져 있는 무늬대로 망치질했어요. 가죽냄새가 엄청 심했죠. 월 50만동(약 2만 5천원)을 받았는데, 아침 일곱시에 일하기 시작하면 저녁 열시에 끝났어요. 그러곤 침대 열개가 쭉 붙어 있는 방에 가서, 눈만 붙였어요. 쉬는 날은 없었고요. 일본인이 운영하는 전기선 만드는 공장에서도 일했어요. '메이드 인 베트남'이라고 적혀 있는 거. 진짜 힘들었지만, 참았어요. '좋은 날이 오겠지'라고 생각하며 7년을 보냈어요. 근데도 이상하죠. 똑같이 어려운 거예요.

집에 왔다가 한국에서 일하고 온 동네 오빠 이야기를 들었어요. 한국에 가서 돈 버니까 금방 집도 새로 짓더라고요. 이주노동 하고 싶었죠. 똑같이 열심히 일하는데 대우가 다르니까요. 근데 비자 비용만 만불(약 1200만원)이라고 하는 거예요. 너무 비싸서 포기했죠. 다른 방법을 찾다가 결혼이주 선택했어요. 한국인하고 결혼해야 일하고 싶은 곳에서 일할 수 있으니까요. 진짜 떠나고 싶진 않았어요. 가족, 친구, 고향 다 헤어져야 하니까요. 그래도 그게 제가 할 수 있는 최선이었으니까 '잘 살아봐야지'라는 생각뿐이었어요.

그렇게 한국 왔어요. 모든 게 낯설고 쉽지 않았어요. 언어, 기후, 음식, 사람들 모두 새로우니까요. 그래도 누군가한테 나 책임지라고 안 했어요. 집에서, 밖에서 열심히 일했어요. 24시간이 어떻게 흘러가는지 모를 정도로 바빴어요. 그러다 시아주버님 빵집에서 일하고 20만원 받았어요. 이제야 내 '일'이 대우를 받는 것 같아 기뻤어요. 계속 돈 벌고 싶었어요. 돈이 자유니까요. 공장과 다문화가족지원센터에 다녔고, 지금은 깻잎하우스도 빌렸어요. 거기서 깻잎 모종 키우고, 심고, 따는 일을 해요. 비닐하우스 한동 빌리려면 연 2백만원 내는데, 전 두동 빌렸어요. 돈 벌려면 진짜 손이 빨라야 해요. 하루에 1만 2천장을 따야 손해가 안 나거든요. 집과 회사에서 일하다가 저녁이나 주말엔 깻잎하우스에서 일했어요. 그제야 조금씩 형편이 좋아졌어요. 좀 사는 것 같았죠.

그런데 마음 한편이 늘 무거웠어요. 제가 '운'이 좋은 거니까요. 저랑 똑같이 24시간 집안일, 육아, 농사해도 자기 손으로 들어오는 게 없는 친구들이 많아요. 자기 이름으로 된 돈 하나도 없고, 작은 거 하나도 맘대로 못 사고, 친정에 일 생겨도 돈 하나도 못 보내줘요. 자유가 없는 거죠. 그러다 갈등이 생기고, 싸우고, 맞고, 이혼하려면 그 과정이 어려우니 도망치는 거예요.

이주노동하는 친구도 한국어를 잘 모르는 데다가, 직장도 두번밖에 못 옮기니까 (부당한 일을 당해도) 말 못해요. 어떤 곳은 월급은 안 주면서, 기숙사비만 제달에 받아가요. (사장님한테 월급 달라고) 말하면 다시 본국으로 가라고 하니깐 어떻게 해요. 비자 만들면서 빚지고 왔는데 일 안 하면 못 갚잖아요. 그러다가 결국 도망치거나 비자 만료되고, 불법(미등록)이 되잖아요. 그러니 더 말 못하죠. 진짜 죽어도.

그런 현실 바꾸려고 옥천군결혼이주여성협의회를 만들었어요. 아홉개 읍·면에서 120명이 모였어요. 우리는 결혼해서 한국에 왔지만, 다 일하려는 사람들이고, 일하고 있는 사람들이에요. 그래서 '일'하는 만큼 대우받으려고 열심히 싸우고 있어요. 조례도 만들고, 기자회견도 해요. 이주노동하는 친구들의 사장님 전화 대신 받아서 소통을 도와주고요. 어떨 땐 가서 따지기도 해요. 가정폭력 당하면 경찰에 가서 통·번역해주고, 임시숙소를 달라고 요구도 해요. 이혼하는 친구가 있으면 변호사를 찾아봐주고, 교도소 간 남편 면회도 따라가요. 집 구하는 것부터 애들 학교 상담까지 다 함께하는 일이에요.

또 요즘엔 농촌에 일손 부족하잖아요. 그래서 계절근로자라고 정책이 만들어졌어요. 전 그거 잘 운영될 수 있도록 비자발급부터 교통수단 제공하는 일, 통·번역까지 도와줬어요. 진짜 바쁘겠죠? 그런데요. 그거 아세요? 이건 일이 아니라, '봉사'래요. '공짜'래요. 낮에는 생계를 유지하려고 돈 벌고, 밤에는 친구들 도와요. 사실 몸이 아파요. 내가 슈퍼맨도 아니고, 언제까지 버틸 수 있을까 걱정이에요.

그래서 나 이 말 꼭 하고 싶어요. 나, '메이드 인 베트남' 아니에요. 나는 '나'예요. 공짜로 돌릴 수 있는 기계 아니에요. 사고 싶은 게 있고, 먹고 싶은 게 있고, 가고 싶은 게 있고, 사랑하는 사람도 있어요. 내 친구들도 똑같아요. 그래서 우리, 잘 살면 좋겠어요. 그러기 위해선 내 하루가, 내 삶이 '있는 그대로', 당신하고 똑같이 '잘 살고 싶은 사람'으로 대우받길 바라요. 그러려면 내가 부엌에 있어도, 깻잎하우스에 있어도, 공장에 있어도, 이주민 도와주는 일을 해도 모두 중요한 '일'로 여겨지고, 돈도 받으면 좋겠어요. 이건 우리가 함께 잘 사는데 소중한 '일들'이니까요. 이 글 그래서 쓰는 거예요. 저를 '메이드 인 베트남'으로 보지 않는 모든 분이 함께 고민하면 좋겠어요. 다시 한번 말할게요. "나, 함께 잘 살고 싶어요."

◆ 도움 한인정(『어딘가에는 싸우는 이주여성이 있다』 저자).

126

애인 있냐는 말에
있다고도 없다고도
못하는 이유

지아(필명)

행동하는성소수자인권연대 활동가

벌써 10년 전이네요. 면접 보러 병원에 갔던 날이 기억나요. 그때 저는 무릎을 덮는 단정한 치마 정장에 하이힐을 신었죠. 어쩌면 눈치채셨겠지만 원래 저는 치마나 하이힐과는 거리가 멀어요. 당시에도 바지 정장을 입으려고 했어요. 하지만 바지 정장을 보여달라는 나의 말에, 옷가게 점원이 다리에 흉터가 있냐고 묻더라고요. 인터넷으로 검색해보니 바지 정장을 입은 여성 지원자는 강한 이미지라 면접관이 선호하지 않는다는 글이 있었어요. 간호사가 되고 싶어 대학 시절 내내 열심히 공부했기에, 눈 꾹 감고 치마 정장에 하이힐을 신고 면접을 봤던 거죠.

한동안 그때 저의 모습이 부끄러웠어요. 병원에서 선호하는 이미지를 수용했기에 제가 최종 면접에 합격했다는 생각 때문에요. 성소수자 친구 중에는 이력서 사진이 여성(남성)답지 않아서, 면접에서 눈으로 보이는 성별과 서류에 적힌 성별이 달라서 번번이 취업 문턱에서 미끄러진 경우가 많거든요. 물론 회사에선 서류나 면접 탈락 사유를 알려주지 않지만, 우리는 어렴풋이 눈치채고 있죠.

병원에 입사하고 폭풍 같은 시간을 보냈어요. 아직 근무복도 익숙하지 않은데 환자가 쏟아지듯 배정됐거든요. 너무도 버거운데 환자 생각하라는 말만 들었어요. 조금이라도 힘들다는 티를 내면 저 아니어도 일할 사람 많다는 반응이 돌아왔어요. 이에 여러 동료들이 '응사'하더라고요. 사직서도 내지 않고 도망치듯 퇴사하는 '응급 사직'이요. 저는 잠을 줄이고 밥을 먹지 않으면서까지 버텨냈어요.

그런데 회식은 힘들었어요. 회식에서 누가 저에게 남자친구 있냐고 물어봤어요. 남자친구는 없지만, 여자친구는 있는 저는 긴장해서 "있다"고 대답해버렸어요. 얼마나 만났는지, 남자친구 직업은 무엇인지, 질문이 줄줄이 사탕처럼 이어지더군요. 대충 둘러대는데 머리가 아팠어요. 왜냐하면 한국은 20대 여성과 남성의 인생주기가 살짝 다르거든요. 대부분 남성은 군대에 가잖아요. 급조한 내 연애 이야기가 누군가의 계산에 안 맞았죠. 급기야 남자친구 군대 어디 다녀왔냐는 질문까지 듣는데, 등에 땀이 줄줄 흘렀어요.

그때부터 남자친구 있냐는 질문에 "없다"고 답했죠. 하지만 상황이 나아지지 않았어요. 이제 눈을 낮추고 남자친구 사귈 노력을 하라는 말을 듣고, 회식마다 여자친구 없는 남성 직원과 엮어주더군요. 나를 보고 엄지를 척 들면서 집적거리는 남자 직원도 있었죠. 그래서 얼마 전부턴 다시 "애인 있어요"라고 대답해요. 물론 당신에게 내 애인이 여자라고 말하고픈 마음은 없어요.

예전 한 동료가 재미있는 거 알려주겠다며 영상을 보여줬어요. 게이 커플이 자신들의 일상을 촬영한 영상일기였는데, 게이 커플 중 한명이 우리가 아는 지인이었어요. 동료는 영상 속 지인을 가리키며 "게이"라고 웃으면서 말하더라고요. 그때 표정과 말투가 잊히지 않아요. 묘하게 경멸하는 뉘앙스였거든요. 그나마 직접적인 욕을 하지 않아 다행이라고 생각해야 할까요?

당신이 변희수 하사의 기사를 읽었다고 말해서 깜짝 놀란 적이 있어요. 그동안 성소수자의 투쟁은 우리만의 투쟁으로 느껴지는 순간이 많았거든요. 뉴스를 잘 보지 않는 당신마저 변희수 하사를 안다는 사실에 이번 투쟁은 뭔가 다를 거라는 생각이 들었어요. 그러나 똑같았어요. 트랜스젠더 변희수라는 이유로 노동자 변희수는 모든 것이 부정당했고 어릴 적부터 꿈꿔오던 직장에서 쫓겨났어요. 다시 군대에 돌아가기 위해 싸우던 그녀는 자신이 군대에 존재하면 안 되는 이유가 적힌 54쪽 분량 보고서까지 받아야 했어요. 최근에 많은 사람의 노력으로 변희수 하사가 군대에서 쫓겨난 것은 옳지 않다는 판결이 나왔지만, 너무나도 오랜 시간이 걸렸어요. 그녀가 투쟁하는 모습을 지켜보며 나는 수많은 고민 끝에 나와 나의 노동을 지키기로 선택했어요. 그래서 여전히 나의 옆자리에 앉은 당신조차 내가 성소수자라는 사실을 모르는 거죠.

가까운 가족이 갑자기 상을 당했는데 관리자가 퇴근을 시켜주지 않아서 울면서 노동했던 동료와 임신 막달까지 아무도 업무량을 조절해주지 않아서 무리하다 결국 하혈해서 병원에 입원했던 동료의 얼굴이 떠올라요. 눈 밖에 나면 일이 험난해진다는 신호를 끊임없이 주는 일터에서 많은 노동자는 입을 열기보다 그냥 일터를 떠나는 게 쉽게 느껴져요. 오늘도 많은 동료가 침묵을 선택하거나 병원을 떠나고 있죠.

저는 성소수자를 위한 일터가 모두를 위한 일터라고 생각해요. 그래서 모두를 위한 병원을 만들겠다는 작은 다짐으로 민주노조에 가입했어요. 요즘 저는 모두가 10년 뒤의 미래를 그려볼 수 있는 일터를 만들기 위해 노력하고 있어요. 나는 가만히 앉아서 일터가 바뀌기만을 기다리지 않을 거예요. 늘 그랬듯 지금 나의 자리에서 변화를 만들려고요. 그 변화에 당신도 함께하길 기원하며 이만 글 줄일게요. 우리 함께해요.

지리산 자락 '기간제 교장'
짱구쌤의 티타임

이장규

용방초등학교 교장

"왜? 오늘 표정이 안 좋네. 숙제 안 했니? 걱정하지 마, 담임선생님이 설마 어떻게 하겠냐? 얼굴 펴, 급식이 마라탕이래!"

아침 교문맞이, 기간제 교장이 하루 일을 시작한다. 첫 통학차가 도착하는 시간에 맞춰 클래식 음악이 흘러나오는 블루투스 스피커를 켜고 교문에서 아이들을 기다린다. 요즘 같은 추운 날엔 눈만 빼꼼한 중무장에 쉼 없이 제자리 걷기를 반복하며 체온을 유지하는 게 상책이다. 70여명 아이가 모두 등교할 때까지 손바닥을 마주치며 매일 아침맞이를 하는 것은, 학교는 세상에서 가장 안전하고 즐거운 곳이어야 한다는 오랜 바람의 실천이다.

나는 전남 구례에서 일하는 3년 차 내부형 공모 교

장이다. 공모를 통해 교사에서 바로 교장이 된, 이른바 '무자격 교장'이다. 기존 승진 체제(교사-교감-교장)에 변화를 주기 위해 도입된 내부형 공모 교장제는 새로운 리더십을 구축해 민주적인 학교문화를 형성했다는 평가와 함께 승진 구조 와해, 특정 교원단체의 전유물 등 비판도 받아가며 벌써 10여년째 이어지고 있다. 전남은 전체 학교의 2퍼센트 정도가 시행 중이다.

우리 학교 아이들은 나를 '짱구쌤'이라 부른다. 그렇게 부르면 교장의 권위는 사라지고 아이들은 버릇없어지는 것 아니냐고? 그런 기우는 접으시라. 아이들은 누구보다 사리분별을 잘한다. 내 이름과 외모에서 나온 '짱구쌤' 별명은 아이들과 거리를 가깝게 하는 마법의 힘이 있다. 2교시를 마치면 '누구나 교장실'에서 예약한 아이들과 우아하게 차를 마신다. 남자친구, 케이팝, 수업 이야기 등이 끝없이 이어지는 동안, 난 그냥 함께 차를 마시며 웃어주면 된다. "짱구쌤, 오늘은 무슨 차예요. 김칫국물 맛이 나네요." "보이차야." "그럼 남자만 마셔요?"

일주일에 네시간 정도 수업을 한다. 30년간 해오던 일이니 교장이 됐다고 관둘 이유는 없었다. 담임들과 교과와 시간을 협의해 체육, 국어, 실과, 창체(창의적 체험활동) 등 다양한 수업을 진행한다. 놀이, 실내화 빨기, 서시천 산책하기, 그림책 읽어주기, 자전거 타기 등 재미와 의미를 함께 추구한다. 지난해 가을에는 우리 학교 대표 교육활동 중 하나인 '섬진강 자전거 마라톤'에서 1학년 아이들의 완주를 지도했다. 아이들과 함께 시원한 강바람을 맞으며 달리던 순간이 지금도 선명하다. 수업을 통해 내가 배우며 가르치는 사람이라는 사실을 새삼 확인한다. 또 교실과 학생들을 가장 잘 이해할 수 있는 통로이기도 하고, 교사들의 어려움도 잊지 않게 된다.

제주도의 그림책 작가 니카는 "해녀는 페미니스트다. 그것을 증명할 필요도 없다. 그들은 누구보다 강인하기 때문이다"라고 했다. 짱구쌤은 이렇게 말하고 싶다. "교사는 휴머니스트다. 그들은 아이들의 오늘과 내일을 믿는다. 그것은 증명할 필요가 없다." 사실 평교사 시절, 내가 휴머니스트라는 사실을 증명하는 데 너무 많은 에너지를 썼다. 교장이 교실의 교육력을 믿고 전적으로 지원하면 아이들과 교사는 배움과 열정으로 화답한다.

학교 안에 있는 어른은 모두 선생님이다. 수업하는 교사뿐 아니라 교무실과 행정실, 급식과 안전을 담당하는 모든 교직원은 아이들의 선생님이다. 그래서 우리는 성장하는 일을 멈출 수 없다. 모든 교직원과 전문적 학습공동체를 만들어 학교 건축, 생태교육을 공부하며 함께 성장해나간다. 정기적인 수업 공개(나눔)를 통해 자기 수업과 교실을 열고, 교사의 교수법을 넘어 아이들의 배움을 이야기한다. 교장은 꼼꼼하게 아이들을 관찰해 어려운 부분을 지원해주면 된다. 우리가 세운 목표를 다 이룰 수 없다고 해도 어제보다 더 나은 사람은 될 수 있다.

운동장 너머에 노고단이 보이고 울타리를 따라 섬진강 지류인 서시천이 흐르는 아름다운 학교에서 근무하는 것은 행운이다. 2년 뒤에는 그 풍경에 딱 어울리는 세상에 하나뿐인 학교가 다시 지어진다. 긴 복도와 사각형 교실에서 벗어나, 천창과 거실, 툇마루가 있는 목조 지붕의 아늑한 학교가 탄생한다. 지난 30년 교사로 살면서 꿈꿨던 학교 건축에 관해 동료들과 수많은 대화를 나눴다. 2년 동안 모든 용방 가족들이 머리를 맞대고 함께 설계했다. 어떤 뛰어난 개인도 집단지성을 넘어설 수는 없다는 믿음으로. 10년 전, 열일곱명의 폐교 위기에서 지금에 이르렀듯, 우리 학교는 소멸의 위기를 넘어 계속 나아갈 것이다.

훌륭한 교사가 훌륭한 교장이 된다고 믿는다. 여러 평가 속에서도 교사에게 공모 교장의 기회를 주는 제도가 존속돼야 하는 이유는 분명하다. 자격증에 기

"학교는 세상에서 가장 안전하고 즐거운 곳이어야 해요."

대지 않은 새로운 리더십에 대한 기대이다. 우리는 선의의 경쟁을 해야 한다.

직접 증명하라고,
직접 증명해보라고

차헌호

아사히글라스 비정규직지회 지회장

"피고인 하라노 다케시, AGC화인테크노코리아(아사히 글라스) 주식회사 각 무죄."

믿기지 않았다. 판결문을 읽는 판사의 분위기가 아무래도 이상했다. 결국 마지막 주문에서 무죄가 선고됐다. 재판정을 가득 메운 우리 노동자들은 귀를 의심했다. 충격이었다.

"무죄가 말이 됩니까. 그럼 이전의 네곳 재판부 판결은 모두 잘못됐단 말입니까? 이게 재판입니까!" 나도 모르게 소리쳤다. 판사는 무표정한 얼굴로 침묵했다. 2023년 2월 17일 대구지법 아사히글라스 불법파견 형사사건 항소심 선고 법정에서 있었던 일이다.

아사히글라스 비정규직 노동자들은 9년째 법적 다툼을 벌이고 있다. 아사히글라스는 파견법 위반으로

기소돼 1심에서 일본인 대표이사는 제조업 최초로 징역형을, 법인은 벌금 1500만원을 선고받았다. 앞서 고용노동부와 검찰 판단처럼 법원에서도 네차례나 불법 파견을 인정했다. 근로자 지위확인 소송 1, 2심과 직접 고용의무 불이행에 따른 손해배상청구 소송 1심, 형사 사건 1심까지. 그런데 대구지법 형사항소4부(재판장 이영화)는 새로운 증거자료가 제시되지도 않았는데, 다른 검증 절차를 거치지도 않고 무죄를 선고했다. 수십명 증인신문, 수천장에 이르는 방대한 증거들, 세차례에 걸친 현장검증 결과 네곳 재판부에서 불법파견을 인정했는데, 그 모든 게 부정됐다. '법관은 법률과 양심에 따라 재판한다'는 나의 믿음도 사라졌다.

무죄판결을 내린 항소심 재판부 주심인 김아영 판사는 민사소송에서 아사히글라스를 변호하고 있는 대형 로펌 태평양 출신이다. 공정한 재판을 위해서라면, 당사자가 판결 결과를 수긍하길 바랐다면, 스스로 고사했어야 하지 않을까. 하지만 재판은 이미 끝났고 우리에겐 허무함만이 남았다. 검찰은 "무죄를 선고한 항소심 판결은 법리 오해와 채증법칙 위반의 위법이 있다"라며 즉시 상고했지만, 9년째 지난한 싸움을 해온 우리 노동자들의 꿈과 희망이 짓밟혔다는 사실에는 변함이 없다.

2차대전 전범기업이자 일본 3대 그룹인 미쓰비시
계열사인 아사히글라스는 지난 2004년 경상북도 구미
시에 입주했다. 외국인투자기업으로 토지 12만평 무상
임대, 15년간 지방세 감면, 5년간 세금 면제라는 특혜
를 받아 국내에 진출해 연평균 1조원 매출을 올렸다.
그러나 아사히글라스 사내하청 노동자들은 20분에 불
과한 점심시간, 최저임금 수준의 적은 급여, 사소한 잘
못에도 징벌조끼를 입고 일하도록 하는 인권침해, 잦
은 권고사직 등 최악의 노동조건에서 일했다.

　　더는 참을 수 없어 2015년 노동조합을 만들었다.
2주 만에 하청노동자 178명 중 138명이 가입했다. 아
사히글라스는 노조설립 한달 뒤 이 하청업체와 계약을
해지했다. 계약해지된 하청업체는 하청노동자 178명
에게 문자로 해고를 통보했다. 아사히글라스에 소송
을 제기하지 않겠다는 부제소 합의서를 작성한 이들에
게만 희망퇴직금 천만원을 지급했다. 결국 스물두명이
희망퇴직을 거부하고 아사히글라스를 상대로 지금까
지 싸우고 있다.

　　올해로 9년째다. 애초 2015년 고용노동부에 고소
한 불법파견 사건은 2년이 지나서야 대구지검 김천지
청으로 넘어갔고, 김천지청은 노동부에 몇차례 재수사
명령을 내려 시간을 끌더니 2017년 12월 무혐의 처분

했다. 검찰에 항고해 대구고검에서 5개월 만에 재기수
사명령을 내렸지만, 사건을 다시 맡게 된 김천지청은
여전히 시간을 끌었다.

언제까지 기다릴 수만은 없었기에 2018년 12월
27일 우리는 대구지검 로비에 들어가 눌러앉았다. 조
합원 열한명이 연행됐다. 검찰청에서 연행된 아사히
글라스 비정규직 노동자들 기사가 나오자, 김천지청
은 사건을 대검찰청 수사심의위원회로 넘겼다. 이듬해
2월 대검 수사심의원위는 아사히글라스 기소 권고 결
정을 내렸다. 결국 고소 4년 만인 2019년 2월 15일 아
사히글라스 대표이사와 법인이 기소됐다.

"지연된 정의는 정의가 아니다"라는 말을 들었다.
하지만 우리가 맞닥뜨린 현실에서는 노동부도 수사기
관도 법원도 미루기, 시간 끌기를 계속했다. "모든 국
민은 신속한 재판을 받을 권리를 가진다"는 헌법(제27조
제3항)은 우리 같은 사회적 약자에게는 해당하지 않는
것이 분명했다. 9년 동안 법은 억울함을 풀어주는 게
아니라, 억울함을 직접 증명하라고 끊임없이 되물었
다. 법과 제도는 우리가 길거리에서 얼마나 오래 버틸
수 있는지 실험하는 것 같았다.

겨우 어렵게 열린 재판. 그러나 하염없는 기다림
이 우리를 더욱 힘들게 한다. 현재 아사히글라스 사건

재판은 대법원에 세건, 대구고등법원에 한건 계류돼 있다. 대법원에서만 4년 11개월째 계류 중인 사건도 있다. 이미 지연됐지만 더는, 이제 더는 정의가 미뤄지지 않기를. 스물두명의 해고자는 오늘도 간절히 기도하고 있다.

'동료상담'이라는
혁명

박목우

정신장애 동료상담가

나는 마흔여덟살 정신장애인 여성이다. 아침에 해가 뜨는 것이 유일한 희망이던 때가 있었다. 빗소리도, 설거지할 때 물소리도, 아름다운 음악소리도 모두 나를 공격하는 소리로 들리던 시절이었다. 사회생활 스트레스와 겹쳐진 사랑하는 사람과의 이별로 서른 즈음 극심한 트라우마를 겪었고 심각한 조현병을 앓았다. 2000년대 후반의 일이다. 그렇게 5년 가까이 환청과 망상에 시달리며 집 밖으로 나가지 못했고, 다시 아침을 맞는다는 유일한 희망에 감사해할 뿐이었다.

집에 유폐돼 생활하면서 몸무게는 30킬로그램 넘게 불었고, 시도 때도 없이 쏟아지는 잠 때문에 일상을 유지하기 힘들 정도였다. 하지만 무슨 이유에서인지 신문은 꼬박꼬박 읽었다. 그러다 어느 날 홀로 85호 크레인을 지키는 이가 있다며 희망버스를 타자는 홍세화 선생님의 칼럼을 읽게 됐다. 그 칼럼으로 세상으로 나갈 용기를 낼 수 있었고, 아무 연고도 없이 찾아온 나를 환대해주는 분들을 만날 수 있었다. 85호 크레인에 갇혀 있던 그이는 그 좁은 공간에 방울토마토를 심고 여러 사람을 한자리에 불러 모았다. 세상을 열었다. 이후 여러 투쟁 현장을 찾았다. 따뜻하게 맞아주는 이들을 여럿 만날 수 있었지만, 여전히 나는 나에 갇혀 있었다. 나를 설명할 언어를 찾지 못했기 때문이었다.

그러던 중 '동료상담'이라는 걸 알게 됐다. 서울시 정신건강복지센터에서 3개월, '정신장애와 인권 파도손'이라는 인권단체에서 9개월 과정 교육을 받았다. 복지센터에서 동료상담에 관해 전반적으로 알 수 있었다면, 파도손에서는 중앙대 산학협력팀과 함께 마련한 이야기치료를 통한 동료상담 전문 교육과정을 이수하며 동료상담을 더 깊이 이해할 수 있었다. 권수정 전 서울시의원(정의당)의 도움으로 기초생활보장 수급자격을 탈피할 정도의 급여도 받을 수 있었다.

동료상담은 '정신장애인 당사자가 주체적인 위치에서 자신의 역량을 강화하고 지역사회에서 고립돼 있는 정신장애인들에게 사회적 관계망을 형성할 수 있도록 도움을 주는 서비스'를 뜻한다. 전문가 중심의 '치료 및 재활' 대신 당사자의 자기결정권에 기초한 '존중 및 회복'을 추구한다. 이를 통해 동료상담가와 동료당사자가 함께 성장할 수 있다는 점도 큰 특징이다.

동료상담을 통해 만났던 이들과의 여러 추억이 떠오른다. 약 부작용으로 잠을 주체할 수 없어 피곤해하던 동료가 자신이 하는 가사노동이 얼마나 값진 것인지 깨닫고 반응했을 때, 자기 탓만 하던 동료가 부당하다며 세상에 분노했을 때, 고립 생활을 하던 동료가 지역 정신장애인권단체 리더로 다시 태어났을 때, 가족들의 폭언과 폭행에 시달리던 동료가 독립생활을 시작했을 때…… 삶의 모든 과정을 우정을 계기로 경험할 수도 있음을 깨닫게 해준 순간들이었다. 동료들의 기쁨과 슬픔은 나의 것이기도 했기에 보람도 컸다.

동료상담을 하면서 사람들이 흔히 실패라고 하는 것들 속에 있는 무수한 진실에 눈 뜰 수 있었다. 내 안은 여리고 작은 소리들로 붐비기 시작했다. 철저히 혼자 버려진 것 같았던 경험들은 비슷한 현실을 맞닥뜨리고 혼란스러워하던 동료들에게 소통의 다리를 놔주도록 했다. 그러면서 또다른 이를 돕는 우정의 확산을 경험했고, 세상과 다시 한번 연결될 수 있었다.

사회를 향해 발언하게 되는 당사자들도 보았다. 아주 조금 열려 있었던 세상을 향한 시선들이 정신장애를 둘러싼 낙인과 배제, 폭력과 억압에 관해 함께 이야기할 수 있는 넓은 시야로 확대됐다. 우정이라는 계기를 통해, 그동안 고립돼 자책과 연민으로 신음하던 동료들이 한 사람의 시민으로, 이 사회의 성원으로 살아갈 수 있게 됐다.

　레이먼드 카버의 단편 「대성당」에는 앞을 볼 수 없는 손님에게 주인공이 대성당의 위엄을 설명해주다가 그의 손을 잡고 함께 대성당을 그려가는 장면이 나온다. 동료상담도 함께 대성당을 그려가는 일과 같다. 환청과 망상과 고립에 둘러싸인, 사회에서 가장 가치 없는 존재로 취급받던 정신장애인이 자신의 경험을 바탕으로 누군가를 살리고 그와 더불어 세상의 지도를 다시 그린다. 그런 활동은 정신장애인에 대한 사회의 낙인을 전복하는 혁명적인 효과를 지닌다. 이 이름 없는 노동이 사회에 더 알려지고, 제값 받으며 일하게 될 수 있는 날이 오길 바란다. 그리고 그날을 위해 정신장애인의 곁에 서는 다른 우정들을, 이들의 이야기에 귀 기울일 줄 아는 여러분들의 지지와 공감을 기대한다.

외국인투자기업은
무법지대인가

최윤미

한국와이퍼 해고 예정 노동자

"귀하와 회사의 고용관계는 2023년 2월 18일부로 자동적으로 종료됩니다."

1월 16일 우체국 등기로 해고통지서를 받았다. 사람들은 말한다. 자본주의 나라에서 회사가 어려워 문 닫는다는데 무슨 수로 막느냐고. 회사청산에 의한 해고는 정당하지 않냐고.

하지만 당연한 해고는 없다. 한국와이퍼가 법인청산 과정에서 노조와 합의 없이 대량해고를 통보한 것이 부당하다는 법원 판단이 나왔기 때문이다. 수원지법 안산지원 민사10부(재판장 남천규)는 2023년 1월 31일 민주노총 금속노조가 한국와이퍼를 상대로 낸 단체협약위반금지 가처분 신청에서 "단체협약 절차에 따른 합의 없이 조합원들을 해고해서는 안 된다"라며 인용

"국가의 온갖 혜택을 받았으면서,

이런 식으로 노동자를 해고해도 아무 문제가 없단 말인가.

이제 답을 만들어야 한다."

©필자 제공

결정을 내렸다.

한국와이퍼는 현대자동차 완성차에 들어가는 와이퍼시스템 중 핵심부품을 만든다. 일본 덴소자본이 백 퍼센트 지분을 소유한 외국인투자기업이다. 2022년 7월 7일 원청인 덴소코리아는 와이퍼시스템 사업을 매각하면서 한국와이퍼를 청산한다고 발표했다. 그리고 1월 16일 209명 조합원 전원에게 해고통지서가 날아왔다.

내가 스물여섯살부터 마흔네살이 된 지금까지 18년 동안 일해온 한국와이퍼는 여성노동자 비율이 절반이 넘는다. 주야 12시간 맞교대, 쉴새없는 컨베이어벨트 작업은 만만치 않은 작업환경이다. 하지만 생계를 위해서는 버텨내야 했다. 그러던 우리에게 회사청산과 해고통보라니, 삶의 막다른 골목에 부닥친 것처럼 막막할 뿐이다.

회사는 2012년부터 매출액과 적자가 함께 커지는 기이한 재정구조가 되더니 이것이 굳어졌다. 모회사이자 원청인 덴소코리아와의 내부거래가 그 원인이었다. 덴소코리아는 한국와이퍼 생산품을 제조단가보다 낮게 사들여 이윤을 확보하고, 이를 일본 덴소 본사에 보내는 방식으로 이윤을 이전했다. 2018년 한국와이퍼는 신차 수주가 없어 물량 감소로 인한 폐업 혹은 구조조정이 의심됐다. 회사 상황을 피부로 느꼈던 우리는 2018년 6월 노동조합(전국금속노조 한국와이퍼분회)를 만들었다. 노조는 2020년부터 적자 구조를 해소하고 고용을 보장하라며 합법적으로 쟁의권을 얻어 투쟁했다. 그 과정에서 회사가 청산을 '기획'했다는 것과 청산 시나리오의 실질적 기획자가 모기업인 일본의 덴소자본이라는 사실을 알게 됐다. 조합은 덴소자본에 고용보장을 요구하면서 회사 회생을 위해 고통을 나누겠다고 했다. 조합은 2021년 덴소자본으로부터 청산 때 노조의 합의권과 고용보장 약속을 받아냈다. 당시 노사 합의에 조합원들은 뛸 듯이 기뻐하며 투쟁으로 인한 회사 리스크를 줄이기 위해 주말 무상노동까지 마다 않고 제품 생산에 주력했다.

하지만 덴소자본과 회사는 단체협약을 뒤로한 채 비밀리에 청산을 준비했다. 회사 해산 및 청산은 고도의 경영상 결단에 속한 사항이라 단체교섭 대상이 될 수 없다는 법리를 준비하고, 외국인투자기업은 한국에서 처벌이 어렵다는 점을 활용해 단체협약을 무효로 만들려는 전략이었다. 회사가 문 닫는다고 하면 직원들도 어쩔 수 없이 자진 퇴사할 것이라고 판단한 회사는 청산 발표와 동시에 조기퇴직제도(희망퇴직)를 운용하기 시작했다.

나는 정부가 덴소자본과 한국와이퍼를 제대로 조사하라며 2022년 11월과 12월 서울 국회 앞에서 44일간 단식농성했다. 동료들은 살을 에는 바람 속에서 선전물을 나눠주면서 억울함을 호소했다.

그러나 쉽지 않았다. 고용노동부에 단체협약 위반, 부당노동행위, 불법 대체생산 등 덴소자본의 위법을 진정했지만 '외국인투자기업이어서 처벌이 힘들다'는 답이 돌아왔다. 한국 노동조합법에 의해 합법적으로 체결한 단체협약을 내던진 덴소자본을 처벌할 법과 원칙은 어디에도 없다는 말인가. 고용창출이라는 명목으로 국가가 주는 온갖 혜택을 받아온 외국인투자기업이 청산 방식으로 아무렇지도 않게 노동자를 해고해도 아무런 문제가 없단 것인가. 정부는 '외국인투자기업은 원래 그래 왔다'고 얘기하는 대신 어떻게 할지 답을 만들어야 한다.

이 투쟁을 하기 전에 열두살 딸아이가 물은 적이 있다. "엄마, 세금은 왜 내야 해?" 잠시 생각하다 "국민의 권리를 잘 지킬 수 있도록 국가를 잘 운영하라고 세금을 내지"라고 답했더랬다. 그 대답을 기억하던 딸아이가 국회 앞에서 단식농성을 하는 엄마를 보더니 "세금 내지 말라"고 했다. 나는 이제 어떤 답을 해야 할까. 윤석열정부가 답해줬으면 좋겠다.

이주노동자는
노예가 아니다

섹 알 마문

이주노조 수석부위원장

1998년이었다. 나는 뭐라도 새로운 일을 하고 싶었다. 그래서 해외에 노동자를 보내는 업체에 7백만원을 주고 한국에 오게 됐고, 경기도 남양주시 마석 가구단지 가구공장에서 일하기 시작했다.

2001년이었다. 2년 동안 열심히 일했던 공장에서 일을 그만하게 돼 퇴직금을 달라고 했다. 그런데 공장에서 퇴직금을 주지 않았다. 그때 처음으로 친구를 통해 당시 평등노조 이주노동자지부(ETU-MB)를 알게 됐고, 평등노조 이주지부가 나서서 퇴직금을 받을 수 있었다. 노동조합이 필요할 뿐 아니라 중요하다고 생각해 이주노동자 활동을 시작하게 됐다.

방글라데시에서 태어나 지금은 귀화했지만, 여전히 피부색이나 외모 때문에 인종차별을 당하는 경우가 있다. 이러한 경험을 바탕으로 한국에서 살아가는 여러 이주노동자의 이야기를 영화로 담아내고 있다. 이주노동자노조(MTU)에서도 활동하고 있는데, 많은 이주노동자가 상담받으러 온다. 한국과 동남아시아 16개 국가가 맺은 합의각서에 따라 '고용허가제'를 통해 한국에 일하러 온 이주노동자들은 사업주 동의 없이 사업장을 변경할 수 없다. 근로조건 위반, 성희롱, 폭언, 폭행, 괴롭힘, 산업재해, 임금체불, 열악한 기숙사 등의 사유로 퇴사하고 싶어도 가해자인 사용자의 동의를 얻거나, 노동부 고용센터에 피해 사실을 입증해야 다른 회사에 취업할 수 있다.

그런 사업장 변경 제한은 이주노동자를 강제노동으로 내몬다. 한국인 노동자도 그렇겠지만, 사직은 이주노동자에게는 무척 힘든 일이다. 사직은 노동자가 사용자의 부당한 처우에 저항하는 최후의 방법이다. 어떻게 보면 가장 소극적인 방어 방법이지만, 그마저 법으로 금지하는 게 사업장 변경 제한이다.

한가지 사례를 들어보자. 경기도 의정부에서 일하는 방글라데시 이주노동자 A씨는 사업주가 일을 안 시켰다. 사업주는 마음에 안 든다고 무조건 '나가라'고 하고, '너한테 줄 일 없다' '너네 나라로 돌아가라'며 노무 수령을 거부했다. 심지어 신분증 구실을 하는 외국인

등록증을 복사하고 준다면서 가져갔으나 아직껏 돌려
주지 않는다. '불량'이라는 항목으로 급여에서 이유 없
이 50만원을 공제하기까지 했다.

이런 처사는 A씨의 사업주가 '외국인 근로자의 책
임이 아닌 사업장 변경 사유' 고시 '제5조(부당한 처우 등)
의 6. 사용자가 임금 또는 휴업수당을 지급하지 않으
면서 외국인 근로자의 근로 제공을 5일 이상 거부하는
경우'에 해당하며, 외국인등록증을 압수하는 행위는
출입국관리법 등에도 위반된다. 이주노조를 통해 A씨
는 노동부 고용센터에 사업장 변경 신청서를 제출했
다. 일이주 안에 고용센터 직권으로 사업장 변경을 처
리해줘야 하지만, 사건을 접수하고 지금까지 거의 한
달 반이 넘도록 처리해주지 않고 있다. 비슷한 사례는
무수히 많다. 사장에게 얻어맞는 이주노동자들이 경찰
에 신고해도, 말이 안 통하니 고소장조차 제대로 접수
할 수 없는 사례도 있다. 경찰서에 가도 말이 잘 안 통
해서인지 조사가 제대로 안 되고 별 도움이 안 된다.
통역해주는 시스템도 제대로 없다.

그런 이주노동자들과 고용센터에 함께 가면 고용
센터에서도 똑같은 차별을 당한다. 특히 이주노동자
들이 번호표를 뽑아서 기다리고 있을 때 고용센터 직
원들이 노동자들이 아니라 사업주를 먼저 불러서 일을

처리하는 경우가 많다. 한시 바삐 해결해줘야 하는 문제인데도 하루이틀씩 길어지고, 결국 이주노동자들에게 피해가 돌아간다. 사업장 변경을 신청하면 대개 고용센터에서는 사업주와 통화하고 난 뒤 '문제없으니 다시 가서 일하라'며 노동자를 다시 원래 사업장으로 돌려보낸다. 이주노동자의 목소리는 어디에서도 귀 기울여 듣지 않는다.

이주노동자는 노예가 아니다. 노예가 아니기 때문에 이런 식으로 대우해서도 안 된다. 노동자로서 누릴 수 있는 모든 권리가 이주노동자에게도 있다. 이주노동자들이 돈을 벌기 위해 한국에 왔다고 해서 이주노동자에게 함부로 해도 되는가. 지난 24년 동안 한국에서 살면서 차별적인 모습들을 계속 보고 느낀다. 한국사회가 그동안 경제적으로나 사회적으로 많이 발전했다고 느끼지만, 이주자 그리고 이주노동자를 바라보는 시선은 여전히 내가 처음 왔을 때나 지금이나 별로 바뀌지 않았다. 그래도 나는 차별 없는 사회를 계속 꿈꾼다. 이주노동자가 평등하게 일하고, 존중받고, 권리가 보장되는 사회를 만들기 위해 노조활동을 하고 있으며, 영화 만드는 일도 계속해나갈 것이다.

◆ **도움** 정영섭(이주노조 활동가).

제 의족이
그렇게 무섭나요

김희찬(가명)
─────────
30대 남성 장애인

10년 전 공장에서 일하다가 다리를 다쳤다. 대형 기계를 제작하는 곳이었는데 계단에서 미끄러져 바닥으로 떨어져 무릎 아래로 조금 다친 줄 알았다. 그런데 초기 처치가 잘못됐는지 상처가 덧나면서 여러번 수술을 거듭한 끝에 한쪽 다리를 절단하게 됐다. 그때 내 나이 스물여섯살이었다. 공장 쪽에서는 산재처리를 안 해주려고 '평생 책임져주겠다' '회사 문 닫아야 한다'며 어르기도 했지만, 받아들일 수 없었다. 다른 형님들이 다쳤을 때도 '책임져주겠다'고 했지만 거짓말이었기 때문이다. 병원에 누워 있는 나를 취재차 찾아온 기자 앞에서 "나 앞으로 어떻게 살아요?"라며 울기도 했다.

절단한 다리에 의족을 하고 걷기 연습을 시작했다. 장애는 있지만 어엿한 사회인으로 살아가야겠다고 다짐했다. 힘들고 아팠지만 끝내 해냈다. 걷기가 달리기가 되고 마라톤에도 도전해 완주했다. 등산도 낮은 산은 다닐 만했다. 그렇게 어느덧 10년이 지났다.

산재병원에 입원 당시 심리상담을 받았는데 장애등급 같은 이야기만 들어서 지쳤다. 직업훈련도 내가 하고 싶은 것, 잘하는 것을 지원해주는 게 아니라, 그냥 컴퓨터 아니면 목공 일이었다.

나는 몸으로 하는 일을 하고 싶었다. 다리는 불편해도 힘쓰는 일을 잘할 수 있고 좋아하기 때문이다. 포털에서 '장애인고용'을 검색해 전화해 와보라는 곳에 서류를 들고 찾아가기도 했다. 막상 가보면 내 일이 아니었다. 컴퓨터 앞에 앉아 있는 일들뿐이었다. 장애인 고용지원금을 받으려 구인공고를 낸 회사들 같았다.

장애인 고용으로는 취직이 어려울 것 같아 일반 일자리에 지원해보기도 했다. 학교에서 경비를 구한다는 공고를 보고 전화했더니 와보라고 했다. "다리가 불편해요?" '예, 일하다 다쳐서 의족을 했습니다.' "아, 그럼 학교는 안 돼요. 아이들이 무서워하면 어쩌라고." 잘할 수 있는 일 같은데…… 마음이 안 좋았지만 별수 없었다.

새벽 인력사무소에도 나가봤다. 2층 인력사무소에 함께 앉아 있던 사람들이 하나둘씩 하루 일거리를

"편견은 일터에서만 겪는 것이 아니었다.
장애인석에 앉아 있다가
'멀쩡한데 왜 여기 앉아 있냐'는 이야기를 듣고
반바지를 입기 시작했다"

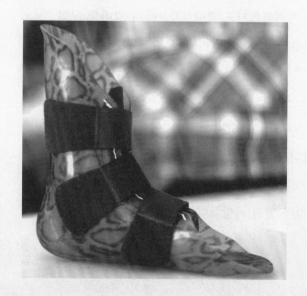

받아 나갔지만, 나는 그렇지 않았다. 건설 현장에서 벽돌도 질 수 있고 하라는 건 무엇이든 할 수 있는데 나를 불러주는 이는 없었다. 일할 수 있다는 희망이 점점 사라져갔다.

편견은 일터에서만 겪는 것이 아니었다. 지하철 장애인석에 앉아 있다가 "멀쩡한데 왜 장애인석에 앉아 있냐"라는 얘기를 듣고 반바지를 입기 시작했다. 의족이 보여야 앉을 수 있을 것 같았다. 물론 반바지를 입어도 늘 앉아 가는 것은 아니다.

2019년 봄, 아는 형이 장애인 운동선수를 해볼 생각이 있냐고 물었다. 교통사고로 하반신을 다치고 장애인 운동선수를 하던 형이었는데, 등록하면 나라에서 훈련도 지원해주고 급여도 준다고 했다. 그렇게 장애인 체육선수의 길에 들어섰다. 하지만 체계적인 훈련이나 제대로 된 운동선수 대우 같은 건 없었다. 의족을 한 채 오래 걸으면 다리가 아파서 쉬어야 한다. 출퇴근시간 버스나 지하철에서 오래 서 있으면 절단 부위가 너무 아픈데 교통비 지원은 없었다. 거리가 먼 지역에서 열리는 시합도 알아서 가야 했다. 장애인 체육선수급여도, 정해진 금액도 있고 예산도 있을 것 같은데도 들쭉날쭉했다. 코로나 때는 훈련하던 공공체육시설이 문 닫자, 훈련에 나가지 못한 만큼 급여도 나오지 않았다. 최저임금도 안 되는 적은 액수였지만 못 받으니 생활이 어려웠다.

내가 선수로 등록된 지자체는 장애인 체육대회가 가까워져오니 그제야 연락해서는 대회에 참가하라고 한다. 그러나 나는 대회에 나가지 않을 작정이다. 운동을 좋아하지만 그만두려고 한다. 어린 여성 장애인들에게 함부로 하는 코치들도 신경 쓰이고, 무엇보다 장애인 체육을 진심으로 대하지 않는 모습에 무력감이 느껴진다.

지난 6월, 다시 일자리를 찾아 나서기 시작했다. 최근 집 근처 스포츠센터에서 새벽에 문을 열고 비품 등 정리정돈할 사람을 찾는다고 해 사장과 면담했다. 그동안 살아온 이야기를 했더니 "노력해온 모습이 대단하다"며 "내일부터 출근하라"고 하는 것이었다. 장애인이 된 뒤 처음으로 제대로 된 일자리를 갖게 됐다. 새벽 다섯시 출근해 센터 문을 열고 이용자들에게 운동법도 알려주면서 하루를 시작한다. 내게 맞는 일을 찾은 것 같아 다행이다. 이 일자리가 오래가길 바란다.

배달라이더의 현실, 들어보실래요?

위대한

배달노동자, 라이더유니온 조합원

배달을 시작하고 벌써 3년이 흘렀다. 스물일곱에 시작해 지금은 계란 한판 나이다.

시작은 너무나 쉬웠다. 동네 배달대행사에서 면허증 확인하고 보증금 10만원 내고 리스 오토바이를 받아 일을 시작했다. 일을 시작할 때 보통 오토바이는 렌트와 리스 가운데 선택하는데, 하루 사용료가 더 저렴한 데다 1년 계약기간을 채우면 내 오토바이가 되는 리스를 선택했다.

그렇게 1년 2개월을 배달대행사에서 일하다 팬데믹이 오면서, 배달의민족(배민)이나 쿠팡이츠 등에서 배달하는 이른바 플랫폼노동자가 되었다. 당시는 너도나도 일반배달대행에서 더 높은 수수료를 받을 수 있던 배민, 쿠팡으로 갈아타던 때였다. 배민과 쿠팡은 기사 모집을 위해 돈을 엄청나게 쏟아붓고 있었다. 여러 곳이 아닌 한곳만 배송하는 단건배달이라는 것도 장점이었다. '생각대로'라는 일반배달대행업체에선 3~6개를 모아 배달을 했는데 한번에 한건 배달이니 여유가 있겠다고 생각했다.

그러나 나의 착각이었다. 시시각각 변하는 실시간 배달수수료와 피크시간의 높은 수수료를 받기 위해선 정말 위험을 감수하고 달릴 수밖에 없었다. 납득이 안 되는 상황도 여럿 있었다. 라이더들은 최초 배달수수료 단가를 보고 콜을 수락하는데, 안내받은 수수료와 배달 완료 뒤 수수료가 달랐다. 고객센터에 항의하니 (서로 다른 액수가 나온) 스크린샷을 찍어 보여달라는데, 구글 정책상 앱 내 캡처가 안 돼 입증할 수가 없었다. 고객센터 상담사는 정해진 가이드로만 안내할 뿐이었고, 결국 손해를 봐야 했다.

개인이 아무리 불합리하다고 외치고 싸워봤자 씨알도 안 먹힐 거라는 생각에 2020년 12월께 라이더유니온이라는 배달노조를 찾아갔다. 이때부터 플랫폼 회사들이 혁신적이라고 말하는 인공지능(AI) 알고리즘에 대항하면서 내 인생 첫 노조 활동이 시작됐다. 사실 말이 좋아 인공지능이고 알고리즘이지, 어차피 사람이 하던 일을 사람이 프로그래밍해 컴퓨터에 입력하는 것 아닌가 싶을 때가 많았다. 일하다보면 '이게 과연 인공지능이 계산해낸 최적의 일감인가?'라는 의문이 드는 상황이 반복됐기 때문이다.

이런 사례가 대표적이다. 대치동에 있는데 잠실 롯데타워 또는 잠실새내까지 가서 픽업해서 다시 대치동 아파트로 배달하라는 콜을 받은 적이 있다. 4킬로미터 이상 이동해 음식물을 픽업한 뒤 다시 4킬로미터 이상 되돌아와 배달하라는 것인데, 저녁시간에 편도 15~20분 정도 걸리는 거리를 왕복 운행하라니 이게 말이 되나? 보통 콜은 내가 있는 지역 근방에서 픽업해 근방으로 배달하는 것들인데, 인공지능은 되레 이렇게 꽤 먼 거리를 오가도록 지시를 내린다. 상식적으로 이해가 가지 않는 인공지능 배차 방식을 지금도 하루에 몇번씩 받곤 한다.

인공지능은 그냥 플랫폼 회사의 좋은 방패막이이자 우산 아닐까? 우리가 이런 문제를 제기해도 플랫폼 회사는 인공지능 뒤에 숨기 바쁘다. 문제가 있으면 그 문제점을 개선해야 하는데 오히려 인공지능을 내세우며 더 갑질을 한다. 영화에서나 그려지는 인공지능에 의해 지배되는 시대를 사는 것 아닌가 느낄 때도 잦다.

'생각대로'나 '바로고' '부릉' 같은 일반배달대행업체 라이더들은 개인사업자 신분으로 일반 직장인처럼 출퇴근 시간을 정해놓고 일한다. 근로기준법상 이렇게 일하면 근로자로 봐야 하지만, 라이더들은 아직도 프리랜서, 개인사업자일 뿐이다. 이런 문제들이 산적해 있지만 관계 부처와 정치권 움직임은 거북이보다 느리다. 두곳 이상 사업장에서 일하는 라이더의 경우 한 사업장에서 월 소득 115만원 이상을 벌거나 93시간 이상을 일해야 산재보험 적용을 받을 수 있는 전속성 기준 폐지에도 2년이 걸렸고, 이 과정에서 정말 많은 투쟁을 해야 했다. 스페인만 하더라도 배달라이더를 근로자로 인정하고 알고리즘을 공개하도록 한 '라이더법'이 지난해부터 시행되고 있다.

배달라이더는 플랫폼노동자의 문제점을 몸으로 받아내는 직업군이다. 사회적으로 이슈화가 되면서 많은 점이 개선됐지만 아직 갈 길이 멀다. 개인사업자 신분으로 자기가 일을 하는 수수료 결정권도 없을뿐더러 평점제도에 묶여 결국엔 회사가 원하는 대로 일을 해야 하는 게 현실이다. 회사의 지휘·감독을 받으며 일하지만, 우리는 플랫폼노동자이자 개인사업자고 프리랜서일 뿐이다. 그래도 나는 계속해서 도로 위에 있을 것이며, 비가 오나 눈이 오나 계단을 오르고 내려가며, 여러분들이 필요로 하는 사람으로 남아 있지 않을까 한다.

돌봄노동자도
돌봄이 필요하다

김보영
사회복지사

야간근무 중 나도 모르게 조금 졸았던 것 같다. 번쩍 눈을 뜨고 휴대전화 플래시를 켜 일곱명 이용인이 모두 잘 자고 있는지 확인한다. 가슴이 오르락내리락하며 숨을 쉬는 것을 보고 이내 안심한다. 한달에 칠팔일은 이렇게 밤을 새우며 근무한다.

나는 중증장애인 거주시설에서 만 예순살 이하 남자 중증장애인을 돌본다. 내가 근무하는 시설에는 1실 평균 일곱명씩, 모두 150명이 거주하고 있다. 이용인의 장애형태는 거동할 수 없어 누워 지내는 경우부터 음식을 제대로 삼키지 못하거나 지적능력이 네다섯살 정도인 경우까지 다양하다. 하지만 모두 네살 아기 돌보듯 24시간 뒤치다꺼리를 해야 한다는 건 같다.

주간근무일 때는 아침 아홉시에 출근한다. 출근하

면 지난밤 근무자에게 인수인계를 받고, 곧바로 오전 재활 프로그램을 진행한다. 산책, 물리치료, 퍼즐맞추기 등 개인별 프로그램을 수행하고 나면 간식시간이 돌아오는데 장애형태에 따라 먹기 좋게 과일을 갈고 다지고, 먹이다보면 시간이 빠듯하다. 그런 다음 약 복용을 돕고, 점심을 준비한다. 배식해주는 담당자가 따로 없으니 각 방 담당 복지사들은 직접 식당에서 7인분 점심을 수레에 실어 방까지 가져와야 한다. 7인분 밥과 국, 반찬을 담은 냄비 대여섯개를 옮기는 일은 쉽지 않다. 그렇게 가져온 식사는 삼킴이 힘든 이용인을 위해 직접 하나하나 잘라주거나 떠먹여줘야 하는데, 혼자서 성인 일곱명 밥을 동시에 먹이는 일은 역시나 힘에 부친다. 그렇게 식사가 끝나고 다시 잔반을 정리해 수레에 싣고 식당까지 가져다주면 점심시간이 끝난다. 그다음부터는 아침에 출근해 진행했던 순서대로 다시 재활 프로그램과 간식 배식, 약 복용과 저녁식사 먹이기까지 반복하고, 오후 여섯시 야간근무자에게 인수인계하면 일과가 끝난다.

오후 여섯시부터 이튿날 아침 아홉시까지 야간업무는 이용인 목욕부터 시작한다. 한명 한명 샤워실로 이동시킨 뒤 머리를 감기고 면도까지 일일이 도와주다 보면 온몸의 진이 다 빠진다. 씻기기가 끝나면 기저귀를 갈아주고, 재활 프로그램을 진행한다. 오후 아홉시가 취침 시간이지만, 모든 이용인이 잠드는 시간은 대략 밤 열한시다. 이후로도 편히 쉴 수는 없다. 중증장애인이 대부분이기 때문에 밤새 수면 상태를 수시로 확인해야 한다.

내가 이곳에 근무한 지 얼마 되지 않았을 때 다른 방에서 20대 이용인이 밤사이 갑작스럽게 사망한 일이 있었다. 사망사고가 발생하면 구급대원이 도착해 당사자를 병원으로 이송하고 경찰이 사망원인을 조사하게 된다. 근무자도 당연히 경찰에 출석해 조사를 받는다. 당시 사고는 수면 중 자연질식사로 판명돼 근무자 과실이 없다는 결론이 났지만, 자신이 돌보던 이용인이 사망했다는 사실에 근무자는 한동안 자책감과 트라우마에 시달려야 했다. 나 또한 야간근무 때 거의 뜬눈으로 밤을 지새운다.

이렇게 모든 복지사가 '주주야휴' 2교대로 근무하고 있는데, 수시로 뒤바뀌는 주간 야간 근무와 노동강도를 생각하면 살기 위해 일하는 것인지, 일하기 위해 사는 것인지 헷갈릴 때가 있다. 그 가운데 무엇보다 힘든 건, 여성 사회복지사로서 성인 남자 이용인의 모든 것을 돌보아야 한다는 것이다. 목욕부터 기저귀 교체, 화장실 이용 뒤처리까지 여자인 내가 혼자 해내기란 체력적으로도 심리적으로도 힘들 수밖에 없다. 한번은 물리치료와 병원진료를 앞두고 시간이 촉박해 장갑 낄 새도 없이 급하게 기저귀를 갈아 채웠는데, 집에 가서 보니 손톱 밑에 변이 끼어 있었던 적도 있다.

시설에서 돌봄은 요양보호사가 하는 경우도 많지만, 사회복지법 적용 대상 사회복지시설이나 법인은 사회복지사가 담당한다. 단순 돌봄에 재활 관련 프로그램과 교육까지 진행해야 하기 때문이다. 내가 일하는 장애인거주시설 사회복지사들은 80퍼센트 이상 여성이다. 남성 복지사 비중을 늘리면 좋겠지만 최저임금에 준하는 급여에 비해 노동강도가 세고, 근무시간이 긴 탓에 지원자가 별로 없다. 입사해도 얼마 안 돼 그만두곤 한다. 결국 경력 단절이 됐거나, 뒤늦게 생업 전선에 뛰어든 중년의 여성 사회복지사들이 자리를 채우게 된다. 장애인이라는 사회적 약자의 돌봄이 취업시장의 주변부로 밀려난 중장년 여성이라는 또다른 약자에게 맡겨지는 '웃픈 현실'이다.

세상은 장애인 거주시설의 복지를 이야기한다. 그러나 그들을 돌보는 이들의 인권과 복지에 관심을 가지는 사람은 없다. 조금만 더 관심을 가지고 알아줬으면 좋겠다. 그곳에는 장애인뿐만 아니라 그들을 돌보는 사회복지사도 있다는 사실을.

엄마가
아프고 난 이후

김아롱

———

가족돌봄 청년

아침 일곱시, 눈을 뜨자마자 엄마의 소변으로 가득 찬 주머니를 비운다. 혼자서는 발가락 하나 까딱하지 못하는 엄마가 밤새 욕창이 생겼을까 서둘러 자세를 바꿔준다. 엄마의 몸을 이쪽저쪽으로 잡아당겨서 정렬을 맞춰 앉혀주면 온몸에 땀이 흐른다.

여덟시가 되면 엄마 아침식사를 준비한다. 죽과 반찬을 꺼내 떠먹여드리고 나면 활동지원사가 온다. 열시, 내가 먹을 아침을 챙겨서 부랴부랴 집을 나온다. 곧 지나갈 오전 시간이 아까워 다급하게 학교 도서관을 찾아 과제와 논문 작성 등을 한다. 나는 대학원에서 사회복지학을 공부하는 학생이다.

공부하기 위해 일단 책상에 앉으면 긴장이 풀리면서 피곤함이 몰려온다. 밤늦게까지 엄마가 잠들지 못하거나 중간에 깨는 일이 반복되기도 한다. 월요일부터 일요일까지 주 7일을 쉬는 날 없이 엄마를 돌보다보면 충분히 잠잘 수 없기에 피로가 쌓이고, 이렇게 누적된 피로는 공부하거나 무언가에 집중해야 할 때 방해가 된다.

할 일을 꾸역꾸역 마치고 늦은 오후 시장에 들러 감자, 호박, 버섯 등 반찬거리를 산다. 시장에서 마주치는 사람들 대부분은 5~60대 가정주부다. 그들을 마주할 때마다 정신없이 살면서 꾹꾹 눌러놓았던 불안함이 스멀스멀 기어나온다. '다른 애들처럼 공부하거나 일해야 할 시간에 여기서 뭘 하는 거지?'

오후 다섯시, 활동지원사가 퇴근할 시간에 맞춰 귀가하면 엄마 돌보기가 다시 시작된다. 종일 공부와 과제를 하며 지친 몸을 씻고 쉬고 싶지만, 엄마 기저귀를 챙기고 자세를 바꿔가면서 자정까지 바삐 움직여야 한다. 엄마가 잠들면 그제야 나도 누울 수 있다.

2009년 9월, 내가 고등학교에 갓 입학했을 때 엄마는 사고로 경추 3, 4번이 손상돼 사지가 마비됐다. 지체장애 1급 판정을 받고 여러 재활병원을 전전했다. 재활병원 특성상 3~6개월이 지나면 더는 입원할 수 없어 2012년 대학교 입학과 동시에 엄마를 집으로 모시고 왔다. 사고 전 몸이 성치 않아 사회생활이 어려운 아버지를 대신해 생계를 책임졌던 엄마의 강인한 모습은 사라졌고, 몸도 마음도 약해졌다. 그렇게 엄마의 손과 발이 돼 지내온 지 10년이 흘렀다.

고등학교 때 병원에서 본 간호사 선생님들은 그야말로 백의의 천사였다. 수많은 간호사 선생님들의 도움을 받았고, 그들을 보며 나도 누군가에게 도움이 되는 사람이 되어야겠다는 다짐과 함께 간호학과에 가기 위해 필사적으로 공부했다. 그렇게 평일에는 공부에 집중하고, 주말에는 병원에서 엄마를 병간호하며 운 좋게 서울에 있는 4년제 대학교 간호학과에 진학했다. 간호학과를 졸업하고 동기들처럼 대학병원 정규직 간호사로 취업도 했다. 최대한 활동지원사의 도움을 받으며 일과 돌봄을 병행하기 위해 노력했으나, 전문 간병인이 아닌 가정주부들이 대부분인 활동지원사는 밤 근무가 어려웠고, 국가에서 지원해주는 활동보조 시간에도 한계가 있었다.

현 장애인 활동지원 제도에서는 혼자 대소변 처리가 어려운 중증장애인에게 24시간의 활동보조 급여를 제공하지 않는다. 장애인의 직계가족 등 보호자가 존재하기 때문이다.

우리에게 허용된 시간은 하루 일곱시간 남짓이었다. 현실적으로 평균 여덟시간을 근무하는 직장생활은 하기 어려운 것이었다. 도저히 해결 방법이 떠오르지 않았고, 결국 입사를 포기했다. 그때부터 엄마를 돌보면서 할 수 있는 파트타임 일자리를 찾기 시작했고, 중간에 일을 하기도 했지만 제대로 된 경력을 쌓는 것과는 거리가 먼 잠깐 용돈벌이에 지나지 않았다.

엄마가 아프고 난 이후 내 삶의 모든 선택과 결정의 1순위는 엄마 돌봄이었다. 학업과 취업, 진로는 뒤로 밀려날 수밖에 없었다. 대학 동기들은 이미 육칠년차 어엿한 간호사로 자리잡고 직장에서 인정받으며 결혼, 출산 등 인생의 과업들을 차근차근 밟고 있는 것 같다. 사는 데 있어 점점 친구들과 거리가 멀어지면서 불안감이 커지고, 친구들을 만나 간병 스트레스를 털어놔도 온전히 이해받기란 쉽지 않았다. 그럴수록 고독감과 외로움은 더욱 깊어진다.

종종 엄마가 돌아가신 이후의 삶에 대해 생각해본다. 이 세상에 오롯이 나만 남겨진 삶은 어떨까? 해방감과 자유를 만끽하며 살아갈까? 마음껏 꿈꾸고 도전하며 시행착오도 거친다는 청년기를 엄마 간병으로 흘려보내는 지금의 상황을 후회하지 않을 수 있을까? 엄마를 돌보면서도 내가 하고 싶은 일을 할 수 있다면 좋겠다. 이 기나긴 터널을 힘들지만 의미 있는 특별한 순간으로 기억하기 위해서도 말이다.

출퇴근 시간이
짧아질수록
멀어지는 것들

최재연(가명)

장애인 재택근무 노동자

나는 서른두살, 뇌성마비 장애 여성이다. 지금은 한 대기업 계열사에서 재택근무로 일하고 있다. 내 출근길은 남들과 다르다. 아침에 잠에서 깨면 침대 옆에 세워 놓은 의자에 앉아야 한다. 침대에서 천천히 몸을 가로로 엎드려 의자 발판을 지탱해주는 행어브래킷에 다리를 걸친 뒤 몸을 옮긴다. 다른 사람이 손을 잡아서 몸을 일으켜주면 의자에 엉덩이를 걸치고, 그다음 발판에 발을 올려주면 다리로 버티며 반대쪽 팔걸이를 잡아 엉덩이를 조금씩 움직여 의자에 앉으면 뒷바퀴 쪽에 있는 브레이크를 풀고 노트북이 있는 책상으로 가야 한다.

엄마는 임신 7개월에 나를 낳았다. 갑작스러운 진통으로 병원에 도착했을 때 배 속 태아가 거꾸로 있는 상태였다고 했다. 산모와 태아 모두 위험한 상황이었고, 나는 1.25킬로그램 미숙아로 태어났다. 첫돌이 지난 뒤에도 목을 가누거나 혼자 힘으로 서지 못했고, 두 살이 됐을 무렵 병원에서 뇌성마비 진단을 받았다. 걷지 못하고, 근육이 긴장되는 강직 증상 때문에 생활이 자유롭지 못할 뿐 아니라 지적 발달도 여섯살 아이 지능에서 멈출 거라는 얘기를 들었다고 한다. 내 몸은 자유롭지 못하지만, 병원에서 말한 것과 달리 비장애인과 비슷한 지적 능력을 갖췄고 공부도 할 수 있었다.

스물두살에 대학교 국어국문학과에 입학해 기숙사 생활을 시작했다. 마음속에는 잘할 수 있다는 자신감이 있었다. 그러나 잠시뿐이었다. 학교 구석구석을 다니고 싶었지만 엘리베이터나 경사로가 없는 건물에서는 누군가의 도움 없이는 강의실과 학생식당을 이용하기도 힘들었다. 장애인화장실은 온갖 청소도구들 때문에 이용할 수 없는 경우가 많았다. '나는 청소도구들보다 못한 건가?' 대학 4년 동안 깊은 회의에 빠져 꿈을 잊고 방황했다.

대학 졸업을 앞둔 4학년 2학기부터 경제적 자립을 위해 장애인을 채용한다는 여러 회사에 면접을 봤지만, 뇌성마비 장애 여성이 성취할 수 있는 것은 거의 없었다. '중증장애인을 우대하고 재택근무를 한다'는 모집공고 문구를 보고 면접장을 찾았다가, 휠체어를 타지 않고 걸어 다니며 손도 자유롭게 쓰는 '경쟁자'들을 보고는 가까스로 붙잡고 있던 최소한의 자신감마저 사라져갔다.

"안녕……하세……요, ○○회사에 지원한 최아라…입니다. 제가 이 회사에 지원한 이유는 저의 능력을 마음……껏 펼칠……수 있는 회사라는 점입니다."

"많이 긴장하셨나봐요. 편하게 말씀하세요."

면접관들은 친절하게 대했지만, 질문 대부분은 '내가 무슨 일을 할 수 있는지'가 아니라 장애 정도와 출근 거리에 관한 것뿐이었다. 면접에서 떨어질수록 자존감은 곤두박질쳤고, 힘겹게 대학을 졸업하기는 했지만 무슨 일을 하며 먹고살아야 할지 막막했다.

어렵사리 들어간 첫 직장에서는 SNS 게시물을 공유해 회사를 홍보하는 업무를 했다. 아침 아홉시부터 오후 한시까지, 하루 네시간씩 주 20시간 일하고 받는 월급은 그때나 지금이나 늘 최저임금 언저리다. 불편하고 자유롭지 못한 손으로 일하며 돈을 벌고 있다는 게 위안이 되면서도 마냥 행복하지는 않았다. 팀원들과 만나고 부대끼며 일하는 게 아니라 관리자와 화상통화로만 소통하기에 답답했고, 하는 일이 얼마나 의미와 효과가 있는지 회의감이 들기도 했다.

"장애인화장실은 온갖 청소도구 때문에 이용할 수 없는
경우가 많았죠. 나는 청소도구보다 못한 걸까?"

회사에서 공지하거나 통보할 내용은 꼭 채용컨설팅 회사를 경유했고, 필요한 서류를 요청해도 빠르면 하루, 길게는 일주일을 기다려야 했다. 그럴 때마다 내가 장애인고용부담금을 내지 않기 위해서만 필요한 존재가 아닌지 자괴감이 밀려왔다.

2019년 3월 계약이 종료됐고, 채용컨설팅 회사에서는 최저임금이 올라 장애인 근로자 채용을 부담스러워한다며 기다려보자고 했다. 그다음 구한 일자리는 서비스 전문기업에서 직접 쓴 글을 SNS에 올리며 회사를 홍보하는 일이었다. 여전히 2년 계약직이었지만, 단순히 글을 공유하던 전 직장보다는 보람 있었다.

시간이 흘러 이 일도 계약이 종료됐다. 또다시 장애인 재택근무 회사를 찾아 이력서를 넣어야 했다. 일자리가 많지 않기에 대학 졸업 뒤 면접 봤다 떨어졌던 회사에 다시 이력서를 내기도 했다. '나 같은 장애인은 5년 전 이력서를 냈던 회사에 다시 이력서를 낼 수밖에 없는 사실을 이들은 알까'라는 생각을 하며.

지금 직장에서는 엑셀 파일에 검색한 기사 제목과 인터넷 주소와 출처를 기록하는 단순 업무를 하고 있다. 1년 계약해 일했고, 얼마 전 1년 재계약이 됐다. 그렇지만 주어진 1년이 지나면 또 어디로 가야 하는 걸까? 막막한 생각이 든다. 정부나 기업들이 '장애인 일

자리를 만들겠다'고 밝힌 기사를 접할 때마다 묻고 싶
어진다. '안정적 일자리를 만들 생각은 안 하시나요?'
라고. 언제쯤이면 이 지독한 고용 불안에서 벗어날 수
있을지.

내 나라는
어디인가

공경순
—
재일동포 3세

저는 일본에서 태어나 자란 재일동포 3세입니다. 일본에서 나고 자랐지만 민족교육을 받아 제 정체성을 확립했습니다. 제 성격의 일부를 만든 것은 민족교육에 있었다고 말해도 과언이 아닙니다. 민족학교에서는 차별을 별로 못 느끼고 컸습니다.

제가 일본 사회에서 크게 차별을 느꼈던 때는 다 커서 어른으로 살아가게 되어서부터였던 것 같습니다. 벌써 20년도 지난 이야기여서 지금은 어떨지 모르겠지만 사소한 걸림돌이 많았던 것을 기억합니다. 이 글을 쓰면서 생각난 건데, 사회 초년생 때 자취를 하게 되었는데 집 계약을 할 수 없어 회사에서 대신 계약해줬습니다. 그때 저는 낙담하기보다는 어떻게든 되었다는 생각에 안도했어요. 그런 식으로 방법을 찾아나갔죠.

지금 생각해보니 내가 빌린 건 아니니 본질적인 해결책은 아니었네요. 그렇지만 굴하는 모습만은 보여주기 싫었던 그 시절이 기억납니다.

제가 한국에 온 지 11년이 흘렀습니다. 한국에 오면 차별이 없을 거라는 기대를 살짝 했지요. 저는 한국 국적을 가진 한국인이니깐요. 그렇지만 현실은 달랐습니다. 제가 한국에 온 11년 전에는 아직은 '거소신고증'을 갖고 생활을 해야 하는 등 여러 면에서 굉장히 불편했습니다. 그 흔한 네이버 아이디 등록도 힘들었고, 핸드폰도 남편 명의로 개통할 수밖에 없었습니다. 그렇지만 몇년이 흘러 거소신고증이 '주민등록증'으로 바뀐다는 반가운 소식을 들었습니다. 주민등록번호가 생성되면 이제 나는 이 나라에서 내국인으로 살 수 있다고 생각했습니다.

그렇지만 현실은 달랐습니다. 일부 편해진 면도 있었으나 외국인 취급은 여전히 남아 있었습니다. 이럴 거면 차라리 외국인이 나을 수도 있겠다라는 생각을 여러번 했습니다. 대포통장 때문에 법이 강화된 건 이해하는데 은행에 가면 저희는 늘 외국인으로 분류가 됩니다. 주민등록증을 보여줘도 전산에 외국인으로 뜹니다. 한국 국적을 가졌지만 외국인인 셈입니다. 그런데 또 다문화가정 혜택에서는 제외됩니다. 어린이집

대기를 걸 때도 다문화가정으로 인정받지 못하고, 내국인으로 대기 줄을 섭니다. 왜냐고요? 그냥 법을 따랐을 뿐이라고 답합니다. 저는 한국에서 외국인도 내국인도 아닌 법의 중간에 낀 '투명인간'이 된 것입니다.

작년에 제 명의의 집을 매도할 일이 있었는데 내국인이 필요한 서류를 다 준비했으나 매도하는 날이 되니 세무서에서 세무 관련 서류를 떼오라고 하더군요. 부동산 계약용 인감증명서를 발급받기 위해서는 세무 관련 서류가 필요하다고 했습니다. 세무서에 달려갔는데 그 서류를 떼는 데 2~3일 걸린다고 했습니다. 계약이 엎어질 수도 있는 큰 문제였습니다. 세무서 직원에게 빌고 빌었더니 다행히 빨리 대처해줘 그날 매도를 무사히 할 수 있었으나, 당시를 생각하면 지금도 아찔합니다. '재일동포는 법 사이에 낀 투명인간이구나'라고 다시금 느꼈습니다.

재일동포 사회는 공동체가 살아 있었습니다. 힘든 일이 많았지만 작은 동네 안에서 서로 돕고 살았지요. 그런 환경이 그리워서였을까요, 김포 지역 한 봉사 모임에서 2018년부터 봉사활동을 하고 있습니다. 저는 한국에서 캘리그라피 작가로 활동 중인데요, 소외계층 분들에게 드릴 힘이 되는 글귀를 적은 액자나 사랑의 글귀를 담은 머그컵을 제작했습니다. 그로 인해 저는 경기도지사 표창도 받아보았습니다. 제 인생에서 이런 큰 상을 받게 될 줄 생각도 못했지요.

한국에 온 지 10년이 넘은 지금 이제는 외롭지도 않고 내 편이 많아서 든든합니다. 그렇지만 여전히 법 안에서는 보호받지 못하는 존재입니다. 일본에서 조선 사람으로서 꿋꿋이 살아왔는데, 한국에 와보니 '내 나라는 어디일까?' 헤매고 있습니다. 이런 상황을 그냥 포기해버리는 것이 더 쉬울 수도 있습니다. 평생 외국인도 아니고 내국인도 아닌 존재로 살아가려면 살아갈 수도 있습니다.

그렇지만 어느 나라를 가든 늘 투명인간 취급을 받아야 하는 상황이 슬프기도 합니다. '재일동포'라는 존재가 좀더 알려졌으면 좋겠습니다. 일본에 오래 살았지만 한국 국적을 갖고 계시는 분들이 많다는 것도요. 왜 그들은 국적을 바꾸지 않을까요? 재일동포라는 존재 자체가 바로 일제강점기의 아픔입니다. 제가 캘리그라피를 열심히 하고 인정받고 싶은 이유 중 하나가 '재일동포 공경순'이라는 존재를 알리고 싶어서입니다. 저는 캘리그라피 글귀에도 재일동포에 관한 이야기를 간접적으로 자주 담습니다.

수십년이 지나도 조국을 잊지 않고 우리 민족의 자부심을 갖고 살아온 재일동포를 더 알리고 싶고 한국사회에서 더불어 잘 살아가고 싶습니다. 내국인도 외국인도 아닌 그런 '끼인' 존재가 아닌, 저희 재일동포를 알아주세요. 저희도 같은 민족입니다.

출근하는
딸에게

이은자
강서퍼스트잡지원센터 센터장

매일 아침 너와 집을 나서는 순간이 엄마의 일과 중 가장 행복한 시간이지. 함께 출근한 지 1년이 다 돼가는구나. 중증장애로 특수학교를 마친 네가 일을 할 수 있을까 걱정했는데, 직장에 다니며 하루 네시간씩 일을 하게 되다니! "오늘 회사 가서 뭐 했어요?" "일해요" 몇 년 전만 해도 상상할 수 없던 일이 요즘 우리 일상이 됐구나.

네가 직장에서 편백방향제를 만드는 걸 보면 엄마는 참 대견하단다. 방향제 주머니에 편백나무 큐브조각 50개를 넣고 묶어야 하는데 숫자 세기가 어려우니, 50개 칸이 있는 바둑판 모양 판에 편백나무 큐브를 하나하나 모두 채운 뒤 주머니에 옮겨 담더구나. 동료들은 그 방향제 주머니를 상자에 담고 그 위에 회사 스티

커를 붙여 완성품을 만들고. 너와 네 동료가 만드는 편백방향제들이 렌터카 회사에 납품된다 하니, 고객들에게 매일 기분 좋은 향기를 전달할 거야.

지현아, 알고 있니? 엄마는 네가 학교를 졸업하고 일을 하면 좋겠다고 생각하며 장애인 노동을 공부하게 됐어. 발달장애인이 일하고 싶어도 현재 제도 안에서는 직업을 찾을 수가 없겠더라. 그래서 엄마가 직접 해봐야겠다고 결심하고, 발달장애인의 직업생활을 돕는 강서퍼스트잡지원센터를 만들게 된 거란다. 발달장애인을 기업과 연결하고, 정식 취업 전에 기업에서 실전처럼 경험하고 훈련하도록 지원하는 일을 하기 시작한 지 벌써 4년이 흘렀네.

이런 과정을 거치면 기업은 채용 전에 함께 근무하면서 장애인의 업무능력이나 비장애인 동료들과의 관계 형성 등을 살펴볼 수 있고, 장애인 당사자는 출퇴근하는 데 어려움은 없는지, 업무는 적성과 능력에 맞는지 등을 가늠해볼 수 있지. 발달장애를 가진 이들이 자기 의사를 표현하는 데 서툴잖아. 지현이 너도 뭘 잘할 수 있는지, 혹은 뭐가 힘든지 어떤 업무가 어려운지 정확하게 표현하기 힘들 때가 많았지? 그래서 훈련할 때는 정부에서 파견한, 발달장애를 잘 이해하는 '근로지원인'이 함께해 기업들도 부담을 덜 수도 있단다.

퍼스트잡지원센터를 통해 취업한 친구들이 한달에 한번씩 모여 회식하는 자리에서 얼마 전 욱정씨를 만났어. 욱정씨는 자동차서비스센터에서 환경미화 직원으로 4년째 근무하는데 새벽에 출근하면서도 한번도 지각을 하지 않을 정도로 성실하단다. 한번 정해진 규칙을 잊어버리는 일이 없어 청소를 꼼꼼하게 하니 동료직원과 손님들에게 늘 인기 만점이라고 해.

욱정씨가 훈련하기 전에 엄마는 현장에 먼저 가서 일터 분위기를 살피고, 업무도 해보면서 동선을 파악했단다. 욱정씨와 함께 훈련하는 날에는 욱정씨가 잘하는 업무와 훈련이 필요한 업무를 체크하고 미리 정한 동선대로 청소하는 훈련을 했어. 어려운 업무를 설명할 때는 엄마가 먼저 해보고 욱정씨가 따라 하도록 했는데, 참 잘 따라 하며 어려움 없이 업무를 익혔단다. 직원들 근무시간에 최대한 불편을 주지 않도록 점심시간을 조정하고 업무 순서를 정하는 과정을 두달 정도 거친 뒤 욱정씨는 지금까지 무리없이 일하고 있어.

너와 같은 학교를 졸업한 네 친구 효상이는 물류센터에서 근무하고 있어. 상품을 보관하는 바구니를 차곡차곡 쌓아 정리하고, 바구니를 기계에 넣어 세척하는 업무를 하는데, 일정한 패턴이 있는 일을 좋아하는 효상이에게는 일터가 곧 놀이터가 됐다고 해. 요즘 엄마는 네가 다니고 있는 회사 근처에 있는 도시형 스마트팜 기업과 손잡고 너희들이 잘할 수 있는 일을 개발 중이야. 농작물을 재배하고 수확하고 포장하는 일인데 일정한 규칙과 패턴이 있어 발달장애인에게 적합한 업무라는 생각이 들더구나.

엄마는 그동안 널 키우면서, 또 네 친구들을 만나면서 알게 된 발달장애인의 특성과 강점이 노동현장에서 잘 어우러지도록 더 애써볼 작정이야. 엄마의 바람은 네가 일하는 곳에서, 또 지역사회에서 사람들과 연대하며 때로는 서로 기대며 살아가는 거야.

우리는 공동체 속에서 살고 있기에 함께 노력해야 한다고 생각해. 장애가 있는 사람도 다른 사람을 배려해야 하고, 장애라는 특성으로 어려움을 겪는 이에게는 손을 내밀어줘야 하지. 엄마는 너와 네 친구들이 이런 것을 자연스럽게 배웠으면 한단다. 힘들고 괴로운 시절이 올 수도 있지만 모든 날, 모든 시간이 행복할 수만은 없는 게 삶이고 인생인 것 같아.

사랑하는 딸 지현아. 장애가 네 삶의 장애물이 아닌 특별함으로 네 곁의 사람들에게 선한 영향을 끼치기를 엄마는 늘 기도한단다. 여느 평범한 20대 청년의 삶을 살아가고 있는 너를 엄마는 벅차고 흐뭇한 마음으로 언제나 지켜볼게.

탈북민의 자식,
이용할 생각이
없습니까?

하영서(가명)
_____
탈북민, 토목기술자

북한을 탈출해 8년 전 인천공항에 첫발을 들여놓던 그때, 내 마음속에는 열심히 최선을 다해 떳떳한 모습으로 고향의 부모님과 친척, 친우들을 만나리라는 열정이 들끓고 있었다. 겉으로 본 한국사회는 화려해 보였다. 하지만 한국과 다른 체제에서 다른 가치관을 가지고 다른 방식으로 40년을 살아온 내게 한국에서의 생활은 결코 쉬운 일이 아니었다.

어려운 취업 관문을 뚫고 화장품 회사에서 생산직 노동자로 한국에서의 첫 사회생활을 시작했다. 주야간 교대근무를 하면서 열심히 일하던 중 경기도 이천의 한 중견 반도체 회사에 입사지원서를 넣었다가 운 좋게도 합격했다. 화장품 회사보다 급여도, 여러가지 기회도 많은 좋은 회사였다. 하지만 북한에서 15년 동안 측량기술자로 살아온 나와는 적성에 잘 맞지 않는 일이었다. 반도체 관련 학과를 나와 관련된 자격증들도 취득해야 어엿한 반도체기술자로 살아갈 수 있는데, 40대 중반을 바라보고 있던 내겐 너무 벅찬 일이었다. 게다가 반도체 쪽 퇴직 연한은 토목업종보다 상대적으로 빨랐다.

북한에서 최고로 손꼽히는 공업종합대학을 나오고 탄광에서 모두가 인정하고 존경받는 기술자로 살아왔던 내게 북한에서의 기술과 경험은 무엇보다 소중한 자산이었고, 삶의 한 부분이었다. 그 소중한 삶의 한 부분을 통일을 위해 쓰기로 마음먹고 반도체회사를 그만두고 측량과 관련된 지방의 작은 토목계측 회사에 입사했다. 수도권에서는 나 같은 무자격, 무학력, 무경력자는 신입으로도 일하기 어려운 실정이다보니 지방 업체를 택해야 했다.

한국은 탈북민의 북한에서의 학력, 경력, 자격을 인정해주지 않는다. 모든 걸 한국에서 다시 취득해야 기술자로 일할 수 있다. 40대 초반 신입사원이었던 나는 팀 막내로서 주어진 일은 뭐든 가리지 않고 해내야 했다. 탈북민이라는 이유로 직장 내 괴롭힘도 겪어야 했다. 하지만 북한에서의 경험과 지식을 살려보겠다는 다짐은 포기할 수 없었다. 낮에는 회사 일을 하고, 저녁에는 왕복 3백 킬로미터가 넘는 거리를 오가며 2년제 대학교 야간 학과를 졸업할 수 있었다. 짬짬이 자격증 공부를 해서 4년 만에 측량 및 지형공간정보기사, 토목기사 자격증을 취득해서 건설기술인협회 소속 고급기술자가 될 수 있었다.

지금은 토목공사 현장에서 필요로 하는 자격증과 현장 경력을 모두 갖췄지만, 여기까지 오는 과정에 많은 어려움이 있었다. 탈북민이라는 이유로 대놓고 함께 일하기를 거절하는 토목 현장도 있고, 탈북민에 대한 편견을 가진 사람들과도 일해야 했다. 회사에서도 여러 수군거림과 견제를 이겨내야 했다. 하지만 대부분 탈북민이 그렇듯, 나 또한 묵묵히 일하며 맡은 일에 최선을 다해 여기까지 왔다.

오랜 분단과 대결을 종식하고 남북이 평화롭게 공존하고, 경제협력을 해나가길 원하는가? 그렇다면 이 땅에 온 3만여명 탈북민은 먼저 온 통일이다. 이들은 남북 경제협력 시대에 큰 몫을 감당할 소중한 자원이다. 그런데 북한에서 의사로, 기사로, 연구사로 누구보다 열심히 살아온 탈북민 기술자들은 남한에서 그간 살아온 삶을 송두리째 부정당하고 있다. 한국에 온 탈북민 기술자 중에서 자기 전공 분야에서 일하는 사람들은 불과 10퍼센트도 안 되고, 그중에서도 한국에서 요구하는 학력과 자격, 경력 등을 새롭게 취득해 나처럼 기술자로 인정받고 일하는 경우는 극소수에 불과하다. 우리가 부정해야 할 것은 북한 김씨 일가의 세습통치이지 탈북민들의 삶이 아니지 않은가.

통일을 위한 남북 경제협력이 본격화되면, 제일 먼저 해야 할 일 가운데 하나는 남북 지도 통합일 것이다. 서로 다른 남과 북의 지도시스템을 통일시키고, 그에 기초해 남북의 통일 지도시스템을 구축하는 것이 남북 경제협력의 첫 단추다. 이를 위해서는 북한 출신 지도 전문가를 양성하고 그들과 공동연구를 통해 통일을 위한 실제적인 준비들을 하나하나 해나가야 한다. 나 또한 이런 일에 종사하겠다며 더 나은 대우를 받던 직장을 관두고 지금 회사로 옮겨왔고, 정말 열심히 노력해서 대학에 다니고 여러 자격증도 땄다.

전쟁 없는 나라, 남북이 함께 번영하는 나라를 후대에 물려주려면 먼저 탈북민들에 대한 잘못된 편견을 버리고, 그들을 사회의 한 성원으로 따뜻하게 품어줘야 한다. 또 탈북민들이 살아온 북한에서의 삶과 경험, 지식을 소중히 여기고 앞으로 있을 남북 경제협력에 적극적으로 활용해야 한다. 앞으로 준비하고 다가올 민족적 화해와 남북 공동번영의 시대에 '먼저 온 통일'로서 뭔가 기여하고 제 역할을 할 수 있길 바란다.

행복으로
가득한 농장

최정선

충남 홍성 협동조합 행복농장 농부

도시의 가톨릭 단체에서 일하다 농촌인 충남 홍성에서
산 지 20년이다. 농촌과 농업에 관해 전혀 몰랐던 나는
홍성에 와서 2년제 비인가대학인 풀무환경농업전문과
정에서 정원 일을 배웠다. 그 뒤로 마을 초·중·고교에
다니는 발달장애 학생들을 위한 텃밭원예활동 주민교
사로 10년을 일했고, 장애인복지관과 노인요양시설,
병원 등에서 원예활동 강사로 활동하다가 2014년부터
사회적 농업을 하는 행복농장에서 일하고 있다. 행복
농장에서는 정신장애(정신질환)를 지닌 스태프분들을 돌
보며 함께 농사를 짓는다.

　행복농장에서 재배하는 작물은 허브다. 스태프분
들 정신장애 치료에 도움이 되리라 생각했기 때문이
다. 와일드루콜라와 애플민트, 바질을 주로 재배하는

데, 바질은 여름철에만 키운다. 들어오는 주문에 맞춰 납품한다. 쌈 채소에 비해 돈이 많이 되는 작물은 아니지만, 지금껏 유기농으로 농사를 짓고 있다. 농사지은 허브를 조합원으로 가입된 유기농 영농조합법인에 처음으로 납품했던 10년 전에 비하면 지금은 매출이 많이 늘었지만 농사지어 돈 버는 게 해가 갈수록 어렵게 느껴진다. 하지만 나도, 다른 스태프들도 돈 욕심 없이 마음 편히 일하고 가치 있는 활동을 한다는 기쁨으로 함께한다.

행복농장에서 매일 함께 농사짓는 스태프들은 나를 포함해서 넷이다. 한분은 조현병으로 입원 중이어서 함께 일하지 못한 지 오래되었고, 한분은 조울증으로 정신과 약을 복용하고 있다. 나머지 한명은 20대 청년이다. 우리는 시설하우스에서 허브 농사를 짓는데, 요즘 같은 여름철에는 아침 여섯시에 출근해서 일하다 행복부엌(마을공유부엌)에서 점심을 함께 먹고 퇴근한다. 작물이 잘 자라는 봄, 가을에는 아침 일곱시께 출근해서 오후 네시부터 여섯시까지, 겨울에는 오전 아홉시쯤부터 오후 세시까지 일한다. 나는 스태프들에게 농사일을 가르치고 농장에 적응하는 걸 도우면서 함께 농사일을 하고, 건강 상태를 체크하고 약 복용과 병원에 가는 일을 상담하고 거처를 알아보는 등 생활 전반을 돌봐왔다.

지금 병원에 입원해 있는 분은 2015년 프로그램 참여자로 시작했다가 인턴 생활을 거친 뒤 농장 스태프로 참여하게 되었다. 그는 일하다가 환청 때문에 멍하게 앉아 있거나 혼잣말을 하며 왔다 갔다 하는 등 일에 집중하지 못하는 경우가 자주 있었다. 하지만 웃음이 많고 노래도 잘 부르며 즐겁게 일하셨다. 지난 3월에는 행복농장 인턴을 거치고 마을협동조합에서 청소하고 관리하는 일을 8년 동안 해오시던 분이 갑자기 세상을 떠나셨다. 장례식 뒤 함께 일하던 마을 사람 30여 명이 모여 추도식을 했는데, 그를 기억하고 추모하면서 슬픈 마음을 달랠 수 있었다.

정신장애가 있지만 두분은 정말 선하고, 병을 이겨내기 위해서도 많은 노력을 기울였다. 몇년 전 이장님이 두분과 마을 어르신들을 모시고 관광버스로 나들이를 가셨는데 두분이 마을 어르신들 간식도 챙겨드리고 버스에서 내릴 때 쓰레기를 알아서 치우는 모습을 보시고 처음의 우려를 접으셨다. 이후로는 마을 잔치에 두분을 잊지 않고 초대하셨고 두분이 마을 사람들과 어울릴 기회가 많아졌다. 두분은 정신장애인 동료지원가로 교육도 받고 활동도 하고 간식이나 초콜릿을 사다가 주변 사람들과 나누면서 즐겁게 사셨다. 나에게 애플민트가 향기가 좋다고 하시고, 많은 액수는 아니지만 자기가 노동해서 매달 돈을 벌 수 있어 보람 있다고 기분 좋게 일하셨다.

정신장애가 있는 이들을 돌보며 함께 농장일을 하는 게 쉽지는 않다. 때로는 안쓰러운 마음에 울기도 하고 힘들고 답답한 마음에 속이 상하기도 한다. 감당하기 벅차다는 생각을 할 때도 있었다. 하지만 인간적인 안쓰러움과 정으로 또다시 밝은 얼굴로 함께 일할 수 있었다. 마을 주민이나 주변 단체 사람들과 친밀해지고 서로 위해주며 지내니 정도 많이 들고 정신장애인이라는 꼬리표를 달지 않고도 그냥 착한 이모, 언니처럼 함께 어울려 살고 있다. 사회복지시설이 아닌 농장에서 정신장애인을 돌보는 건 많이 어려운 일이지만 농장뿐 아니라 마을에서 함께 만나고 일하는 이웃들이 서로 돕기 때문에 가능한 것 같다. 2025년에는 홍성군 장곡면에 정신장애인들을 위한 공동생활가정이 만들어질 예정인데, 많은 정신장애인이 마을에서 함께 살고 농장에서 함께 일할 수 있기를 고대한다.

3부

'오늘도 무사히',
한숨과 땀방울의
연대기

방송 예능국에는
웃음소리가 없다

원(가명)
———
예능작가

"오늘 회의는 이 정도로 하고, 내일은 한시에 뵙죠." 메인 피디의 말이 끝나자마자 노트북 모니터 속 시계를 보니 밤 열한시. 이미 충분히 늦은 시간이지만, 그렇다고 일이 끝난 건 아니다. 내일 한시에 보자고 했으니 그때까지 남은 열네시간 동안 다시 회의를 위한 자료를 조사하고 섭외 대상 목록을 만들고 프로그램 구성 아이디어도 생각해야 한다. 아침 아홉시에 출근해 지금까지 열네시간을 일한 나는 후배 작가들에게 "자세한 이야기는 집에 가서 메신저로 하자"고 한 뒤 방송국을 나선다. 오늘도 잠은 편히 자기 글렀다.

　　나는 15년차 예능방송작가다. 서당 개도 3년이면 풍월을 읊는다고 하니, 예능작가 15년이면 예능감이 웬만한 개그맨 정도는 돼야 할 것 같은데, 현실은 오히려 언제 웃었는지도 모를 지경이다. 유독 티브이 예능 프로그램을 좋아했던 나는 대학 4학년 때 호기롭게 방송아카데미에 등록했고, 6개월 뒤 경기 일산 MBC 예능국의 막내 작가가 되었다.

그로부터 15년이 지난 지금 나는 팀 내 서열 두번째 작가가 되었지만 하는 일은 막내일 때나 지금이나 크게 다르지 않다. 적게는 예닐곱, 많게는 십수명으로 꾸려지는 팀에서 작가들이 하는 일은 대개 비슷하다. 회의에 회의를 거듭하며 프로그램을 구성하는 일이다. 최근 트렌드를 익히기 위해 쉼 없이 인터넷을 검색하고 타 프로그램 모니터를 한 뒤, 출연자가 정해지면 사전 인터뷰를 진행한다. 그리고 이 모든 과정을 문서화해 자료로 준비하면 끝없는 회의가 시작되고, 그날의 회의 결과를 바탕으로 또 다음 회의 일정이 잡힌다.

예능은 프로그램 시작까지 준비해야 할 것도 많지만, 본격적으로 촬영에 들어가면 할 일은 더 많아진다. 여전히 계속되는 회의와 출연자 미팅, 대면 인터뷰와 전화 섭외가 수시로 이루어지고, 촬영 장소 섭외까지도 작가들이 담당할 때가 많으므로 손에서 전화기 놓을 새가 없다. 오죽하면 샤워실에도 휴대전화를 갖고 들어갈까. 이렇게 주 5일 이상을 밤낮없이 방송국에 상주하며 일을 한다. 그런데 언제부턴가 예능 프로그램의 장르가 다양해지면서 프로그램의 분량과 녹화시간도 늘어났다. 80분짜리 방송을 위해 열시간 넘게 녹화하고, 오디션 프로그램 한회를 녹화하기 위해 사전 녹화와 리허설 등이 며칠 넘게 걸리기도 하고, 여행이나 관찰 예능인 경우는 열흘에서 보름 동안을 카메라를 끄지 않고 녹화를 한다. 프로그램마다 사정이 다르긴 하겠지만, 예능 프로그램 특성상 출연자를 필수로 관리해야 하므로 모든 촬영지에는 작가가 있어야 한다. 녹화 수시간 전부터 대기하는 것은 물론 녹화가 끝나면 현장 정리 뒤 퇴근하는 것이 보통이다. 그사이에 잠은 물론 '못' 잔다.

어떤 프로그램은 자막도 작가의 몫이라 녹화와 자막 쓰는 날이 이어지면 2박 3일은 아예 잠은 포기해야 한다. 생각보다 자막 쓰는 일이 꽤 시간이 걸리는 작업이라 80분 프로그램의 경우 여러 작가가 나눠서 자막을 써도 꼬박 열다섯시간 이상 소요되기 때문이다. 그래도 고생 끝에 방송이 되면 그나마 다행이지만, 그렇지 않은 경우도 허다하다. 통상 짧게는 서너달, 길게는 6개월이 넘는 기획 기간 도중에 프로그램이 무산되는 경우도 종종 발생하기 때문이다. 그렇게 되면 방송이 송출되어야만 작가료가 지급되는 현실에서 기획 준비를 아무리 오랜 기간 열심히 했다고 하더라도 돈은 한

푼도 받지 못한다. 그나마 요즘은 과거에 비해 사정이 좀 나아져서 계약서도 작성하고 고용보험 가입도 가능해졌다지만, 그 또한 방송 편성 확정을 받은 뒤에 이뤄지기 때문에 기획 기간에 대한 노동은 보호받지 못한다. 그래서 작가들은 늘 불안을 안고 일한다. '방송될 수 있겠지?' 하고.

가끔 생각한다. 내가 사랑하는 일에 불안함 없이 온전히 집중할 수 있다면 얼마나 좋을까. 과연 그런 날이 오긴 올까. 사람들은 카메라 뒤에 몸을 숙인 채 소리 없이 일하고 있는 방송작가들이 있다는 것을 알까.

세상의 많은 방송작가들이 그러하겠지만, 우리는 그리고 나는 요즘처럼 불신과 혐오가 넘쳐나는 시대를 품어줄 수 있는 건 미디어의 힘일 뿐이라고 생각하며 따뜻하고 재미있는 것을 만들기 위해 고민하고 방송을 만든다. 그리고 그 방송을 보고 웃는 사람들을 보면 더없는 보람을 느낀다. 하지만 우리의 이런 순수한 열정을 방송국은 너무도 함부로 갖다 쓰고 있는 건 아닐까.

종업원이 된
사장님

김현우(가명)
___
식당노동자

매일 아침 여덟시 집을 나선다. 마트에 들러 하루 동안
쓸 마늘 1.5킬로그램 한망과 파 한단을 산다. 집에서
걸어서 20분 거리에 있는 식당에 도착해 조금은 비장
한 마음으로 문을 연다.

주방과 홀이 맞붙은 식당은 열평 남짓. 우선 덕트
환풍기를 튼다. 웨~엥 하는 소음과 함께 가게 안에 차
있던 냄새가 빠져나간다. 새벽에 배달된 채소 상자들
을 냉장고에 넣고 육수통을 올려둔 화구에 불을 붙인
다. 대형 가스버너 화구 여섯개 가운데 육수를 끓이는
버너와 조리용 버너는 가게 문을 닫을 때까지 상시 가
동된다. 열기에 주방은 후끈 달아오른다.

국수를 뽑기 위해 20킬로그램 밀가루를 반죽기에
쏟아붓고, 반죽이 돌아가는 동안 파를 다듬어 채를 썰

"백 미터 달리기 하듯 움직이죠.

믹스커피 마실 10분가량 짬이 나면 그나마 다행입니다."

고, 10킬로그램짜리 김치 상자를 뜯어 김치를 먹기 좋게 썰어 김치통에 나눠 담는다. 반죽기가 다 돌아가면 국수를 뽑는다. 오전에 한번, 오후 브레이크 타임에 한번 국수를 뽑을 때마다 한시간이 소요된다. 육수가 끓는 동안 테이블 닦고 수저와 물컵을 정리하고 가게 바닥을 쓸고 닦는다. 백 미터 달리기를 하듯이 재빨리 움직여야 가게 문을 여는 열한시까지 준비를 마칠 수 있다. 믹스커피를 마실 10분가량 짬이 나면 그나마 다행이다.

이즈음 사장님이 들러 전날 매출 현황과 새로 주문할 식재료 등을 의논한다. 가끔 아르바이트가 올 때도 있지만 주로 혼자 조리와 접객을 감당한다. 점심이 가까워지며 불길이 활활 타오르는 버너 앞에서 음식을 조리하며 쉴 없이 밀려드는 손님들을 맞이하다보면 정신이 없다. 홀에는 에어컨 두대가 맹렬하게 냉기를 뿜지만 버너 앞까지 닿지는 않는다. 윗옷에는 어느새 소금꽃이 한가득이다. 한창 바쁠 때 식당 일은 '참호전'을 하는 것 같다던 전임자의 말이 떠오른다.

이렇게 하루 열네시간씩 주말 포함해 주 6일 일하고 받는 월급은 실수령액 기준 250만원가량. 매주 수요일은 식당 문을 닫고 쉰다. 고만고만한 규모 동네 식당 노동자들 급여는 대개 2백만원을 갓 넘는 수준이다. 최저시급이나 주 52시간 근로를 떠올려보지만 현실과 괴리가 크다. 장사는 잘되는 편이지만 사장님은 '최저시급 때문에 자영업자들 다 죽게 생겼다'고 푸념한다.

나는 군대에서 취사병으로 일하며 식당 일에 눈뜨기 시작했다. 조리에 관심도 있었고 남들이 못 가진 기능을 익혔다고 생각해, 2010년 무렵 제대 뒤 대학에 복학하는 대신 식당을 창업했다. 고향인 지방도시에서 2천만원 남짓 보증금을 마련하고 직접 인테리어를 하다시피 해 일을 시작했는데, 세번 연달아 망했다. 하루 매출 3~40만원을 올려도 재료비와 월세 등 경비를 빼면 남는 게 별로 없었다. 경비를 줄이려고 종업원을 안 쓰면 주문을 감당하지 못해 매상이 줄었다. 비용과 매출 사이에서 늘 아슬아슬한 줄타기를 했다.

가장 최근에는 2019년, 돼지뼈 해장국을 주메뉴로 국밥집을 열었다. 처음에는 나쁘지 않았다. 주문이 밀리면 버너 네개를 한꺼번에 가동할 정도였다. 혼자 운영하는 가게였고 월 매출이 천만원 수준으로 조금만 더 고생하면 빚도 갚고 돈도 모을 수 있을 것 같았다. 그러다가 2020년 코로나 사태가 터졌다. 매출이 뚝 끊겼고, 개점휴업 상태로 다른 식당 주문 배달 아르바이트로 가게 월세를 벌어야 했다. 매일 밤 소주 두병씩은 마셔야 겨우 잠들 수 있었고, 결국 가게를 접었다.

지금 식당에서는 1년 전쯤부터 일하기 시작했다. 비용과 매출 고민은 덜한 대신, 인내의 한계선 근처를 오가는 노동강도를 견뎌야 한다. 사정을 빤히 알기 때문에 차마 월급과 휴식시간을 더 달라고 말하지 못한다. 내가 가게 운영을 전담하는 정도가 되자 사장님은 앞으로 3년 뒤 자신은 은퇴하고 미련 없이 가게 운영권을 넘기겠다고 했다. 물론 무슨 계약서를 쓴 것은 아니지만, 고용관계가 애매해졌다.

아르바이트 구직사이트에는 늘 식당 일자리가 제일 많이 올라온다. 일은 힘든데 처우가 박하니 이직도 빈번하다. 이러다보니 대개 부부 등 가족끼리 식당을 운영하는 경우가 많고, 점심시간 등 필요한 때만 잠시 파트타이머를 고용한다. 자영업자의 수익성, 식당 서비스의 질, 식당노동자의 처우…… 이들은 이렇게 서로 맞물려 있다. 길을 걷다 만나는 수많은 식당 주방 안에서는 버너의 화염을 견디며 정신없이 채소를 다듬고 면을 삶고 설거지를 하고 '어서 옵쇼'를 외쳐대는 누군가가 있다.

폐지 줍는
일이 주는 위안

조희순

폐지수집노동자

나는 1941년 일본 동경(도쿄)에서 태어났고 해방 뒤에
부모님과 한국으로 돌아왔다고 해. 난 그 기억이 없지
만. 돌아와서는 부모님 고향인 경상북도 경주에서 언
니 둘, 오빠 둘, 나, 남동생까지 6남매가 부모님과 함
께 살았지. 국민학교(초등학교)를 들어갔는데 몸이 약해
서 학교만 가면 쓰러지는 거야. 무슨 병인지 알지도 못
하고 계속 아파서 2학년도 마치지 못하고 그만뒀지.
그래서 내 이름자나 알지 한글을 읽고 쓰질 못해.

집에 드러누워만 있었는데 동네 교회 전도사가 집
에 와서 교회를 다니면 나을 거라고 하는 거야. 그렇게
교회를 다닌 뒤로 건강하게 살게 됐지. 나이가 차도록
교회만 다녔고 결혼 생각도 없었고 전도사를 하고 싶
었어. 스물세살인가 (교회 사람들이 모인) ○○공동체에 들

어갔어. 근데 나처럼 배운 게 없는 사람들은 노동일밖에 할 게 없더라고. 벽돌 찍는 데서도 일하고 벽돌을 지고도 다녔지. 거기서 삼사년을 지내다 서울로 올라왔어. 친구 따라 식모살이를 몇달 했는데 잘 안 돼서 결국 집으로 내려와버렸지. 그게 스물일곱살인가 그래.

경주 집으로 내려와 2년 정도 교회만 다니다가 아는 전도사가 중매를 서 강원도 사람이랑 스물아홉에 결혼했어. 남편 고향인 강원도 평창에서 신혼살림을 차렸지. 근데 그 집에 가보니 시부모님은 다 돌아가시고 조모와 손자 넷이 사는 집의 큰 손자가 남편이더라고. 나까지 여섯 식구가 산비탈 다랑논에 농사를 지어 먹고사는데, 너무 힘들었어. 그래서 남편이 공사장에서 노가다(막일)를 했지. 그래도 먹고살기가 힘들어서 아래 시동생을 장가보낸 뒤에 평창 집을 맡기고 나랑 남편 그리고 아들딸까지 네 식구가 서울로 올라왔어. 남편이 국제상사의 경비를 했는데, 6개월 정도 했나, 갑자기 자다가 심장마비로 죽었어. 그게 내 나이 서른여섯일 때야.

아이 둘 데리고 살려고 정말 안 해본 일이 없었어. 근데 되는 일이 하나도 없더라고. 시동생이 철원에서 여관을 했는데 그 여관허가증을 내 명의로 냈었거든. 시동생이 여관을 맡아달라고 해서 철원에 갔는데, 맡아달라는 건 말뿐이고 거의 식모처럼 부리더라고. 몇 년 하다가 서울로 돌아와 아들이랑 같이 살면서 장가를 보냈는데 며느리가 자꾸 카드를 쓰게 하는 거야. 나랑 아들까지 신용불량자로 만들어놓고는 도망갔어.

그 뒤 아들은 손녀랑 따로 살았지. 나는 서울 논현동에 있던 쌈밥집에서 주방일을 했어. 3년 정도 했는데 내가 신용불량자라 다른 사람 이름을 빌려 월급을 받을 수밖에 없었지. 나중에 그게 문제가 돼 그만뒀어. 그래도 그때 모은 돈으로 딸 시집가는 데 좀 보태고 집 보증금 마련했지. 근데 쌈밥집에서 야채를 씻는데 허리가 너무 아픈 거야. 그때부터 허리가 구부러지기 시작했어. 식당일을 그만두고 파출부 생활을 하던 땐데 살던 빌라에서 유리창을 닦다가 2층에서 떨어졌어. 병원에서는 부러진 데가 없다고 해서 물리치료만 받고 나왔는데, 그 뒤로 허리가 계속 아프더니 점점 더 구부러지데.

폐지 줍는 일은 4년 전부터 시작했지. 다른 사람들이 하는 걸 보고 할 수 있겠다 싶어 시작했어. 누구한테 어떻게 해야 하는지 묻지도 않고 그냥 시작했지. 폐지를 모아서 고물상에 가져가니 받아주더라구. 그때는 파지값이 그래도 괜찮아서 이삼천원 받았어. 요즘은 파지값이 내려가 같은 양을 가져가도 천원 정도나 받아. 많을 때는 40~45킬로그램 정도, 보통은 30~35킬로그램 정도 고물상에 가져갔어. 종일 쉴 새 없이 주우러 다니면 그 정도야. 지금 사는 집으로 이사 온 뒤로는 힘들어서 자주 나가지 못해. 요즘은 근처 사는 동네 사람들이 허리 구부러진 노인네가 폐지 줍는다고 도와줘. 사람들이 폐지를 가져오면 모아뒀다가 내가 주운 것까지 합해서 고물상에 가져가. 그러니 이삼일에 한 번 정도 가게 되더라고. 폐지값은 킬로그램당 50원이야. 나라에서 주는 기초노령연금 30만원에 5년 전부터 기초생활수급자가 돼 받는 13~14만원, 거기에 폐지 모은 돈까지 합해서 50만원 정도로 한달 살고 있어. 지난 겨울에는 가스비가 20만원이 넘게 나왔는데 구청에서 지원해줘서 다행이었지.

내가 가진 게 없어서 아들, 딸을 대학도 보내지 못했어. 지금도 자식들 사는 게 힘든데 도와주지 못해 마음이 아파. 내 나이가 올해 여든넷이야. 몸을 움직일 수 있는 한은 폐지를 계속 주우려고 해. 운동도 되고 다른 할 일도 없으니까. 허리가 이렇게 구부러졌어도 아직도 걸어다닐 수 있는 게 감사하지. 폐지 주워서 받는 돈은 소소하지만 내가 벌어서 쓰는 것이니 정말 위안이 돼.

<hr>

◆ **정리** 강명효, 「6411의 목소리」 편집자문위원.

'캐디'의
말도 안 되는
공짜노동

김리현

캐디, 전국여성노동조합 상록CC분회 조합원

새벽 세시 30분. 알람이 울리기도 전에 눈이 떠진다.
한여름에는 다섯시부터 첫 팀 라운드가 시작되는데,
습관이 돼 여름이 지나도 일찍 잠에서 깬다.

출근해서는 라운드 내내 홀마다 특징을 설명하
고, 고객 안전을 살핀다. 한 팀 고객 네명 모두에게 공
을 칠 때 방향과 거리, 공의 위치를 알려주고 클럽을
닦아 전달한다. 그린 밖으로 나간 볼을 찾고, 볼을 닦
는다. 공이 가는 방향인 그린라이를 읽어주고, 스코어
를 적는다. 여름날 땡볕 아래서, 쏟아지는 빗속에서,
짙은 안개 낀 새벽에도, 한겨울 영하의 눈밭에서도 항
상 같은 일을 한다. 그렇게 다섯시간 동안 18홀을 돌고
나면 고객 한명당 3만 2500원씩, 수고비(캐디피) 13만원
을 받는다.

20년 전 캐디 일을 처음 시작했을 때는 직업을 숨기고 싶었다. 캐디를 보호하는 시스템은 어디에도 없었기 때문이다. 새벽 첫 팀으로 밤새 술을 마신 만취 고객을 만났다. 골프장에서는 공을 치다가 함부로 앞으로 나서거나 금지구역으로 들어가면 안 된다. 이를 어긴 만취 고객을 제지했더니, 욕설이 돌아왔다. '지금 저한테 욕하셨냐'고 되받아 물으면서 고객과 마찰이 생겼고, 회사는 새벽 첫팀부터 마지막팀 경기가 있는 오후 일고여덟시까지 일은 주지 않으면서 대기하도록 하는 '벌당' 열흘 처분을 내렸다. 그렇게 첫 골프장을 그만뒀다.

그래도 확 트인 자연에서 계절이 변하는 것을 느끼며 살 수 있는 캐디 일이 좋다. 대부분 고객은 보통의 선한 사람들이고, 매일 다양한 분야의 사람들을 만나는 게 즐겁다.

몇년 전부터 특수고용직인 우리 캐디들도 산재보험과 고용보험에 가입할 수 있게 됐다. 지금 일하는 골프장에는 캐디노동조합이 있다. 캐디노조는 회사와 원만히 잘 지내왔다. 2년에 한번씩 바뀌는 사장님들은 노조를 존중해주고 캐디 노동에도 공감해줬다. 캐디 일을 시작한 이래 가장 행복하고 안정감 있게 일해온 날들이었다. 하지만 지난 6월 단체협상이 시작되면서,

"지금 저한테 욕하셨냐,고 되받아 물었더니
 일은 주지 않으면서 대기만 시켰어요.
 그렇게 첫 골프장을 그만뒀죠."

말로만 듣던 노조 탄압이 시작된 것 같다.

골퍼가 샷을 하면 잔디가 파이고, 그 파인 부분을 메꾸는 배토 작업을 해야 하는데 이 일이 캐디 몫이다. 고객이 많아 바로 배토 작업을 하기 어려운 요즘은 라운드가 끝난 뒤 회사가 지정한 홀에서 배토 작업을 한다. 또 두세달에 한번은 혹시 있을지 모르는 사고를 대비해 '스페어 캐디'로 골프장에서 대기해야 한다. 배토 작업과 스페어 캐디 근무에는 관행적으로 아무런 대가가 지급되지 않았는데, 내가 일하는 화성을 비롯해 천안, 김해 상록골프장 캐디들이 노조를 통해 무급노동의 부당함을 호소하며 임금 지급을 요구하자 분위기가 달라졌다.

회사는 노동조합이 없는 다른 지역 골프장의 캐디피는 인상했지만, 노동조합이 있는 골프장에서는 단체협상에 구상권 청구 조항을 넣어야 한다는 조건을 제시하고 나섰다. 골프장에서 일어나는 각종 사고에서 캐디의 과실 책임을 따져 캐디들에게 손해배상을 청구하겠다는 것이다. 회사는 캐디피를 인상하겠으니 구상권 조항을 받아들이라고 한다. 노동조건이 나빠지는 걸 일방적으로 받아들일 수는 없기에, 나와 내 동료들은 합법적으로 쟁의권을 얻어 회사와 싸우고 있다.

우리 조합원들은 추석 연휴 때 파업을 했고 지금

도 부분파업으로 회사와 싸워나가고 있다. 우리가 무료로 해온 배토와 잔디 관리도 거부하고 있다. 캐디는 퇴직금도 성과금도 보너스도 없다. 오직 라운딩 뒤 받는 캐디피가 수입의 전부다. 그마저 해가 짧고 날씨가 추워지는 겨울에는 수입이 크게 줄어든다.

회사는 비조합원들에게 노조 때문에 캐디피도 오르지 않는다면서 노조를 공격한다. 배토, 잔디관리 같은 무급노동을 받아들이고, 구상권 청구가 포함된 단협안에 먼저 도장을 찍어야만 캐디피를 올리겠다고 한다. 우리 회사는 공무원연금공단의 관리감독을 받는다. 회사가 돌변했는지, 공단이 돌변했는지는 알 수 없다.

회사는 우리들의 파업을 두고 '하루 벌어 하루 사는 캐디들은 오래 못 간다'고 말했다고 한다. 하지만 대한민국은 하루 벌어 하루 사는 서민들이 지탱하는 나라이기도 하다. 쏟아지는 빗속에서 투쟁을 외치는 조합원이든, 생계를 위해 일하는 비조합원이든 모두 절박함이 있다. 약자의 눈물을 경험해보지 못한 사람들은 알 수 없는 삶에 대한 절박함이 있다. 마땅히 존경받고, 존중받고 싶은 간절함이 있다.

◆ 이 사실이 「6411의 목소리」를 통해 알려진 이후 회사 측은 단협에서 구상권 청구 조항 삽입을 철회했다.

시간 약속 좀
잘 지켜주세요

강현구
_____
헤어디자이너

서울지하철 합정역 2번 출구 앞에서 미용실을 운영하는 21년차 헤어디자이너다. 미용사로서 20여 년 동안 고객을 상대로 아름다움을 선사했다는 자부심으로 일하고 있다.

헤어디자이너는 나에게 천직과 같았다. 넉넉지 않은 농부의 4남매 중 셋째 아들로 태어나 학창시절 귀에 못이 박히도록 듣던 말은 "열심히 공부해서 아빠, 엄마처럼 농사짓지 말고 좋은 대학 가서 큰 회사 들어가야지!"였다. 부모님 바람대로 나는 컴퓨터공학을 전공하는 99학번 대학생이 됐다.

외환위기 맞은 직후였던 당시는 모두 허덕이던 때였다. 1학년 재학 중 진로를 고민하던 나는 학업을 중단하고 군에 입대했다. 군 복무를 마칠 때쯤 군에서 미

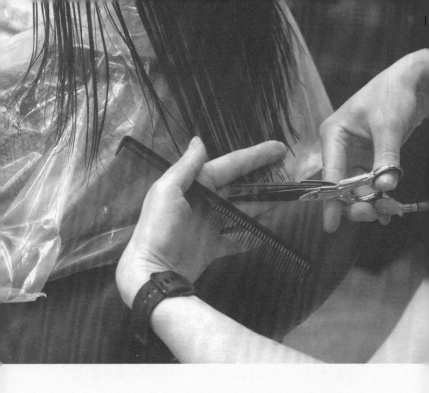

"손님이 일찍 오면 문제가 되지만,

  늦게 오는 경우에는 아무 일 없이 넘어가곤 해요."

용 공부를 하는 동기를 보고 '나도 한번 해볼까'라는 생각을 하게 됐다. 제대하자마자 복학하는 대신 상경해 짧은 시간에 미용사 자격증을 취득했다. 당시 아버지의 반대가 꽤 심했다.

스물세살 나이에 당시 패션의 메카인 서울 청담동 한 대형 미용실에 취직해 일을 시작했다. 2000년 초 내가 받은 첫 월급은… 놀라지 마시라! 정확히 38만원이었다. 미용실에 취업하면 '교육받으며 일한다'고 생각해 급여가 박했다. 하루 열두시간, 주 6일 근무가 기본이었다. 직장에서는 식사도 제대로 제공하지 않았고, 식사시간 또한 길어야 15분 내외였다.

미용업을 꾸준히 하는 것은 힘들다. 열명이 시작하면 힘든 스태프 생활 삼사년 동안 이런저런 이유로 다섯명가량은 그만둔다. 디자이너가 되어서도 세명 정도는 포기한다. 고객들 시술 과정이 오픈돼 있기에 결과에 대한 압박감이 엄청난 부담으로 다가온다. 고객이 만족해하지 않으면 스트레스는 배가된다. 여자 고객 시술의 경우 보통 서너시간씩 걸리기에, 지금도 끼니를 거르기 일쑤다. 자연스레 위장병을 얻어 병원도 자주 찾는다.

이 업계에서는 스무살 즈음 일을 시작하는 경우가 많고, 20대 초반 디자이너도 많다. 요즘은 젊은 디자이너가 감각이 좋아 만족도가 높은 편이다. 헤어디자이너 자질 중 제일 중요한 건 커트(cut) 능력이다. 커트가 가능해지면 디자이너로 승급한다. 고객들은 '커트는 간소한데 왜 이렇게 비싸냐'고 하는 경우가 적지 않은데, 시간과 비용을 가장 많이 투자하는 분야가 바로 커트 기술이다. 수많은 가위질 기술 중 하나만 제대로 익히려 해도 엄청난 시간과 노력을 들여야 한다. 수백만 원 학원비를 부담해야 하고, 한개에 수십에서 수백만 원씩하는 가위도 대여섯자루씩 갖춰야 한다.

　헤어디자이너로 고객들을 상대하다보면 보람 있고 웃을 일들도 많다. "머리 멋있게 해주셔서 면접 잘 봐서 취직했어요!", "머리가 깔끔해서 대학 면접에서 합격했어요!", "머리 예쁘게 해주셔서 소개팅에서 애인 생겼어요", "머리 덕분에 결혼식 너무 잘했어요"…… 그럴 때면 대학 입학에서 결혼까지, 누군가의 인생에서 가장 중요한 때를 함께하는 행복도우미로 사는 것만 같다. 지금 한창 자라고 있는 두 아이가 커서 '아빠처럼 멋진 헤어디자이너가 될 거야!'라고 하면 '아주 멋진 직업을 선택했구나!'라고 지지하겠다.

　인상 찌푸리게 하는 일들도 적지 않다. 한번은 회색 머리칼을 주문하는 30대 여성의 머리카락을 염색하고 탈색하기를 대여섯시간 동안 반복해 만족스러운 결과가 나왔다. 오랜 시간 실내에 있어 답답한지 '잠깐 바람 좀 쐬겠다'며 나선 손님은 그 뒤로 돌아오지 않았다. 또 한번은 10년 넘은 단골이 예약시간보다 30분 일찍 오더니 '빨리 좀 해달라'며 계속 재촉했다. 하지만 먼저 온 고객을 시술하느라 요구를 들어드릴 수 없었다. 예약시간까지 기다리지 못한 고객은 다짜고짜 "내가 우습냐? 10년 넘는 단골이 부탁하면 들어줘야 하는 거 아니냐!"며 버럭 화를 내더니 문을 박차고 나갔다. 3주에 한번씩 10년 이상 거르지 않고 찾아오던 친형 같은 분이었는데, 여러번 사과 메시지를 보내고 연락했지만 응답하지 않았고 그 뒤로 발길을 끊었다. 이렇듯 손님이 일찍 오면 문제가 되는 경우가 더러 있었지만, 늦게 오는 경우는 아무 일 없이 넘어가곤 했다.

　끝으로 꼭 하고 싶은 말이 있다. 서비스업 근무 여건이야 법과 제도가 정비되기도 했고, 예전에 비하면 많이 나아졌다. 하지만 아직 성숙하지 못한 예약문화로 피해를 보는 경우가 많다. 연락 없이 10분 20분 정도 늦는 건 아무렇지 않게 생각하는 사람이 많고, 심지어 약속을 어기고 펑크를 내도 큰 문제로 여기지 않는다. 이에 따른 희생은 오롯이 우리 몫이다. 약속을 어기면 서비스업 종사자들은 큰 고통을 받을 수밖에 없다는 점을 한번쯤 생각해주셨으면 한다.

끝이 없다,
끝이

김동건
가사노동자

다섯시 20분. 알람이 울릴 시간은 10분 정도 남았는데 절로 눈이 떠진다. 주방으로 나가 남은 밥을 살피고 4인분 쌀을 씻는다. 언제나 같은 하루의 시작이다. 밥을 안치고, 출근하는 아내가 가지고 갈 과일을 식초물에 담가 씻고, 도시락 반찬을 담고, 수저통을 챙긴다. 보온병에 따뜻한 물도 담아줘야 한다. 삐이, 밥솥에서 울리는 취사 완료음. 도시락에 밥을 담고, 찻물을 끓인다. 분주하게 움직이다 보면 어느새 여섯시 4~50분. 아내와 아이를 깨운다. 씻고 나온 아이 차림새를 살펴주고 간단하게나마 아침식사를 챙긴다. 아내에겐 모닝커피도 함께. 자질구레한 아침시간이 계속된다.

여덟시 30분. 모두 보내고 조용해진 집 안. 휴대폰에 메모해둔 '오늘 처리할 일들'을 다시 점검하며 아침을 먹는다. 싱크대 가득 쌓여 있는 설거지가 눈에 거슬린다.

10년 전, 급격히 악화한 건강 때문에 30년 직장생활을 접어야 했다. 그래도 크게 당황하지는 않았다. 내가 은퇴하는 날이 오면 아내가 사회활동을, 내가 살림을 하기로 미리 정해두었기에 그저 덤덤했다. 결혼 전 자취 생활도 오래 했기에 가사노동에 대한 막연한 자신감도 있었다. 까짓 집안일쯤 간단히 해치우고, 남은 시간은 조용히 음악 들으며 책 읽는 여유로운 생활을 꿈꾸었다.

하지만 꿈은 그저 꿈일 뿐이었다. 1+3=4가 아니다. 자취할 때보다 사람은 셋 늘었을 뿐인데, 노동 강도는 열배, 스무배 이상이었다. 가장 기본적인 음식 준비부터 신경 쓰이는 게 한둘이 아니다. 식구 각각의 건강과 취향을 모두 고려해 식단을 짜고, 때맞춰 식재료를 사야 한다. 설거지는 수시로 해야 했고, 화장실 세면대는 왜 그리 쉽게 지저분해지는지. 매일 가족들 옷을 살피고 위생도 책임져야 했다. 세금 및 관리비 처리, 가전제품 수리 점검, 아이 과제물 준비, 쓰레기 처리에 옷 정리…… 아이는 아이대로, 어른은 어른대로 챙겨야 할 것들이 있었다. 어디 가족뿐이랴. 친척, 이웃, 주거환경, 가재도구까지 내 손을 필요로 하는 곳은

"가사노동에는 '끝맺음'이 없다.

아침식사를 하면

점심이 기다리고 있다.

휴일도 없다."

끊임없이 나타났다.

2019년 통계청 발표를 보면, 무급 가사노동은 가정 관리, 가족 및 가구원 돌보기, 자원봉사 및 참여활동, 이동 등 크게 네가지로 나뉘고, 이를 좀더 구체화한 61개 항목으로 분류된다. 다른 어느 직종이 이렇게 많은 임무를 홀로 짊어질까. 그럼에도 주부가 담당할 몫은 갈수록 늘어가는 느낌이다. 점차 세분화하는 재활용쓰레기 배출 방법, 음식물 쓰레기 분류, 교육정책 변화, 정부보조금 신청 방법, 자질구레한 행정절차 등…… 새로 익혀야 할 것도, 준비해야 할 것도 찾아야 한다. 정말 가사노동의 세계는 넓고 끝없다.

가사노동에는 '끝맺음'이 없다. 아침식사를 하면 점심이 기다리고 있다, 빨랫거리는 끝없이 나온다. 하나의 과정이 계속 반복되니 휴일도 없다. 일요일은 쉬는 날이 아니다. 온 가족이 집에 있어 더욱 손이 많이 가는 날일 뿐이다. 육체가 잠시 휴식하는 동안도 정신은 쉴 수 없다. 간식시간을 판단해야 하고, 아이들의 휴대폰 사용빈도도 제한해야 한다. 일이 생각만큼 되지 않는지 한숨을 내쉬는 아내의 표정도 살펴야 한다. 아이를 비롯해 집안 어른들을 돌보는 돌봄노동은 잠시도 긴장의 끈을 놓을 수 없는 극한의 감정노동이다. 순간마다 선택과 결단을 내려야 하고, 그 결과는 수시로 마음에 상처를 남긴다. 하지만 동료들과 술 한잔 나누며 떠들던 뒷담화의 시간이 주부에겐 없다.

게다가 가사노동에서는 좀처럼 보람을 느낄 수 없다. '가사노동'이라는 명칭으로 부르고 이론상으로는 가치를 인정한다지만, 실상은 '경력단절'의 시간으로 여겨진다. 가치를 인식하지 못하니 무슨 보람을 가질 수 있을까.

이제 가사노동도 가치 있는 하나의 노동이라고 인식되는 날이 왔으면 좋겠다. 그래서 가사노동자들 스스로가 자기 활동에 자부심을 갖게 되기를. 통계청은 일상 속 무급 가사노동의 가치가 대한민국 전체 국내총생산(GDP)의 25.5퍼센트에 달한다고 발표했다. 또한 법원이 인정하는 전업주부 일당은 도시 일용직 건설노동자 일당에 준하므로, 2022년 기준 15만 3671원, 월 383만원 정도로 볼 수 있다. 이 정도로 사회적 공헌도를 지녔다면 가사노동자들은 이제 온전한 경제주체 중 하나로 인정받아 마땅하지 않겠는가.

한국에서
한국어를
가르친다는 것

최수근

대학노조 연세대 한국어학당 전 지부장

현진씨, 안녕하세요. 이제 고등학교를 졸업했겠죠? 한국어 교사가 되고 싶은데 어떡하면 좋을지 묻던 인스타그램 메시지가 당황스럽기도 하고 기쁘기도 했습니다. 뭐라 답하면 좋을지 한동안 고민했어요.

한국어를 가르치려면 대학이나 대학원에서 학위를 받거나 대학 졸업 뒤 한국어 교사 연수 과정을 밟고 자격시험을 치르면 된다고 말씀드리긴 했지만, 사실 검색만 해도 금방 알 수 있는 내용이죠. 당시 말씀드리지 못했던, 실제 한국어 강사들이 어떻게 살아가는지 알려드릴게요.

오늘 저희 학당에서는 새 학기가 시작됐습니다. 일본, 중국, 미국, 캐나다, 영국, 독일, 멕시코 등 각지에서 온 학생들을 만났어요. 한국어를 전혀 모르는 학생들이 많습니다. 영어를 모르는 학생도 있기에 저희는 영어로 수업을 진행하지 않아요. 우리는 한글 읽는 법을 함께 공부합니다. 영어 k, g와 다른 한국어 기역 (ㄱ)을, 중국어 j나 zh와 다른 한국어 지읒(ㅈ) 발음을 학생들이 익히도록 도와요. 이제 막 한글을 배우기 시작한 학생들은 일상에서 어려움도 많이 겪을 수밖에 없습니다. 저희가 외국인 학생이 받은 가스요금 고지서를 곁에서 읽어주기도 하고, 하숙집 주인과 생긴 오해를 풀어주기도 하는 이유입니다.

이렇듯 재미도, 보람도 있지만 한국어 강사들의 삶은 녹록지 않아요. 2019년 가을 제가 속한 대학노조 연세대 한국어학당 지부에서 지난 조합원 140여명을 설문조사했습니다. "가족이나 친구가 한국어 강사로 일하기를 원한다면 지지하겠습니까?"라는 질문에 67.9퍼센트가 부정적으로 답했어요. 긍정적으로 답한 사람은 10퍼센트도 안 됐답니다. 국내에서 가장 오래되고 규모가 큰 어학당인데 이렇습니다.

현진씨처럼 외국인에게 한국어를 가르치고 싶어하는 사람들은 해마다 늘고 있어요. 2006년 이후 문화체육관광부 한국어 교원자격증을 발급받은 사람은 약 6만 1천명이랍니다. 지난해 가을 국립국어원에서 전국 한국어 교원 5만 7486명을 대상으로 '한국어 교원

활동 현황조사'를 했는데, 현장에서 활동하는 비율은 16.1퍼센트, 평균 활동기간은 6.6년이었어요.

한국어 교원으로 활동하는 비율이 낮고 오래 일하지도 않는다는 건, 이유가 있겠지요. 당시 조사에서 2021년 한국어 교원들 1년 평균수입은 1357만원이었어요. 그래서 외국인 논문 첨삭이나 번역 같은 별도 경제활동을 하는 비율이 38.9퍼센트에 달했는데, 여기서 얻은 수입은 '본업'보다 많은 평균 1793만원이었어요. 무급 봉사활동을 한다는 비율도 10퍼센트가 넘었습니다. '주변에 한국어 교원이 되라고 추천할 의향이 없다'는 응답이 55.9퍼센트에 달한 게 이해되지 않나요. 한국어 교원을 직업으로 삼았다간 생계유지가 어려운 게 현실이거든요.

한국어 교원 가운데는 여성 비율이 84퍼센트에 이릅니다. 제가 처음 일을 시작할 무렵 "급여가 적어 남자가 가장 노릇 하기엔 힘들 텐데, 그래도 우리가 남자 선생한테는 (수업을) 더 챙겨줘"라고 말하던 상사의 말이 아직 귀에 생생합니다. 한국어 교원의 열악한 임금 수준은 여성 노동에 대한 한국사회의 차별적 처우라는 큰 그림의 일부분일지 몰라요.

한국어를 가르치는 일은 외국인들이 겪는 불평등을 해소하고 한국사회를 더욱 다양성 넘치는 곳으로 만드는 일이에요. 저는 그 일을 하는 사람들이 지금보다 더 나은 대접을 받았으면 좋겠어요. 그래서 최근 몇 년 한국어 교원들이 노동조합 활동을 시작했다는 건 다행스러운 일이에요. 제가 일하는 대학노조 연세대 한국어학당 지부에선 고용안정과 임금 인상을 이뤄냈고, 학교 쪽이 자의적으로 강요했던 인사 조치도 무효화했습니다. 저희만이 아니라 서울대, 경희대, 강원대 등 곳곳에서 일하는 한국어 교원들이 더 나은 노동조건과 교육환경을 이루기 위해 싸우고 있어요. 우리는 한국어 교원의 존엄함을 지키는 일이 학생들을 지키는 일과 별개가 아니라고 생각해요. 한국어 교원이 되고 싶어하는 분들을 위한 싸움이기도 하고요.

지난해 저희 어학당에서 파업을 했는데 외국인 학생들과 예비 한국어 교원, 다른 교육기관 교원들의 연대와 참여가 큰 힘이 됐답니다. 학생들은 저희의 요구사항들을 자국어로 번역해주기도 했고, 집회 때 마이크를 잡아주기도 했어요. 우리가 가르친 한국어로 학생들이 우리의 요구를 대신 말해주던 순간, 눈시울이 붉어졌지요. 우리의 존엄함을 지키며, 한국어 교원이 될지 모를 현진씨가 합당한 대우를 받을 수 있도록 계속 노력해나갈 거예요.

홈쇼핑 콜센터가 믹서기라면 플랫폼업체는 초고속 블렌더였다

데비(필명)

고객센터 상담노동자

※ 이 글은 이상적인 노동 환경에서 상담노동자로 근무하는 상상 속 인물 '리나'에게 보내는 편지입니다. 독일에 사는 행복한 상담사 리나는 고양이도 키우는데, 고양이의 이름은 무려 세계 최대 규모의 서비스 노조 이름(Ver.di)과 같아요.

잘 있었나요? 당신의 고양이 베르디에게 제 안부를 전해주세요. 한국은 베를린보다 봄이 먼저 왔다가 벌써 가버린 것 같아요. 이제 낮에는 좀 더워요. 저는 아직 배달의민족 콜센터에 다니고 있어요. 여전히 노조도 없고, 고양이도 없고, 일에 대한 자부심도 없어요.

리나, 고백하자면 저는 처음 플랫폼 콜센터에 취업했을 때 하도 유니콘기업 어쩌고, 혁신 어쩌고 하길래 '설마 악명 높은 홈쇼핑 콜센터처럼 하청에 하청을 두고 화장실도 못 가게 상담사 갈아 넣어서 운영하지는 않겠지?' '시대가 달라졌고 콜센터도 많이 바뀌었을 거야'라는 기대가 있었어요. 하지만 하필이면 처음 들어간 회사가 야놀자랑 쿠팡이츠였어요 그동안 다녔던 홈쇼핑 콜센터가 일반 믹서기라면, 이들 플랫폼업체 콜센터는 초고속 블렌더였어요. 진짜 형태도 없이 갈려서 3개월도 못 다니고 도망 나왔어요.

야놀자 콜센터는 충격적으로 더럽고 냄새나는 환경에, 에어컨도 잘 안 돌아가 마스크를 제대로 착용하는 사람이 드물었어요. 밀려 있는 대기 고객이 너무 많아서 전화 연결되자마자 고객은 '왜 이렇게 전화를 안 받냐'고 소리를 질러대고, 관리자들은 2분 간격으로 '계속 콜 받으라'고 소리 질러요. 팀장 자리에는 퇴사 서류가 쌓여 있고, 한쪽에서는 그럴싸한 구인광고에 낚인 신입들이 교육을 받고 있었죠. 모든 사람이 쉬지 않고 소리를 질러대서 그런지 어느 날부터 이명이 들려서 그만뒀어요. 퇴사하고 우연히 유튜브에서 본 야놀자 본사는 정말 근사하던데, 자기들 대신 욕먹는 콜센터 화장실이나 한칸 더 지어 주지, 싶더라고요.

쿠팡이츠에서는 가게 사장님들 전화를 받는 재택근무를 했어요. 통화가 6분이 넘어가면 여기저기서 사유서를 보내라고 미친 듯이 메시지가 와요. 왜 6분인지는 아무도 모른답니다. 일하는 내내 감시와 통제를 받지만, 정작 화가 난 식당 사장님이 전화로 악다구니를 쏟아내는 상황에서는 '그냥 잘 들어주라'며 미뤄요. 그때 이 회사는 상담사를 욕받이로만 생각하는구나 싶더라고요. 식당 사장님들 당장 생계가 걸린 문제라 하나하나 너무 절실하고 처절한데, 회사는 민원 해결에는 관심이 없고, 이유 설명 없이 그저 콜 수만 늘리라는 식이라 점점 강성 민원인들이 많아질 수밖에 없는 구조였어요. 사장님들은 갈수록 심해지는 쿠팡이츠의 횡포에 화내고, 애원하고, 이러다 자기 죽는다며 울부짖으셨죠. 꿈에서도 민원인이 나와서 그만둔 첫 회사였어요.

근데 리나, 더 무서운 걸 말해 줄까요? 퇴사하고 얼마 뒤에, 쿠팡이츠 상담사와 통화하던 사장님이 숨졌다는 소식이 뉴스에 나왔어요. 사람 쓰러졌다는데도 세상 메마른 목소리로 "그래도 고객이 요청하시니까 사과 부탁드립니다"라고 해야 하는데, '아! 저게 나일 수도 있었겠구나' 싶어서 소름 끼쳤어요. 그 상담사는 회사에서 치료 지원이라도 받았을까요? 이제 쿠팡 로고만 봐도 소름이 끼쳐서 로켓배송은 꿈도 못 꿔요.

리나, 어제 콜 평가 점수 85점 받았다고 피드백 왔어요. 무슨 평가냐고요? 매달 서너번씩 랜덤으로 상담

내용을 듣고 점수를 주는 거죠. 점수를 잘 받으려면 어떤 콜이든 "아, 그러세요?"가 두번 들어가야 해요. "아~네. 그러세요?"라고 하면 빵점이에요. 또 고객이 "감사합니다"라고 할 때 "감사합니다"라고 답하면 빵점이에요. 고객이 감사하다면, 상담사는 그보다 더 감사함을 표현해야 한다는 거죠. 고객이 불만을 말하는데 그냥 "죄송합니다"라고 답해도 빵점이에요. 이게 뭔 소리냐고요? 배달의민족에서 하청 준 콜센터 업체들끼리 경쟁하다 상담사 말려 죽이는 소리예요.

2018년도에 배달의민족 본사 근처에 대규모 콜센터를 오픈한다는 기사가 났는데, 그 기사 말미에 배민 최고운영담당자라는 분이 "상담사의 행복과 만족도가 자연스럽게 고객서비스 향상으로 이어진다고 믿는다" "배달의민족 고객센터가 이번 통합 확장 오픈을 계기로 국내는 물론, 세계적으로도 우수한 모범 사례이자 기준점이 될 수 있도록 열심히 노력해가겠다"라고 하는 거예요. 그럴듯하죠? 하지만 말만 그렇게 할 뿐, 실제로는 부산과 광주에서 지자체 보조 받아서 간접고용만 대규모로 늘리고 있더라고요. 그래도 저는 배민이 아직 '세계적으로 우수한 모범 사례'가 되려고 노~오~력 중이라고 굳게 믿고 있답니다.

배달의민족은 계속 노력할 거고, 저도 최저시급

받으며 버티다보면 언젠가 리나처럼 안정적인 직장에서 장기근무도 해보고, 내가 하는 일에 애정과 자부심도 느껴보고, 일과 삶의 균형을 맞추며 귀여운 고양이랑 깨 볶고 살 수 있지 않을까요? 아닌가요? 그냥 노조나 만들까요?

자동차 영업사원도
계급이 있다

김선영

금속노조 현대자동차 판매연대지회장

나는 현대자동차를 판매하는 영업사원이다. 주위에서 현대자동차를 판매하는 영업사원이라고 하면 대기업 다닌다고 다들 부러워한다. 그런데 현대자동차를 판매하는 영업사원이 정규직 영업사원과 비정규직 영업사원으로 나뉘어 있다는 사실은 대부분 잘 모른다.

자동차 영업사원도 모두 정규직인 시절이 있었다. 그러나 IMF 외환위기 직후인 1999년 현대자동차는 경영난을 이유로 정규직 영업사원에게 위로금을 주고 비정규직 영업사원으로 전환하는 구조조정을 했고, 이후 현대차 판매전시장은 정규직 영업사원이 근무하는 지점과 비정규직 영업사원이 근무하는 대리점으로 이원화됐다. 현재 전국 현대자동차 판매전시장 가운데 지점은 350개소, 대리점은 370개소다. 비정규직과 정규직 사원 비율 또한 50대 50 정도다.

나는 2001년 5월 현대자동차 안산중앙대리점에 입사했다. 기본급이 없고 4대 보험 가입이 안 된다는 사실은 입사 뒤에야 알게 됐다. 비정규직이었기 때문이다. 법적 고용주는 대리점주지만 주요 업무와 관련해서는 원청인 현대자동차의 직접 지휘를 받는다는 점은 정규직과 다를 바 없었다. 대리점 입사부터 원청 승인이 있어야 가능하고, 수많은 교육도 원청에서 직접 실시하며, 업무감사와 직급 부여도 원청인 현대자동차가 한다. 그럼에도 우리는 근로기준법의 보호를 받지 못하는 특수고용노동자 신분이다. 그래서 많은 차별을 받는다. 정규직처럼 매달 2, 3회 당직근무를 하지만 당직수당과 식대를 받진 못한다. 명절에 받는 현대차 임직원 복지몰 포인트도 정규직의 절반인 11만원이다. 현직 조합원들은 지난해 준다던 코로나특별격려금 또한 정규직에게만 지급됐다고 말한다.

이런 부당한 노동환경을 바꾸기 위해 2015년 8월 노동조합을 설립하고, 정규직 영업사원처럼 4대 보험 가입을 요구했다. 그러자 현대자동차의 압박을 받은 대리점 대표들은 직원들 노조 탈퇴 작업에 나섰고, 조합원들이 탈퇴를 거부한 대리점은 폐업이라는 방법으로 아예 일자리를 없앴다. 내가 근무하던 대리점도 노

"주위에서는 대기업 다닌다고 부러워하죠.

하지만 영업사원이 정규직과 비정규직으로

나뉘어 있다는 사실은 대부분 모르더라고요."

조 설립 5개월 만에 폐업해 나 또한 일자리를 잃었다.

그럼에도 우리는 포기하지 않았다. 소를 제기해 지방노동위원회와 중앙노동위원회로부터 비정규직 영업사원도 노동조합법의 적용을 받는 대리점 소속 노동자임을 인정받았고, 노동부로부터 노동조합설립신고증도 발급받았다. 이를 근거로 전국 대리점 대표들에게 단체교섭을 요구했지만, 대리점 대표들은 노동위원회 판정에 불복해 행정소송을 제기했다. 2018년 8월 16일 서울행정법원은 우리가 노동자임을 인정하며 대리점 대표들에게 단체교섭에 응하라고 했고, 이 판결은 2019년 6월 대법원에서 확정됐다. 하지만 대리점 대표들은 단체교섭 거부를 이어갔고, 금속노조 자동차판매연대지회가 부당노동행위로 대리점 대표 60여 명을 노동부에 형사고소한 뒤에야 단체교섭에 응하기 시작했다. 하지만 노조의 단체협약 요구안은 대리점에서 결정할 수 없고 원청인 현대자동차의 권한이라며 모두 거부했다. 현대자동차 역시 직접적인 고용관계가 없다며 노조의 단체교섭 요구를 무시하고 있다. 이는 현대자동차를 상대로 한 불법파견 소송(근로자지위확인 소송)에서 지난해 우리가 최종 패소했기 때문이다.

2023년 지금도 노조 탄압은 계속되고 있다. 현대자동차는 대리점 대표들의 운영기한을 65세까지로 정하고 있다. 점주가 65세가 되면 계약을 해지해 매년 4~50개 대리점이 폐업하고, 새로 계약한 대리점들이 해당 지역에 다시 문을 연다. 이 과정에서 선별적으로 고용승계가 이뤄진다. 내가 아는 범위에서 고용이 승계된 이는 전원 노조에 가입되지 않은 이들이었다. 반면에 나를 비롯해 국회 농성장에 있는 열명 남짓 동료들은 모두 노조에 가입했다가 모두 고용 승계가 이뤄지지 않았다. 이와 관련해 현대차 쪽에 대리점 폐업과 고용승계에 관한 자료를 요청했으나 그들은 자료 제출을 거부하고 있다.

나는 요즘 국회 앞 천막농성장에서 하루를 시작한다. 해고된 뒤 광화문 정부중앙청사 앞에서 2년 넘게 천막농성했고, 2022년 5월부터는 현대자동차 국내사업본부 앞에서, 2023년 3월부터는 국회 앞에서 천막농성을 이어가고 있다. 아침 일찍 방송장비를 설치하고 출·퇴근 시간과 점심시간에 맞춰 시민에게 이런 우리 사정을 알리고 있다. 이 생활이 8년째다. 하지만, 우리는 그리고 나는 절대 포기하지 않을 것이다. 모든 노동자에게 근로기준법을 적용하고 노동삼권이 온전하게 보장될 수 있도록 싸울 것이다. 내가 일하던 일터로 다시 돌아갈 때까지.

씨앗이
참 소중해

문성자
―
농부

이맘쯤이면 고추 모종 400포기 신청해놓고 밭 준비를 살살 해야 하는데, 올해 농사는 체념했어. 내 평생 처음으로 겨울에 쉬어보네. 작년까지만 해도 12월부터 유과 만들어 팔고 농사지은 감자, 고추로 부각 만들어 파느라 쉴 새가 없었는데 말이야. 3년 전부터 아픈 다리가 이젠 영 못 움직이게 돼서 올해는 다리 수술을 받으려고. 원래는 나비마냥 훨훨 날아다녔어. 걸음걸이가 얼마나 빠르면 '앞정갱이(정강이)가 날 살려라' 하고 뛰어다녔다니께.

나는 경상남도 함양 백전면 양백리 서백마을에서 태어났는데, 집안 어르신들이 일찍 돌아가셔서 반찬 해 먹을 줄도 모르고 농사일도 해본 적 없었어. 열일곱에 운산마을로 시집와 5년은 죽만 끓여 먹었제. 콩죽,

팥죽, 무 삐진 죽, 고구마죽…… 종류도 가지각색이었어. 자존심 때문에 사람들에게 알려달라고 안 하고 이웃, 동서 쫓아다니며 등 너머로 배워 농사짓고 논도 사고, 아이들 길러내고 어르신들도 모셨지.

지금 내가 사는 마을이 해발 약 500미터인데 여기서 오르막으로 한시간 정도 걸어가면 우리 논이 서너마지기 있고, 밭은 300평 정도 있었어. 일꾼들 먹일 밥을 머리에 이고 갓난아기를 등에 업고 네살짜리 딸내미는 걷게 하고 올라가는데, 딸내미가 고 작은 다리로 따라오려면 얼마나 힘들겠어. 따라오다가 우는데, 나는 울거나 말거나 계속 걸어가는 거라. 산길로 들어설 땐 우는 아이 놔두고 혼자 올라가 밥 가져다놓고 다시 내려와서 데리고 가고 그랬제.

그 어렸던 딸내미가 올해 50이고 큰아들이 마흔일곱, 막내아들은 서른아홉이 됐구먼. 두세달 뒤면 다리 수술하러 병원 들어가야 하는데, 밭이랑 집구석 보면 엄마가 이렇게 일을 많이 했나 싶을끼라. 3년 전 다리 시술할 때는 큰아들이 와서 일을 거들었는데 그라더라고. "엄마 참깨 다 베서 타작해놨어요. 근데 참깨가 하얗지 않고 빨개요." 안 익었는데 다 베어버린 거지. 그래도 뭐라 하겠어. 엄마 일 거들라고 한 건데.

막내아들한테는 매년 농사지은 쥐눈이콩으로 환

을 해줬어. 그 콩은 내가 시집올 때부터 키우던 건데 고게 약성이 좋은가벼. 머리 빠진 사람은 머리도 난다고 하더라고. 신장에도 좋고. 요즘엔 찹쌀, 멥쌀, 흑미, 귀리, 서리태를 쪄서 말리고 냄비에 볶아 방앗간에 가져가 가루를 내서 미숫가루로 보내주고 했는데, 올해는 우째야 하나 싶네.

우쨌든 자식들 해먹이고 이웃한테도 주면서 그렇게 씨앗을 가지고 있었던 거지. 올해는 못하지만 씨가시(가지고 있는 모든 씨앗)를 잘 보관만 하면 내년에 심어 싹을 틔울 테니깐 걱정은 없어. 올해는 다리 낫는 데만 신경 쓰고 내년부턴 또 해야겠지.

최근에 오래된 씨앗이 있냐고 묻고, 직접 만든 채반을 보며 예쁘다며 좋아하는 젊은이들이 찾아오데. 쥐눈이콩, 넝쿨콩, 빨간울콩, 녹두도 두고두고 쓰던 것들이거든. 귀한 거라고 보여주고 나눠줬제. 우리 마을에서 이렇게 오래된 씨앗은 나만 가지고 있을끼라. 시장에 가 모종을 사서 심지. 씨앗 받는 것도 일이 많거든. 나는 그냥 처음부터 내가 가진 씨앗이 소중하더라고. 쥐눈이콩은 50년이 더 됐는데 처음 받을 때 속이 노란 게 예쁘더라고. 그런데 몇년 있으니 마을사람이 속이 퍼런 쥐눈이콩을 주는데 그건 정이 안 가더라고. 새파란 건 안 심어봤어. 그냥 쥐눈이콩이 약콩이라 하니 맥을 이어가야겠다 싶더라고. 이걸로 콩나물도 키워 먹고, 메주 끓여 간장 담아 약콩 간장 해 먹기도 하고, 밥에 넣어 먹기도 하고, 미숫가루도 해 먹고. 겨울엔 씻어서 장독대에 뒀다 꽁꽁 얼어 퍼스럭해지면 볶아. 그때 볶으면 연해. 그거 엿에 넣어 콩강정 만들고 튀밥강정에도 던져넣고, 그렇게 많이 해 먹었어.

음식뿐일까. 물건도 만들어 썼는데 이제껏 쓰고 있는 채반도 산에 가서 싸리나무 가지 베고 삶아서 껍질 벗기고 칭 가리고(길고 짧은 것을 분리하고) 다듬어서 엮은 거지. 그렇게 할 줄 아는 사람이 이제 이 마을에서 나 하나밖에 없어. 막내가 돌 지났을 무렵부터 목말 태우고 손으로 꼼지락거려서 아직꺼정 기억하고 있는 거지. 머리는 처박고 똥구멍은 하늘로 올려서 똬바리(바닥의 중심부분)를 틀어야 하는데 보통 힘으로 하는 게 아닌 기라. 힘들게 만들어도 완성해놓으면 또 그리 좋을 수가 없어. 자연에서 주는 재료고 내가 관리만 잘하면 영원히 깨끗이 쓸 수 있잖여. 좋은 건 자식도 주고 이웃에 선사(선물)하면서 이어왔던 기라. 그렇게 내려왔던 것들이 점점 사라지고 있는데 그걸 젊은이들이 잘 이어가고 또 그다음 세대에 전해준다면 참 고마운 일이겠제.

◆ 녹취 및 정리 심영지(함양토종씨앗모임 총무).

다치지 않고
안전하게
배송할 분?

김수진(가명)
―――――――――――
택배사 아르바이트 노동자

지난해 12월, 코로나19로 하던 일을 그만둬야 했던 나
는 집에서 몇달 쉬다가 궁여지책으로 아르바이트라도
시작했다. 아르바이트 구인구직 앱을 수시로 드나들던
중 '택배 상하차 아르바이트'를 발견했다. 근무 시간은
오전 여섯시 반부터 열시 반까지였다. 오전만 할애하
면 되니 생활비를 벌면서 재취업 준비와 병행할 수 있
겠다 싶어 지원서를 냈다. 그렇게 택배사로 처음 일을
나가던 날, 회사에서 문자 한통을 받았다. '야외 작업
이니 옷을 잘 챙겨 입고 오길 바랍니다.' 바깥에선 눈
발이 날리고 있었다. 몇년 만에 내복을 꺼내 입었다.

　　작업장에 도착해 업장의 준칙과 급여체계에 관한
설명을 들었다. 구역마다 작업소장 한명에 택배기사
열댓명 정도가 일하고 있었다. 기사 두명당 한명씩 아

르바이트생이 배치됐다. 아르바이트생은 물품들이 운반되는 컨베이어벨트에서 배정된 조의 택배기사가 배송할 물품을 가려내는 일을 했다. 한번 시작하면 모든 물품이 분류될 때까지 컨베이어벨트는 계속 돌아갔고, 배정된 조의 물품을 가려내느라 눈과 손은 쉴 새 없이 움직여야 했다.

아르바이트생들이 물건을 건네주면 기사들은 곧바로 송장 바코드 스캔 작업을 한 다음 자신의 차량에 물건을 실었다. 나 같은 아르바이트생이 있지만 송장 바코드 작업과 차량에 물품을 옮겨 싣는 것은 오롯이 택배기사들의 몫이었는데, 나중에 안 사실이지만 그 시간은 임금으로 환산되지 않는다고 했다. 택배기사들의 임금은 배송 건당 수수료로만 계산되니, 사전에 택배를 분류하는 일은 일종의 공짜 노동인 셈이었다.

20킬로그램짜리 쌀 포대부터 거대한 캠핑 물품, 1인용 소파, 당일 배송 아이스박스까지 물품도 다양했다. 어마어마한 물품들을 네시간 동안 가려내어 옮기다보면 어깨는 빠질 것 같았고, 발은 동상에 걸릴 듯 얼어붙었다. 택배 물량은 요일마다 달랐는데, 물량이 가장 많은 주중 이삼일은 3백개를 훌쩍 넘을 때도 있었고 상대적으로 물량이 적은 주 초반과 후반은 백개가 채 되지 않을 때도 있었다. 매주 월~토, 주 6일 동안 아르바이트생 업무시간은 네시간이었지만 이에 미달할 때도, 초과할 때도 있었다. 불행인지 다행인지 시급은 계약했던 네시간으로 고정 지급됐다. 회사 쪽은 일급과 월급 여부를 선택할 수 있도록 했다. 차이는 만근수당 지급 여부였다. 아르바이트지만 빠지는 날 없이 일을 나가면 한달 5만원가량 만근수당이 더 주어진다는 말에 나는 월급제를 선택했다. 시급은 최저임금을 약간 넘어선 9500원이었고, 한달 백만원 남짓 손에 쥘 수 있었다.

어느 날 일이 끝나갈 무렵 작업장 담당자에게서 문자가 왔다. '○○동, ○○동, ○○동. 분류 작업이 끝나고 위의 동에서 배송 알바가 가능한 분은 연락 바랍니다. 건당 배송비 천원. 주유비 별도. 하실 수 있는 건수만큼 가능. 다치지 않고 안전하게 배송할 분 연락 바랍니다.' 간혹 하루 이틀 정도 택배기사 가운데 결원이 생기면 회사는 아르바이트생들에게 단기 배송 알바를 제안했는데, 분류를 빨리 끝낸 아르바이트생들 가운데 여건이 되는 사람은 추가 알바를 하기도 했다.

'다치지 않고 안전하게 배송할 분'이라는 대목이 자꾸만 마음에 걸렸다. 택배 배송은 갖가지 물건을 직접 옮겨야 하는데다 차량으로 이동해야 하기 때문에 다칠 위험이 많다. 그래서 택배기사는 특수고용근로

"'하는 만큼 수익 창출',

　평소 아무렇지 않게 봐온 문구였지만

　과연 가능한 일일까 하는 생각이 들었다."

자이지만 지난해부터는 산업재해보험이 적용되기 시작했다고 한다. 그러나 아르바이트생인 나는 산재보험 의무 가입 대상이 아니다. 그러니 스스로 알아서 다치지 않아야 하는 것이다. 나는 차가 없기 때문에 배송 아르바이트까지는 할 수 없었지만, 누군가에게는 솔깃한 제안일지도 모른다.

택배기사 구인 광고에는 이런 문구가 적혀 있다. '하는 만큼 수익 창출'. 평소 아무렇지 않게 봐온 문구였지만, 과연 가능한 일일까 하는 생각이 들었다. 하루 24시간 동안 한 사람이 노력해서 벌 수 있는 최대한의 수익에는 한계가 있을 것이다. 설사 밤낮없이 일해서 수익이 늘었다 해도 파손물품 배상과 기름값과 차량 유지비는 물론, 물품 스캐너, 겨울철 작업복까지 자기 돈으로 사야 하고, 과도한 노동으로 얻게 되는 질병과 부상 치료 또한 개인이 감당해야 한다. 이런 속에서 과연 얼마나 어떻게 일해야, 하는 만큼 보람 있는 결과를 얻는 걸까.

취업 준비를 하는 아르바이트 노동자로서 과연 나는 앞으로 하는 만큼 수익도 나고 보람도 있는 일을 찾을 수 있긴 할까. 그런 생각을 하며 오늘도 택배회사로 출근한다.

간호조무사 실습생은
병원의 노예

임정은

간호조무사, 민주노총 특성화고노동조합 운영위원

저는 2022년 9월 간호조무사 자격증을 취득해 10개월째 정형외과 병동에서 일하고 있는 간호조무사입니다.

간호조무사가 되기 위해서는 740시간 이론수업과 780시간 의료기관 실습을 거쳐 시험을 보고 합격해야 합니다. 환자의 생명, 건강과 관련된 일을 하는 만큼 이런 과정은 꼭 필요하다고 생각했습니다. 문제는 780시간 실습이 전문적이고 체계적인 교육이 아니라, 온갖 잡일과 허드렛일, 심부름 등으로 채워진다는 점입니다. 병원의 부족한 인력을 메꾸는 일을 하는데 '실습'이라는 이유로 임금도, 노동법의 보호도 받지 못합니다.

저는 정형외과 병원에서 약 5개월 동안 실습했습니다. 주로 환자 대기실 의자 청소, 진료실 문 열어주기, 환자 혈압 및 체온 재기, 원무과로 환자 안내 등 단순 업무를 했습니다. 그러다 실습생 관리 담당자인 간호부장이 갑자기 자기공명영상(MRI) 부서에서 실습하라고 하더군요. 그곳에서 환자들 자기공명영상 검사 안내를 했는데, 한달 뒤 신규 직원이 채용되더니 제 업무를 하더군요. 저는 또다른 부서로 옮겨졌고요. 자기공명영상 부서 직원을 구할 때까지 임시방편으로 간호조무사 실습생에게 업무를 맡겼던 것입니다.

제가 운이 없었던 걸까요? 아닙니다. 실습생 대부분 단순 허드렛일로 시간을 보내는데, 심지어 빨래, 직원 커피나 우체국 심부름, 병원 에어컨 청소를 하며 시간을 채우기도 합니다. 일부 병원은 간호조무사 학원에 연락해 '우리 병원에 실습생 보내달라'고 요청하기도 한답니다.

지난해 전국특성화고노동조합에서 간호조무사 실습생 603명을 대상으로 병원실습 실태 설문조사를 했습니다. 단순하고 반복적으로 이루어지는 업무가 주요 실습 내용에 있는지 묻는 말에 71.3퍼센트가 '그렇다'라고 응답했습니다. 부당한 업무로는 잡무, 허드렛일이 71.9퍼센트로 가장 많았고, 병원 직원 개인 심부름(49.1퍼센트), 청소(41.2퍼센트)가 뒤를 이었습니다.

병원 특성상 감염 등 산업재해를 당할 우려가 크

"허드렛일과 심부름……

일은 일대로 하는데 '실습'이라는 이유로 돈도 못 받고,

노동법의 보호도 못 받아요."

지만, 간호조무사 실습생은 노동자가 아니기에 다쳐도 산재 적용을 받지 못합니다. 환자 혈당을 체크하다가 주삿바늘에 찔려도 개인 돈으로 검사를 진행하라고 하거나 방역 마스크 하나 던져주고 감염병실에서 혈압을 재라고 시킨 사례도 있습니다. 이 과정에서 실습생이 결핵에 걸리거나 감염돼도 병원은 책임지지 않습니다.

보건복지부의 방관 아래 병원들이 간호조무사 실습 제도를 통해 인력난을 해결하는 사이 실습생은 그저 혼자 버티는 수밖에 없습니다. 매년 간호조무사 시험에 응시하는 이는 약 4만명에 이릅니다. 이들 가운데 상당수가 정도 차이는 있을지언정 이렇듯 무임금으로 노동하고 있습니다.

그래서 저는 지난 8월 말, 실습병원 병원장을 상대로 임금청구 소송을 시작했습니다. 임금청구는 저의 780시간 노동에 대한 정당한 권리라 생각합니다. 우리나라 대법원은 근로자성 여부를 형식이 아니라 실질에 비추어 종속성을 종합적으로 판단한다고 합니다. 형식은 '자격 취득을 위한 실습'이지만, 실제로 병원에서 지시하는 노동을 했다면 노동자로 봐야 하지 않을까요?

2016년 고용노동부는 실습생, 수습생, 수련생 등이 교육 없이 단순 노동력으로 활용되는 문제를 막기 위해 '일경험 수련생에 대한 법적 지위 판단과 보호를 위한 가이드라인'을 마련했습니다. 이 가이드라인에 따르면, '직무교육 프로그램 없이 업무상 필요에 따라 수시로 업무를 지시하는 등의 방식으로 일경험 수련생의 노동력을 활용하는 경우', '교육·훈련 내용이 지나치게 단순·반복적이어서 처음부터 노동력의 활용에 그 주된 목적이 있다고 볼 수 있는 경우' 등을 종합적으로 판단해 수련생이 사실상 근로를 제공한다면 노동법의 보호를 받는 근로자로 볼 수 있다고 해석하고 있습니다. 이 기준에 따르면, 간호조무사 실습생은 노동자로 인정돼야 합니다.

저의 소송이 간호조무사 실습생들의 권리와 법적 보호를 받을 수 있는 첫 시작이 될 거라는 생각이 듭니다. 이 소송으로 다른 간호조무사 실습생분들도 용기와 희망을 가졌으면 좋겠습니다. 또한 간호조무사 실습생 노동착취 문제가 알려지고, 노동에 대한 정당한 대가가 지급되기를, 실습생의 노동 사각지대가 없어지기를 간절히 희망합니다. 간호조무사 실습생은 정부가 허락한 병원의 노예가 아닙니다.

팬데믹 때
가장 많은 피해를 본 건
우리 아닐까요

임경재

미코트래블 대표

일이 없다는 것이 그 무엇보다도 막막했다. 망망대해나 사막에 혼자 남겨진 듯 사방팔방으로 소리쳐보아도 메아리조차 없었다. 더 버티는 건 위험한 일이었다. 그 끝은 비참하게도 삶을 포기하거나 그렇지 않는다면 결국 굶어 죽는 것이라고 생각했다. 코로나는 국외여행업자들에게는 완벽한 직격탄이었다. 그 어떤 업종보다도 피해가 컸고, 거의 모든 업자가 영업을 중단할 수밖에 없었다. 특히 소규모 국외여행업자들은 코로나로 호황을 누린 다른 업계로 들어가 품을 팔았다. 택시운전, 택배, 음식배달…… 함께 일하던 직원들도 마찬가지였다. 새로운 기술을 배워서 다른 업종으로 하나둘씩 사라졌다.

다른 직업도 그렇겠지만 여행업자들에게 여행업

은 쉽게 포기하거나 그만둘 수 없는 일종의 정체성이며 삶의 길이다. 계단을 오르며 택배를 하고, 배달음식을 포장하는 순간에도 코로나가 잠잠해지면 여행업으로 다시 돌아가 손님들과 관광지를 누비는 상상을 했다. 그런 상상으로 손발에 익지 않는 고된 노동을 버틸 수 있었다.

"지금 이 상황에 무슨 여행이냐!" 코로나가 한창이었던 때는 국외여행을 떠나는 사람을 마치 바이러스 전도사처럼 여겼다. 국외여행업에 대한 인식도 다를 바 없었다. 사양산업을 넘어서 사망진단을 하는 사람도 많았다. 너무 답답해서 이름 있는 점쟁이를 찾아갔다가 '그냥 다른 일을 하라'는 얘기를 듣고 오기도 했다.

당시 국외여행업에 대한 정부의 대출이나 보상정책 역시 이런 분위기와 맥을 같이 했다. 피해가 가장 큰 업종이었지만 거리두기 규제 때문이 아니라 팬데믹이라는 재난 속에서 불가피한 피해를 본 것으로 여겼다. 손실보상이 아니라 전체 중소사업자 테두리 내에서 구제 차원으로 몇차례 지원금을 준 게 전부였다.

기실 국외여행업은 필수 국가산업도 아니고, 특별한 기술이 축적된 분야도 아니다. 경제적으로는 여행수지 적자 폭을 키우기만 하는 마이너스 요인이었기에 굳이 돌볼 이유도 없었다. 그냥 두면 자연스럽게 사라졌다가 다시 생겨나는 야생화 같은 업종이었다. "그래, 우리가 업종을 잘못 선택했지." 업계 지인들과 전화통화는 마치 약속이나 한 듯이 이런 자조로 끝을 맺었다.

　2022년 가을 코로나는 진정됐고, 사람들의 공포도 가라앉았다. 국외선 비행기 취항횟수가 늘고, 출입국 검역절차도 간소화됐다. 이에 맞춰 대형 여행사들은 저렴한 해외여행 상품을 쏟아내고, 그 판매도 코로나 이전 수준에 육박한다고 한다. 텔레비전 홈쇼핑의 저가형 패키지 여행상품이 20여분 만에 완판되는 일도 심심치 않게 있고, 괌이나 사이판, 다낭 같은 근거리 인기휴양지 관광상품은 두어달은 기다려야 할 정도라고 한다. 여행시장에 다시 활기가 돌고 내년엔 좀더 나아질 것이라는 전망도 나온다. 그러나 그런 긍정적인 분위기와 전망은 대형 여행사들에나 해당하는 얘기일 뿐, 나처럼 소규모 여행사를 운영하는 이들에게는 다른 세상 이야기다. 시장 분위기는 차치하고 함께 일할 인력을 구하는 일도 어렵다.

　"사장님, 제 월급 감당되시나요?" 몇달 전 함께 일했던 직원에게 다시 돌아오라고 제안하자 돌아온 대답이다. 자신의 임금이 전보다 올랐다는 뜻도 있겠지만, '소규모 여행사의 전망이 얼마나 밝겠냐, 다시 돌아간들 얼마나 오래 일할 수 있겠냐는 비관적인 전망이 담긴 말이었다. 안타까운 일이지만 그의 눈에는 그게 명확한 현실로 보였을 테고, 아직 돌아오지 않고 있는 여행업계 종사자들도 그렇게 판단하고 있을 것이다.

국외여행업이 무익하기만 한 업종은 아니다. 국외여행과 출장, 유학을 통한 경험과 지식이 대한민국이 선진국으로 올라서는 데 한몫했고, 한국인의 국외여행은 우리의 위상을 세계에 알리는 역할도 했다고 생각한다. 그리고 외국인을 대상으로 한 국내여행의 발전도 국외여행업 발전과 함께 나아간다. 이것이 국외여행업자로서 내가 갖는 자부심이다.

정부가 나 같은 중소 국외여행사들이 보호받지 못하고 버려지는 자들이 아님을 보여주도록 노력해주길 절실하게 요청한다. 먼저 코로나로 가장 타격이 큰 업종이기에 손실보상법 대상 업종에 지금이라도 편입시켜 그간의 손실보상을 해주길 바란다. 그리고 온라인 마케팅이나 거래기반 구축이 어려운 중소 여행업자들이 새로운 환경에 빨리 적응할 수 있도록 도와주길 요청한다. 마지막으로 이미 폐업한 업자들이 다시 일어설 수 있도록 이들에게도 지원이 이뤄졌으면 한다.

그래도
책을 만드는 이유

오주연

힐데와소피 대표

힐데와 소피, 두 명이 작은 출판사를 만들어 운영한 지 4년이 지났다. 시간이 흘렀지만 처음 창업할 때처럼 여전히 많은 이들이 걱정한다. 출판 시장이 이렇게 어려운데 책이 팔리느냐고.

시장 상황만 생각했다면 애초에 창업을 결심하지 못했을 것이다. 또 어렵지 않은 시장은 없다. 많은 영역에서 창업은 업력이 쌓인 베테랑들이 뛰어드는 것이다. 출판 관련 경력이 없는 내게 출판사 창업은 쉽지 않은, 아니 무모한 일이었다. 그럼에도 불구하고 출판사를 창업한 이유를 묻는다면, 내가 하는 일에 임금만이 아니라 다른 보상이 필요했다고 답하고 싶다.

출판사를 창업하기 전 마지막으로 일했던 조직은 소통도 잘됐고 임금도 비교적 괜찮았다. 하지만 어딘

지 모르게 답답했다. 어느 조직이든 만들어지고 시간
이 지나면 처음 세웠던 목표나 꿈 대신 조직을 유지하
는 데 급급하게 된다. 나는 오래된 조직의 이런 숙명,
자본이 강요하는 질서에 순응하게 되는 데 반발심을
갖게 됐다. 시간이 흘러도 여전히 혁신적인 기업이 있
지만 이는 자본의 흐름을 이끌고 혁신을 위해 재투자
할 여력이 있는 경우에나 가능하다.

　미국 경제학자 소스타인 베블런이 이야기한 것처
럼 화폐의 흐름은 시장의 합리성이 아니라 화폐의 사
용과 흐름을 주도할 힘과 기술을 누가 장악하고 있는
가에 따라 결정되곤 한다. 권력을 갖지 못한 이들은 권
력이 강요하는 질서를 따를지, 따르지 않고 이탈할지
결정할 뿐이다. 그나마 이 질서 속에 있어야만 노동에
대한 금전적인 대가라도 얻을 수 있다. 이를 근본적으
로 바꾸는 일은 쉽지 않다. 나는 내가 하는 일의 대가
를 제대로 받지 못하고 있다고 생각했다.

　수능이 끝난 직후부터 일을 시작했다. 이때부터
내가 받는 임금이 합당한가? 질문하기 시작했지만, 나
도 임금을 정확히 책정할 수 없었다. 그저 동일 노동
에 사회적으로 책정된 임금을 기준으로 '힘들다', '버겁
다', '뿌듯하다', '만만하다' 같은 주관적인 감각에 따라
보상 수준을 스스로 평가했다. 고용주도 함께 노동하

는 경우가 많았기 때문에 그들의 상황도 넉넉하지 않다는 것을 알 수 있었다. 노동의 대가를 어떻게 책정해야 합당한지 더욱 혼란스러웠다. 내 일의 가치를 제대로 평가할 수 있는 다른 기준이 필요했다. 결국 일의 결과물, 재미, 성취감, 함께 일하는 사람들과의 관계, 다음 일에 대한 기대감 등 내가 직접 관여하고 만들어낼 수 있는 결과들이 점점 더 중요해졌다. 거대한 시장의 질서에 따라 정해진 임금으로 내 일을 평가하고 싶지 않다는 반발심의 결과였다.

  직장에서는 내가 생각하는 노동에 대한 보상체계를 적용하기는 어려웠다. 결국 출판사를 창업했다. 창업 당시 내가 가진 콘텐츠를 전달할 매체로 '책'이 적절하다고 판단했고, 비교적 적은 자본으로도 책 한권 정도는 만들 수 있었다. 첫 책을 만들고 느꼈던 일의 결과물과 성취도로 인한 만족감은 부족한 금전적 보상을 상쇄할 만큼 컸다. 어떤 메시지를 전달하고 싶은지 고민해서 기획하고, 저자와 번역가를 섭외하고, 원고를 기다리고, 편집하고 협의하고, 책의 겉모습을 디자인하는 지난한 과정은, 모든 게 빠르게 나타났다 사라지는 이 시대에 적합하지 않은 것처럼 보이기도 한다. 하지만 나는 이 과정 자체를 가치 있다고 생각한다.

  다들 출판을 사양산업으로 여긴다. 정부도, 거대

"모든 게 빠르게 나타났다 사라지는 시대에,
 책이 출판되는 과정은 그 자체로 가치 있다고 생각합니다."

자본도 '돈이 안 되는' 분야라고 치부하는데, 나는 역설적으로 이런 점에서 자유로움을 느낀다. 물론 생계를 유지하기 위해서는 다른 일을 병행해야 한다. 플랫폼을 통해 다른 편집 일을 하거나 디자인 외주, 강의, 교육 등으로 보조금 사업에 참여하기도 한다.

즉 여전히 숙제는 남아 있다. 잘 팔릴 만한 책을 만들면 되지 왜 팔리지 않을 책을 만드느냐는 질문도 여전하다. 그럴 때면 내 책장에 있는 책들을 한번 훑어본다. 대체로 안 팔리는 책들이다. 출판되고 몇년 지난 책들인데도 책의 판권면을 보면 초판인 경우가 많다. 남의 일 같지 않다. 판매와는 거리가 먼 책들만 읽으면서 잘 팔리는 책을 만드는 것이 가능하기는 할까.

비록 아직 판매량은 아쉽지만, 나의 결정이 곧 나의 일이 되고, 거대 자본이 강제하는 질서에서 조금은 비켜나가 있다는 점에 만족하며 출판사를 운영하고 있다. 어려운 출판시장 상황 속에서도 여전히 출판 일을 하고 싶은 이유이자, 현재 내가 살아가는 방식이다.

마봉춘씨,
10년 인연이
어쩜 그렇게 잔인한가요

이현정

방송작가

당신을 만나러 가던 어느 봄밤, 터널을 빠져나오던 내 차가 빗길에 빙글빙글 돌기 시작했어요. 죽을 수도 있겠다는 공포에 눈을 질끈 감았고, 사방에서 터진 에어백이 가차 없이 내 몸을 강타했죠.

4차선 도로 양쪽 가드레일을 여러차례 들이받던 그때, '방송사 보도국 작가로 매일 여러 사건·사고를 접하던 내가 오늘은 직접 뉴스에 나올 수도 있겠구나' 하는 슬픈 생각이 들었어요. 연거푸 부딪혀 소생 불가한 차에 의미 없이 시동을 걸면서도 머릿속엔 온통 당신과의 약속을 지켜야 한다는 생각뿐이었어요.

사고를 목격한 다른 차량 운전자가 내게 다가오고, 다음엔 경찰이, 그다음엔 소방관이 다가왔어요. '당장 병원으로 가야 한다'는 말에 나는 마봉춘씨, 당신이 기다리고 있다고 그럴 수 없다고 했어요. 그전 여름 정규직도 아닌데 휴가를 간다니까 '네가 없어도 회사가 잘 돌아가면 어떡하냐'고, '네가 돌아왔을 때 책상이 없어졌으면 어떡하냐'고 되묻던 당신의 목소리가 귓가에 맴돌았기 때문이에요.

새벽 방송을 하면서부터 나는 매 순간 요일과 시간을 확인하는 버릇이 생겼어요. 화장실에 다녀올 수 있는 5분을 포기하면 단신 기사 하나 정도는 충분히 쓸 수 있고, 1분이면 원고를 들고 100미터쯤 떨어진 스튜디오까지 뛰어갈 수 있는 시간이라는 걸 알기 때문이죠.

일주일 가운데 일요일 하루만큼은 알람을 꺼놓고 잘 수 있지만, '혹시라도 요일을 착각해 당신에게 가지 않는다면?' 하는 상상은 너무나 두려웠어요. 언젠가 일요일을 월요일로 착각하고 당신에게 달려간 적이 있어요. 새벽에도 늘 깨어 있는 보도국에 아무도 없어서 이상하다는 생각이 들었고, 일요일임을 확인하자 난 두다리에 힘이 풀려 주저앉고 말았어요. 그런데 마봉춘 씨, 그거 알아요? 바보 같은 그런 행동은 나만 한 게 아니더라고요. 나와 한 팀이었던 ㄱ씨는 쉬는 날인지도 모르고 새벽 세시에 자다 말고 택시를 탔고, 리포터 ㅈ씨는 대낮에 새벽인 줄 알고 집 밖으로 뛰쳐나갔대

"교통사고가 나는 순간에도 출근 생각뿐이었는데……

　10년을 일해도 해고 통보는 한순간이었죠"

요. 나도, 그들도 마봉춘씨와의 약속은 무슨 일이 있어
도 지켜야 한다는 생각이었어요. 가끔은 제시간에 기
사를 송고하지 못하는 악몽을 꿔 괴롭기도 했어요.

그렇게 나의 30대 전부를 마봉춘씨 당신과 함께했
어요. '정규직보다 더 정규직 같다'는 당신의 뼈 있는
농담에 웃어넘길 줄 아는 여유가 생겼고, 성과금은 없
어도 시청률이 조금이라도 오르면 나의 노력이 보상받
은 것 같아서 세상을 다 가진 것처럼 행복해했죠. 그사
이 수많은 동료가 마봉춘씨를 떠나갔어요. 누군가는
계약이 끝나서, 누군가는 개편으로 자리가 없어져서,
때때로 시청률 부진을 이유로 일방적인 해고 통보를
받는 경우도 있었죠. 그때마다 마봉춘씨는 참 냉정했
고 떠나는 사람은 담담했어요. 5년이나 일했지만 일주
일 전에야 해고를 통보받고 마지막 인사를 건네는 리
포터를 지켜보며, 난 처음으로 흐르는 눈물을 주체하
지 못했어요. 언젠가 해맑게 웃으며 그녀를 부탁하던
그녀의 어머니가 떠올랐거든요.

꽤 오랜 시간이 지나고 이번엔 내 차례가 됐어요.
수화기 너머로 당신은 말했죠. "네가 잘못해서가 아니
라, 새로운 사람과 함께하고 싶어."

생각지 못한 상황에 난 그저 당신의 말을 듣기만
할 뿐 아무런 말도 할 수 없었어요. 선심 쓰듯 '한달이

나 유예기간을 줬으니 할 만큼 한 것'이라는 말, 10년 동안 쌓아온 인연이 끝나는 순간치고는 너무나 허탈했어요. 우리의 마지막 날, 마봉춘씨 당신은 내게 기념사진을 찍고 헤어지자고 했지만 차마 나는 그럴 기분이 아니었어요.

우리가 헤어진 지 벌써 2년이 지났네요. 난 여전히 이별을 받아들이지 못하고 있고, 당신이 돌아오라고 하기만을 기다리고 있어요. 지울 수 없는 상처가 여전히 날 아프게 하지만, 우리에게 좋았던 날도 난 기억하고 있거든요. 지금도 늦지 않았어요. 마봉춘씨, 사람들은 당신을 '만나면 좋은 친구'라고 하던데, 이제는 내게도 좋은 친구가 돼줄 순 없나요?

◆ 필자는 입사 10년 차인 2020년 여름 MBC의 일방적인 해고 통보를 받고 부당함을 호소하다가 이듬해 3월 중앙노동위원회에서 노동자 지위를 인정받았습니다. 방송작가로서는 처음이었습니다. 하지만 문화방송은 중앙노동위원회의 결정을 따르지 않고 행정소송을 제기했고, 2022년 7월 14일 법원은 1심에서 사상 최초로 작가의 근로자성을 인정했습니다. 1심 판결이 나온 뒤 20여일 만에 필자는 일터로 돌아갔습니다. 또 필자의 사례를 계기로 고용노동부 국정감사 등을 통해 방송작가들의 열악한 처우와, 무늬만 프리랜서인 고용형태 문제가 제기됐습니다. 이후 고용노동부는 지상파 방송 3사에서 일하는 방송작가 429명을 대상으로 근로감독을 실시해 152명에 대해 근로기준법상 근로자성을 인정했습니다.

밥 하다가
아픈 사람이
없도록

정경희

급식노동자, 전국학교비정규직노동조합 대구지부장

매일 아침 일곱시 30분쯤 출근한다. 정해진 출근시간보다 30분가량 일찍 출근해 준비해야 그날 일정에 차질이 없다.

급식실에 들어서면 전날 잔반통이 비워졌는지부터 확인한다. 그리고 조리실과 세척실, 전처리실 창문을 열고 재빠르게 위생복으로 갈아입는다. 전날 퇴근하며 말려둔 행주와 속 장갑은 소쿠리에 담아 뒤에 출근하는 분들이 바로 쓸 수 있게 준비해놓고 가스 밸브를 열고 환풍기를 작동시킨다.

그리고 조리실 위생을 위해 조리실 출입구와 구역이 나뉘는 경계 지점들의 발판 소독대에 소독액을 용량에 맞게 희석해 부어둔다. 개수대마다, 국을 끓일 솥마다 물을 받고, 검수에 사용할 소쿠리와 칼, 가위, 위생장갑 등을 준비하다보면 한분 두분씩 출근해 각자 맡은 일들을 하기 시작한다. 식품창고에서 20킬로그램 쌀 포대를 내어오고, 18리터 식용유 두세통을 튀김 솥에 붓고 재료가 들어오는 즉시 작업할 수 있도록 한다. 급식실 문을 열고 출근하는 순간부터 이렇듯 빠르게 움직이며 준비해야 제시간에 학생들에게 배식할 수 있다. 아마도 전국 1만 5천여개 학교 급식실의 공통적인 아침 풍경일 것이다.

학교급식노동자로 일한 지 올해로 17년째다. 세 아이의 엄마로 아이들을 키우며 다닐 수 있는 직장은 그리 많지 않았다. 그렇게 시작한 일이 학교급식 조리실무원이었다. 사람들은 그저 주방에서 밥하는 아줌마 정도로 치부할지 모르지만, 나에겐 교육현장에서 아이들의 밥을 책임진다는 자긍심이 있었다. 그러나 자긍심으로 버텨온 세월이 나에게 가져다준 것은 어깨, 손가락, 무릎, 허리 어디 하나 성한 곳 없는 몸이다. 그렇다고 그만둘 수도 없다. 아직 뒷바라지해야 할 고등학생 막내가 있고, 매달 책임져야 하는 생활비가 있다.

사실, 나 정도면 다행이다. 수많은 학교급식 노동자들은 각종 질환에 시달리고, 심한 경우는 세척제와 조리 과정에서 발생하는 조리흄(cooking fumes, 초미세 분진)으로 인해 폐암에 걸리기도 한다.

내가 사는 대구에서는 대구교육청과 노동조합이
협의해 2022년 7월부터 2023년 2월 사이 5년 이상 근
무하거나 1년 이상 근무한 55세 이상 학교급식노동자
를 대상으로 저선량 폐CT 검사를 진행했다. 그 결과
폐결절 이상 소견자 790명, 폐암 의심자 17명이라는
진단이 나왔다. 이들 중 네명은 폐암으로 확진돼 수술
받고 현재 항암치료와 요양치료를 받고 있다.

학교급식은 여성 건설노동자에 비유되곤 한다. 그
만큼 육체적으로 힘든 직업이라는 말이다. 학교급식
노동자들은 육칠백명 끼니를 위해 미끄러운 바닥을 종
종걸음치며 하루 수백개 식판과 식자재를 옮기고 조리
해야 하며 뜨거운 기름과 조리대를 다뤄야 한다. 정신
바짝 차리지 않으면 언제 사고를 당할지 모른다.

나도 배에 화상을 입은 적이 있다. 김치전이 반찬
으로 나가던 날이라 아침 아홉시부터 열한시 30분까
지 대형 전판 앞에서 꼬박 두시간 반 동안 전을 부쳤
다. 그때는 시간 안에 음식을 만들어내야 해 정신이 없
어서 아픈 줄도 몰랐다. 일과가 끝난 뒤 샤워하면서 배
에 화상 물집이 잡혀 있는 것을 보게 됐다. 지금도 남
아 있는 이 화상 흉터를 나는 "열심히 일한 훈장"이라
고 말한다.

현재 폐암으로 투병 중인 노동자 두명은 산재 신

청을 준비하고 있다. 물론, 교육청 관계자들은 그 어떤 행정적 지원을 하기는커녕 학교 현장 확인이라도 할라치면 극도로 예민한 반응을 보인다. 오랜 급식 노동이 폐암의 원인이라는 것도 당사자가 증명해야 한다. 당연히 법률대리인을 선임할 수밖에 없고 법률비용 또한 부담해야 한다. 아픈 것도 서러운데, 감당해야 할 고통이 너무 많다.

더는 학교에서 아이들 밥하다가 아픈 노동자가 나와서는 안 된다. 그러기 위해서는 대책을 마련해야 한다. 조리원 1인당 식수담당 인원을 줄여 초단시간 고강도 노동에 노출되는 시간을 줄이고, 학교급식실 환기시설 개선공사도 해야 한다. 폐암 수술한 학교급식 노동자가 예전의 환경으로 다시 돌아가는 일은 없어야 한다.

아이들 밥하는 것은 보람있는 일이다. 점심 때 줄 서서 식당으로 들어서는 학생들을 보고 있으면 엄마미소가 저절로 나온다. 맛있게 먹는 모습을 볼 때, 더 달라며 식판을 내밀 때, 더없이 기분이 좋아지고 다시 한번 내 일에 대한 자긍심과 보람을 느낀다. 학교급식 노동자 대부분이 같은 마음일 것이다. 우리가 가장 잘하고 더 잘하고 싶은 것이 아이들 먹거리를 책임지는 것이다. 그래서 건강하게 정년까지 이 일을 하고 싶다.

동네에 책방이
하나쯤 있다는 것

이재성

공주 길담서원 서원지기

언제부터였는지 모르겠지만 틈이 생기면 책방에서 시간을 보냈다. 약속 장소도 주로 서점으로 잡았는데 조금 일찍 도착해 맘에 드는 책을 고르면, 내용이 궁금해서 자꾸 들여다보느라 친구와 헤어져 집으로 돌아오는 길이 행복했다. 그때 그 행복했던 느낌이 근무시간은 길고 월급은 적은 책방에서 일하고, 결국 책방을 운영하도록까지 이끌었는지도 모르겠다.

우연히, 2008년부터 서울 서촌에 있는 한 동네책방에서 일하게 됐다. 1980~90년대 동네책방은 책만 분류해 꽂아놓으면 손님들이 알아서 골라갔고, 그렇게 서점을 해서 먹고 살 수 있었다. 하지만 인터넷서점의 등장과 도서정가제의 붕괴로, 동네책방은 책을 매개로 참가비를 받는 문화행사 공간의 역할을 겸하면서 살아남을 수 있었다. 책이 책방의 주인공이 아니라 배경으로 물러난 시대가 된 것이다. 그래서 독서모임과 강독모임, 강연, 음악회, 답사 등을 기획해서 두세명의 최저임금과 운영비를 만들어내며 지낼 수 있었다.

이 또한 2020년께 무렵부터는 힘겨워졌다. 도서관, 문화재단, 평생교육원 등 공공기관에서도 정부나 지방자치단체의 지원을 받아 비슷한 사업들을 무료로 진행했기 때문이다. 하루에 열시간씩 일해도 책방 운영이 녹록지 않았다. 부분적으로 지원금을 받는 사업을 하거나 다시 변신을 도모해야 할 시점에 코로나19까지 닥쳤다.

인문학을 공부하면서 육체노동과 정신노동의 균형을 이루는, 나만의 방식으로 살고 싶었다. 그 마음이 우연히 방문한 충남 공주시에서 발아했던 모양이다. 함께 일하는 여름나무님과 1년간 직접 집을 수리하고 자서전적인 도서를 중심으로 하는 책방을 열었다. 물론 책은 잘 팔리지 않는다.

이미지가 텍스트를 집어삼켜 본질이 전도된 시대 아닌가. 책도 내용보다는 디자인이 아름답거나 언박싱하는 순간 느끼는 소소한 기쁨으로 소비되기도 한다. 그래서 표지만 새로 만든 리커버북이나 동네책방 에디션이, 어떤 책이 담겼는지 알 수 없게 포장해 궁금증을 유발하는 블라인드북이, 이러저러한 내용을 담았다는 안내 쪽지를 붙여놓은 책이 많이 선택받는다고도 한다. 한번 해볼까? 갈등했지만 하지 않기로 했다. 책방의 본질을 생각했고, 아무런 매개체 없이 독자가 좋은 책을 직접 발견하는 기쁨을 누렸으면 했다. 좋은 독서를 위해서는 좋은 책을 스스로 골라내는 연습도 필요하다. 이미 '선택된 선택'이 아니라 좀더 '펼쳐진 선택'을 연습하는 것이 일상에서 다양하고 다층적으로 사고하며 자기 삶을 창작하는 데도 도움이 될 거라고 생각한다.

획일적인 자본주의사회에서 조금 다른 선택을 하고자 하는 고민은, 어쩌면 '변방'에서 '중심'을 바라볼 때 가능할지도 모르겠다. 우리는 오전에 공부모임을 하거나 빵을 굽고 걸어서 출근한다. 음악을 크게 틀고 화분에 물을 주고 청소하며 배송 온 책들을 정리한다. 다섯시간 근무하고 퇴근길에 텃밭에 들러 감자, 토마토, 가지, 상추, 붓꽃이나 산국 등을 거둬서 식탁에 올린다. 이런 여유는 변방에 사는 즐거움이다. 수입은 서울에서의 절반도 되지 않지만 후회는 없다. 비싼 옷도 좋은 자동차도 관심 없다. 상품으로서의 가치보다 기능을 중요하게 여기며 산다. 19년 된 자동차를 타고 10년 된 오븐에 빵을 굽지만 이렇게 사는 삶도 괜찮다.

"우리는 최대한 우리의 리듬으로 살아가려고 노력합니다.

그런 것을 책방을 하면서 배워가고 있어요."

그렇다고 늘 좋지는 않다. 온종일 문 열고 있어도 방문객이 없는 날이 잦고 누군가 온다 해도 매출은 미미하다. 우리 책방의 수입은 대부분 공부모임에서 나온다. 주로 저녁에 줌으로 만난다. 릴케의 『두이노의 비가』 원서 강독은 선생님이 계셔서 간단하게 일정만 챙긴다. 발표가 있는 영어 원서 강독은 사전에 예습을 한다. 서울에서부터 꾸준하게 진행되던 자서전 읽기모임은 편한 마음으로 하지만, 아침에 하는 『동경대전』 읽기모임은 첫 동학 공부여서 좀 헤맨다. 여기에 가끔 특강도 열고 개별적인 손님들을 맞으면서 주 5일 30시간 안팎으로 일한다. 줌 애플리케이션이 없었다면, 아마도 살아남지 못했을 것이다.

일정한 수입은 삶의 근본이어서 그것이 보장되지 못하면 자기 나름대로의 삶의 방식을 고수할 수 없다. 그래서 완전한 도서정가제는 책방 노동자들이 본업에 충실할 수 있게 해주는 최소한의 장치다. 지금은 이름뿐인 도서정가제지만 동네책방에겐 이나마도 아주 작은 숨구멍이다. 책을 좋아하고 동네책방의 순기능을 이해하는 사람들이 마음을 낼 수 있는 영역의 마지노선이다. 이마저 붕괴한다면, 또다시 많은 동네책방들이 사라질 것이고 지원금 사업에 매달리면서 책방들은 자기다운 색깔을 잃어갈 것이다.

우리는 최대한 우리의 리듬으로 살아가려고 노력한다. 각자가 정신노동과 육체노동을 적당히 하면서 여유를 갖게 된다면, 밖의 기준이 아닌 각 개인의 기준을 가지고 살아가게 될 것이다. 먼저, 사회적인 제도가 뒷받침되어야 하고 우리 자신의 내부가 단단해져야 한다는 것, 그런 것을 책방을 하면서 배워가고 있다.

'쓸 만한' 사람이란
누구인가

백재민
———
건설노동자

새벽 여섯시. 일출과 함께 하늘 빛깔이 불그스름할 즈음, 작업복을 챙겨 입고 인력사무소로 향할 때면 참새들만이 무던한 하루의 시작을 반겨준다. 새벽 댓바람부터 인력사무소 입구는 사무소장의 '간택'을 기다리는 막일꾼들로 문전성시를 이룬다. 막일을 하려면 먼저 인력사무소를 찾아야 하기 때문이다. 품삯은 인력사무소가 원금인 10만원의 이십 퍼센트를 떼어간 뒤 나머지 칠팔만원 정도를 받는다. 내가 사는 경북 포항은 다른 지역들보다 임금이 적은 편이다.

인력사무소장은 '쓸 만한' 사람들을 선택해 추린다. 여기서 '쓸 만한' 사람들이란, 장기근속할 것 같은, 힘 좀 쓸 것 같은 사람을 뜻한다. 새벽부터 사무소장의 간택을 기다리던 사람 중에는 선택을 받지 못해 허탕만 치고 돌아가는 이들도 많다. 그들 중에는 힘없는 노인이 많다.

　현장 형태는 제각각인데, 내가 작업했던 현장은 제철소나 항만 같은 곳이었다. 현장에 도착하면, 간단한 작업 지시를 받고 바로 작업을 개시한다. 고된 노동이 두렵다가도 작업을 시작하면 몸이 어느덧 적응한다. 그렇게 작업을 하다보면 같은 그룹 안에서도 서열이 나뉜다. 인력사무소에 일을 맡긴 사쪽은 관리직 직원을 끼워넣어 일용직들을 감독하게 한다. 그러면 일용직들은 관리직 눈치를 볼 수밖에 없다. 깐깐한 관리직에게 찍히기라도 하면 그날은 두배로 고생하는 날이기 때문이다. 일용직 사이에서도 '짬밥'에 따라 서열이 생긴다. 막일을 오랫동안, 꾸준히 했을수록 에이스 대접을 받는다. 다양하고 위험한 작업을 오랫동안 섭렵해온 사람이기 때문에 그렇게 인정받는 것이다.

　정오쯤, 점심시간이 찾아오면 또다른 하청업체에서 조리한 도시락을 일용직들의 손에 쥐여준다. 그러면 너 나 할 거 없이 땅바닥에 둥그러니 앉아 도시락을 까먹는다. 수많은 노동자가 길거리나 땅바닥에서 식사하는 진풍경이 벌어진다. 관리직들은 식당에서 식사하니, 일용직들만이 남아 두런두런 이야기하며 식사를 한다. 작업 때도 마찬가지이지만 점심시간이야말로 막일꾼들의 세계가 계급사회임을 알 수 있게 해준다.

그렇게 점심을 먹고 작업을 재개하면 다들 늘어진다. 그 시간이 되면 관리직들은 눈치 봐가며 일용직들에게 휴식 시간을 준다. 그때 연장 쥔 손으로 땀을 닦아가며 마시는 물은 천상의 맛이다. 그 뒤 작업을 정리하고, 오후 네시쯤 일이 끝나면 먼지를 털어내고 관리직들 몰래 함께 담배를 태운다. 이때는 알 수 없는 '동료애'가 싹트며, 노동의 참맛을 함께 나눈다는 기분이 든다. 그렇게 고된 노동을 하루이틀 함께 하다보면 처음 만난 동료들과도 가까워지게 된다.

함께 일했던 이들은 용돈벌이 삼아 오는 경우도 있었지만, 대부분 막일을 자신의 '생업'으로 삼은 사람들이었다. 정규직들이 싫어하는 힘들고 위험한 일들을 배정받아 일하다 보면 부러지고 깨지는 부상은 물론, 갑작스러운 사고로 죽는 이들도 생겨난다. 하지만 그 누구도 그들의 부상과 죽음을 제대로 책임지지 않는다. 일용직 노동자들은 현장에 투입되기 전에 안전교육을 받게 돼 있지만, 막상 사고가 나면 책임 소재가 불분명하기 때문에 아무도 책임지지 않는다. 산재보험이 있긴 하지만, 일용직이라는 이유로 급여가 깎이기도 하고 그마저도 못 받는 경우가 허다하다.

나의 부친 역시 막일을 생업으로 삼고 있다. 부친

은 얼마 전 건설 현장에서 일하다가 부상을 당했다. 인력사무소와 원청이 산재 책임을 부친 개인에게 떠넘겼고, 혈혈단신으로 살아가는 부친은 졸지에 생존을 걱정할 수밖에 없는 처지가 됐다. 또 어느 날은 인력사무소에 나가보니 함께 일하던 정씨 아재가 보이지 않았다. 주말 빼고선 매일같이 인력사무소로 나오던 정씨 아재였다. "정씨 아재가 안 보이네요. 무슨 일 있습니까?" 하고 다른 아재들에게 물으니, 잠시 침묵 뒤 기가 차는 답변이 돌아왔다. "항만에서 화물 싣다가 죽어버렸다……" "회사는 뭐라고 하던가요?" 하고 재차 물었지만, 아재들은 그저 묵묵부답이었다.

일용직 막일꾼의 삶은 생존과 온전한 휴식을 보장받지 못한 삶이다. 공휴일이든 주말이든 쉬지 않고 일하지만, 과로사는 물론 언제 어디서 사고를 당할지 모른다는 불안이 만연하다. 출근하면서도 '오늘은 무사히 퇴근할 수 있을까' 걱정하는 이유다.

점심 뒤 현장 한 귀퉁이에서 2~30분 눈 붙이는 짧은 시간, 휴게실 푹신한 소파에서 '단잠'을 자는 몽환을 꿈꾼다. 우리의 작업 현장이 '생존'을 걱정하지 않아도 되는 현장이 되기를…… 일하는 사람의 안전과 안녕을 생각하는 작업 현장, 아직은 먼 미래일까.

권리를 향해
한걸음씩

용균이 엄마가
호소합니다

김미숙

김용균재단 대표

재판장님!

저는 2018년 한국서부발전 하청에서 일하다 목숨을 잃은 김용균의 엄마 김미숙입니다.

'금속노조 현대중공업 사내하청지회 단체교섭권 청구 소송 사건'이 대법원에서 판결을 기다리고 있다고 듣게 돼 대법관님들께 호소하고자 합니다. 2018년 현대중공업 사내하청 노동자들이 원청 현대중공업을 상대로 단체교섭을 요구했습니다. 그러나 현대중공업은 하청노동자들은 하청회사와 교섭하라며 이를 거부해, 수년째 재판을 하고 대법원에까지 이르게 된 것으로 알고 있습니다.

제가 겪어보니, 하청노동자들의 근로조건과 관련해서는 하청회사보다 원청회사가 더 큰 권한을 가지고 있었습니다. 하청노동자들이 일하는 환경을, 안전을 하청회사가 알아서 할 수 없었습니다. 저는 용균이와 같은 죽음이 다시는 없게 하기 위해서라도 하청노동자들의 근로조건과 관련해 원청과 대화할 수 있어야 하고, 원청회사가 이를 정식으로 인정해야 한다고 생각합니다.

부모가 자식을 키울 때는 온 마음과 정성을 다해 애지중지 키웁니다. 그런데 위험한 사업장이 우리 사회에 넘쳐나고 있음에 무지했던 저는, 그 몰랐다는 이유로 아들을 못 지킨 죄인 같은 심정입니다. 하나뿐인 아들은 누구도 책임지지 않는 위험한 현장에서 혼자 일하다 처참하게 목숨을 잃었습니다. 갑작스러운 충격으로, 하늘이 무너지는 아픔으로, 살아야 할 아무런 희망도 명분도 없는 죽은 듯한 삶을 살고 있습니다. 이런 말도 안 되는 일이 어디 저뿐만의 일이겠습니까? 어처구니없는 사고로 자식을 가슴에 묻은 수많은 부모 모두 저와 같은 심정일 것입니다.

그나마 용균이 사건은 정부 사고조사위원회가 꾸려졌고 진상규명 결과 아들의 잘못이 없음이 밝혀졌습니다. 하지만 그 진상조사 결과 내용은 참담했습니다. 원청은 하청을 줬으니 책임이 없다고 하고 하청은 내 사업장이 아니니 권한이 없다며 현장을 방치했다니 말입니다.

사업주는 노동자들에게 일을 시킬 때 최우선으로 안전한 현장을 만들고, 그 속에서 생산한 이익을 가져가는 줄로만 알았습니다. 하지만 원청은 용균이가 안전하게 작업하도록 손쓸 수 있던 수많은 기회를 다 날려버렸습니다. 아들 사고 이후에야 위험한 현장이 이토록 많다는 것을 알았습니다. 스스로 안전을 챙기고 지켜야 목숨을 부지하고 일할 수 있다니, 심각한 모순덩어리 아닌가요. 국민의 생명을 최우선으로 지키겠다는 우리나라 헌법을 무시하는 일 아닌가요. 사람의 기본적 가치를 심각하게 훼손하면서도 발전만 하면 된다는 나라 방침이 있기에 가능했을 일이라 생각합니다.

재판장님!

저희 아들이 소속된 곳에 하청노동조합이 있었고, 노동자들의 작업환경이나 위험성 개선을 스물여덟 번이나 요구했지만 원청은 귓등으로도 듣지 않았다고 합니다. 원청 한국서부발전이 하청노동조합의 요구를 모두 묵살했으니 사망사고를 막을 수 없었을 겁니다. 만약 하청노동조합에 원청회사를 상대로 교섭권과 단체행동권이 주어졌다면 위험한 현장은 개선됐을 것이고, 저는 스물다섯살 꽃다운 아들을 잃지 않아도 됐을지 모릅니다. 아들을 살릴 수 있었을지 모릅니다. 용균이가 죽고 나서야 작업환경이 바뀌었다고 들었습니다.

재판장님!

현대중공업에서도 해마다 사내하청 노동자들의 산재사망 사고가 발생하고 있다고 들었습니다. 원청회사가 공기 단축하라고 압박하고 안전조치를 못한 채 일하다 노동자들이 사망한다는 사실은 언론을 통해 많이 알려졌습니다. 그래도 이대로 놔두면 누군가 계속 죽어나갈 게 뻔하지 않습니까? 위험한 노동조건이 왜 변하지 않는 걸까요? 아무리 특별근로감독을 해도 하청노동자들의 산재 사망사고가 계속 일어난 이유가 무엇일까요? 현대중공업이 하청노동자들의 실질적 근로조건을 지배 결정한다면 교섭에도 나서도록, 대법원이 올바른 판단으로 하청노동자들에게 힘을 실어주시길 바랍니다.

그래야만 사내하청 노동자들이 원청회사와 교섭을 통해 근로조건을 개선해나갈 수 있고, 억울하고 부당한 현장을 바꿔나갈 여건을 마련해나갈 수 있습니다. 대법관님들이 올바른 사회를 만들기 위해 함께 노력해 주시길 바랍니다. 생명을 보호하는 것만큼 절박한 근로조건이 어디에 있겠습니까.

나는
여성 홈리스였다

사계절(가명)

홈리스행동 아랫마을야학 재학 중

나는 지금 한달에 74만원 정도 기초수급을 받고 있다. 비록 넉넉지 않은 삶을 살지만 지나온 시간을 돌아보니 나는 정말 운이 좋았다고 생각한다. 이제 나는 돈을 벌어 떳떳하게 살고 싶다는 생각이 들어 지난달에 아랫마을 활동가에게 일자리를 알아봐달라고 부탁했다. 일이 힘들어도 나도 할 수 있다는 걸 느껴보고 싶다.

내가 어렸을 때 엄마가 집을 나가셨다. 술만 먹으면 욕하고 두들겨 패는 아빠의 폭력을 견디지 못했던 것이다. 같이 살게 된 할머니는 눈만 뜨면 엄마 욕을 했다. 나는 그 소리가 듣기 싫었다. 날마다 할머니 말을 안 듣고 싸우고 말썽을 부렸다. 어느 날 아버지가 나를 정신병원에 보냈다.

정신병원에서 6개월을 보내고 나온 뒤, 중학교를

집에만 있으면 답답하고 우울증이 올것 같아서인데 주변에 계시는 삼촌들과 웃으며 얘기하고싶어서 매일 나오게 됩니다.

(서울역) 희망지킴이 산타.

"다시 예전의 노숙자로 돌아가고 싶지 않아요.
 일하며 살고 싶습니다."

들어갔다. 적응하지 못하고 퇴학을 당했다. 늘 구박만 하는 할머니가 보기 싫어 집을 나왔다. 1992년 열여섯 살 되던 해였다. 서울역 가는 기차를 탔다.

서울역에서 전철을 타고 아무 곳이나 내렸는데 부천역이었다. 막막했다. 잠을 잘 곳이 필요해 지나가는 어떤 아저씨에게 도와달라고 했다. 그 아저씨는 나에게 몇가지를 묻더니 어디론가 전화를 걸었다. 가출한 사람들 보호해주는 시설 같았다. 거기서 나흘 동안 머물렀다. 그곳에서 다시 인천 산곡동에 있는 협성원이라는 곳으로 날 보냈다. 거긴 소년원 비슷한 곳이었다. 협성원에서 2년 9개월 살다 열여덟 살에 풀려났다.

열아홉 살에 남자를 만났다. 그 남자와 안산으로 가서 같이 살았다. 그 남자는 생활비를 갖다주고 날 먹여 살리긴 했다. 그런데 어느 날부터 자꾸 술을 먹으면 나를 때리고 구박했다. 어느 날 옷 몇가지를 가지고 뛰쳐나왔다.

1998년 2월 23일, 다시 서울역으로 갔다. 서울역이 낯설었다. 그때 어떤 사람이 다가와 말을 걸었다. 그 남자는 자기가 사는 서소문공원으로 가자고 했다. 무작정 따라갔다. 공원에 도착하니 노숙인들이 천막을 치고 살고 있었다. 군데군데 텐트가 쳐 있는 모습이 꼭 피난민 같았다. 노숙자가 됐다. 살다보니 나름대로 적응이 됐다. 노숙자들 하나하나 다 사연이 있었다. 잘살아보려고 사업을 하다가 망하고, 가족들에게 피해를 줄까봐 걱정돼 나온 사람들이었다.

하루는 다시 서울역에 갔다. 그때 유모차에 아기를 태우고 오는 어떤 남자가 무슨 고민이 있냐고 말을 걸어왔다. 내가 서소문공원에서 나오고 싶은데 어디로 갈지 모르겠다고 했다. 그 남자가 자기는 쪽방에서 6개월 된 아기와 단둘이 살고 있는데 나 보고 아기 봐주면서 같이 있지 않겠냐고 제안했다. 그 남자는 아기 엄마가 도망갔다고, 나보고 아기만 봐주면 밥을 해주겠다고 애원까지 했다. 그래서 어차피 갈 데도 없는데 같이 가겠다고 했다. 그날부터 그 남자가 해주는 밥을 먹으며 같이 살았다. 그러다 6개월 지나 그 남자가 월세를 내지 못했는지 쪽방에서 쫓겨나오게 됐다. 그 남자와 헤어져 거처를 떠돌며 살았다.

어느 날 서울역에서 홈리스 활동가 김선미씨를 만났다. 그가 여기저기 알아봐줘 정부에서 지원하는 방을 얻고 기초수급도 받게 됐다. 2008년에 드디어 노숙과 쪽방에서 벗어났다.

최근에는 홈리스 야학을 알게 됐다. 나는 늦은 나이에 진형 중고등학교(2년제 학력인정학교)를 졸업하고 바리스타 2종 자격증도 땄는데 홈리스행동 아랫마을야학에 가서 뭐 한가지라도 배울 수 있겠다 생각했다. 야학에 다니면서 나 자신이 당당해지는 것 같고 조금씩 변한다는 생각이 들었다. 사람들하고 얘기할 때 말 한마디라도 조심조심하게 되고 행동도 험악하게 굴지 않으려고 하니까 조금씩 차분해지는 느낌이 들었다.

그곳에서 '날라리' 님이 가르치는 글쓰기 반에 들어가서 글쓰기 공부도 했다. 그간 하지 못했던 말을 글로 쓰고 싶었다. 노트와 볼펜을 사서 하루에 두세장씩, 처음 서울역에 와서 살아가던 과정과 힘들었던 얘기를 한줄 한줄 써서 핸드폰으로 찍어 날라리 님께 보냈다. 속에 담아두었던 말을 한자 한자 쓸 때마다 어떨 때는 눈물이 나고 어떨 때는 '왜 내가 바보같이 살아왔을까'라는 생각이 들었다.

최근에는 수요일마다 홈리스행동 신입 활동가 교육을 받고 금요일 저녁 인권지킴이라는 활동을 시작했다. 남대문, 서울역, 그리고 용산역까지 매주 금요일마다 한군데씩 돌며 다른 활동가들이 노숙인과 상담하는 걸 보고 들었다.

나는 지금 한 달 74만원 정도 기초수급을 받고 있다. 초등학교 때부터 간질을 앓고 있는데 장애 수당까지 80만원을 받는다. 비록 넉넉지 않은 삶을 살지만 지나왔던 시간을 돌아보니 나는 정말 운이 좋았다고 생각한다.

　이제 돈을 벌어 떳떳하게 살고 싶다는 생각이 들어 지난달에 아랫마을 활동가에게 일자리를 알아봐달라고 부탁했다. 아쉽게도 기다린 보람이 없었다. 활동가님은 좀더 기다려보자며 힘내라고 했다. 일이 힘들어도 나도 할 수 있다는 걸 느껴보고 싶다. 다시 예전의 노숙자로 돌아가고 싶지 않다. 일하며 살고 싶다.

특성화고 출신이
현장에서
처음 겪는 일들

최예린

마니또 공동운영진

2년 전 이맘때, 사회에 첫발을 내디뎠다. 특성화고 졸업을 앞두고 현장실습을 나간 것이다. 선생님과 함께 학교와 연계된 회사 중 한곳에 면접을 보러 갔다. 금속 부품 도금업체였다. 살면서 그만큼 긴장해본 것도 처음이었다. 하지만, 화학 분야에서 네개나 되는 자격증이 말해주듯, 열심히 살아왔다는 자부심이 있었기에 나는 어느 정도 합격하리라는 자신이 있었다. 자기소개서를 읽은 면접관은 몇가지 질문 뒤 현장실습 날짜를 정해줬다. 3주 실습기간을 거치고 서로가 마음에 든다면 정식채용으로 이어질 것이란 설명이 뒤따랐다.

출근 첫날부터 사무실 사람들과 제대로 인사를 나눌 틈도 없이 바로 업무 인수인계를 받았다. 첫 업무는 도금 용액의 농도를 분석하는 일이었다. 도금은 용액

농도의 비율이 정확해야 부품별로 거래 업체가 원하는 두께로 도금이 된다. 도금 두께가 일정하게 쌓일 수 있는 농도가 맞는지 분석하고 이를 조정하기 위해 얼마나 시약을 넣어야 하는지 계산하는 업무였다. 업무 지침이라는 게 분석 방법이 적힌 설명서 한장이 전부였다. 착용할 안전용품이 있는지 물었지만 아직 준비되지 않았다며 우선 급하니 일부터 시작하라고 했다. 뭔가 꼬여가는 느낌이었지만, 첫 직장에서 좋지 않은 기억만 남기기 싫었기에 '열심히 하면 괜찮겠지' 생각했다.

일 시작하고 나흘째가 되자, 손에서 진물이 나고 피부가 벗겨지기 시작했다. 이대로는 안 되겠다 싶어 작업용 장갑이나 안전장비가 있는지 다시 물었지만, '모르겠다'는 심드렁한 반응들뿐이었다. 그렇게 맨손으로 일하며 일주일을 더 보내자 첫날 면접을 봤던 부장님이 내 앞으로 장갑 하나를 던져주었다. "왜 장갑도 없이 일해 나를 이상한 사람 만드냐"라는 타박과 함께. 얼마 전 현장을 둘러보다 나를 본 사장이 한소리 한 모양이었다. 그래도 장갑이 생겨 다행이라 생각했다.

며칠 뒤 또다시 새 업무를 줬다. 새로운 업체에서 도금 주문이 들어오면 그에 맞는 생산 라인을 추가로 만들게 되는데, 그 준비 작업이었다. 먼저 그 제품이 우리 회사로 오기 전 다른 곳에서는 어떤 비율과 두께로 도금을 했는지 알아야 했다. 영업을 담당했던 부장님에게 이전 자료가 있는지 물어봤지만 이번에도 '모르겠다'는 말뿐이었다. 당황스러웠다. 사정을 말하자 부장님은 내게 '그렇다고 가만히 있으면 어쩌냐, 혼자 어떻게든 알아서 하라'며 다그쳤다. 도움받을 곳도 물어볼 곳도 없어진 나는 막막했다. 결국 혼자 몇백평이 넘는 회사를 뛰어다니며 비율을 알아내야 했고 여러 번의 시행착오를 거치고 나서야 업무를 처리할 수 있었다.

일이 어느 정도 익숙해지자, 어리고 일 잘하는 실습생이란 이유로 여기저기서 부르는 곳이 많아졌다. 그러다보니 정작 내가 맡은 업무를 해내기엔 역부족이었다. 결국 제때 해내지 못하는 경우가 많아졌다. 그러던 어느 날 "시간이 부족하면 남아서라도 하면 되지 않겠냐"고 상사가 말했다. 그때부터 하루 열세시간씩 일했다. 하지만, 통장에 찍힌 월급은 전과 다름없는 160만원이었다. 상사에게 조심스레 연장근무 수당 얘기를 꺼냈다. 바로 "네가 맡은 일을 제 때 처리하지 못해서 밤까지 남아서 한 일이지 연장근무를 시킨 적은 없다"는 답이 돌아왔다. '1일 근로시간은 휴게시간을 제외한 여덟시간을 초과할 수 없다'는 현장실습생 계약서 내용은 내겐 아무런 의미가 없었다.

그렇게 현장실습 기간이 지나고 정규직이 됐지만 1년 뒤 퇴사했다. 열심히 일해도 그에 따른 인정이나 대가가 따르지 않았기에 공허함이나 허탈함에서 벗어날 수 없었다. 같은 처지인 고교 친구들과 얘기해보면, 나만 그런 게 아니었다. 입사 때는 사무직이라고 했다가 발령은 생산직으로 낸다던가, 고졸에게 월급을 다 주는 게 아깝다며 근무일수를 누락하기도 하는 등 정규직이 돼도 고졸이라는 편견 속에서 차별받고, 수당조차 제대로 받지 못한 친구들이 수두룩했다.

분명 하루라도 빨리 사회로 나가 돈을 벌기 위해 노력했던 시간이었다. 하지만, 아직도 사회는 특성화고를 '공부를 못하는 애들이나 가는 곳, 질이 나쁜 애들이나 가는 곳'이란 편견으로 보고 있다. 특성화고의 본래 목적은 특정 분야의 인재양성이다. 도대체 그 목적은 언제 현장에 적용되어 뿌리 깊은 편견을 떨칠 수 있을까.

그렇게 나는 퇴사 후 한달을 자괴감으로 시간을 보내다가 이제는 친구 소개로 대기 측정 환경 업체에서 일하고 있다. 앞으로도 노동자로서 정당한 대우를 받으며 오래 일하고 싶은 것이 나의 바람이다.

한편의 공연을
기획하면서

최샘이

독립 공연기획자

'안녕하세요, 공연 기획하는 최샘이입니다.'

　자기소개하고 나면 '공연 기획은 뭘 하는 거지?'라는 눈빛을 받곤 한다. 그러게요, 기획자란 뭘까요? 배우가 연기하듯, 가수가 노래하듯, 기획자의 기획도 바로 "짜잔!" 하고 보여줄 수 있으면 좋으련만…… 공연 기획자는 작품 개발부터 실연까지 제반을 마련하고, 관객의 접근성 확보를 위한 일을 담당한다. 그 안에는 자원 마련과 분배, 작품 홍보·마케팅, 티켓 관리, 그리고 정산까지 한다. 공연을 올리기 위한 모든 대외적인 일을 총괄하는 셈이다.

　기획 단계부터 프로젝트 주제와 방향성을 창작자와 함께 논의하고, 관객과 사회에 끼칠 영향력을 뽑아낸다. 프로젝트의 시사와 서사를 발견하고, 작품의 의미와 가치를 쌓아가며 그 결과가 관객에게 온전히 전달될 수 있도록 한다. 한국사회에 산적한 적폐에 대한 인식전환을 위해 관객들이 퀴즈를 푸는 형식의 「적폐탈출게임-권리장전2019원조적폐」, 코로나19 시기 처음으로 시도한 온라인 화상 연극 「어느 (친일파)의 하루-권리장전2020친일탐구」, 지역+여성+청년+예술 키워드로 지역 연극탐방프로젝트 「좋아서 하는 기획 01. 안녕 전주, 안녕 페미니즘」, 비건이 디폴트인 세상을 경험하는 「A.SF_비거니즘의 세계」 등을 기획했다.

기획, 정말 재미있는 작업이다. 상상을 실현한다는 점에서 기획자는 창작자이자 예술인이다. 하지만 공연예술계는 늘 자원이 부족하다. 백석 이하 소극장 티켓 수익만으로는 제작비 회수가 어렵다. 더욱이 텔레비전과 영화에 이어 인터넷망으로 영상콘텐츠를 소비하는 OTT 등이 커지면서 산업으로서 공연예술의 입지는 좁아지고 있다. 그 공백을 메우려 정부가 예술진흥을 위한 기금을 투입하고 있다.

기획자로서의 회의는 여기서 시작한다. 공적 지원은 가끔 우리의 의도와 갈피를 잃어버리게 한다. 지원 신청서를 쓰다보면 심사기준이나 사업요건에 맞추느라 애초 기획의도를 수정하거나 우리의 꿈과 상상을 지원사업의 크기에 맞춘다. 지원사업을 딸 것인가, 우리의 가치를 밀고 나갈 것이냐는 갈림길에 서게 된다. '예술인 최샘이'는 말리지 않고 더 부채질하고 싶다. '기획자 최샘이'는 프로젝트에 참여한 사람들의 인건비를 생각하면서 공적 지원이라는 동아줄을 잡고 만다. 무서운 자기검열이 생긴다.

공적 지원을 받았다고 끝이 아니다. 지원금을 받고 나면 기획업무에 행정이 추가된다. 대표적인 문화예술 지원시스템인 e나라도움과 국가문화예술지원시스템 사용법을 익히고, 지원금 정산 서식대로 자료를 만들어야 한다. 예산 분배, 표준계약서, 고용보험, 원천세 및 간이지급 명세서, 상해보험 등 자료를 모아야 하고, 홈택스와 고용산재보험토탈서비스 사용법도 배워야 한다. 가장 큰 공포는 공적 자금을 잘못 쓰거나 실수라도 하면 다음 지원을 받지 못할 수도 있다는 경고다. 나의 실수로 단체가 피해를 볼 수 있다니 무섭다. 행정의 언어와 문법은 작품개발과 제작 과정에서 기획의 역할을 위축시킨다.

보장되지 않는 고용기간도 문제다. 공적 지원을 받은 프로젝트의 경우 공연이 올라가는 동안은 그나마 표준계약서와 고용보험으로 보호를 받는다. 그렇지만 계약에 포함되지 않는 기간도 일해야 한다. 공적 지원 이전 단계부터 회의와 지원서 작성 등 업무를 수행하느라 시간과 역량을 투입한다. 작품이 끝나고 난 뒤에는 공적 지원의 무사한 마무리를 위해 정산, 결과보고 등 업무를 한다. 하지만 그 기간 흘린 땀은 노동으로 인정받지 못한다. 고용보장 없는 이 기간이 얼마나 길지, 얼마나 힘겨울지를 예상하기는 거의 불가능하다.

마음에 안 든다며 예술감독이나 대표가 한달 동안 대화를 거부한다거나, 전화 통화 도중에 화난다고 나오지 말라고 통보한다든가, 진행하던 프로젝트에서 모든 연락을 끊고 잠수타는 등 해고에 준하는 일들도 겪게 된다.

간혹 공연예술의 미덕으로 공동체성을 강조하기도 한다. 그래, 사람이 하는 일이다. 그러다보니 부당한 처우는 그저 관계에 호소해야 할 때도 있다. 기획자는 그렇게 정리가 되어도 좋은 존재인가.

좋은 작품을 전달하기 위해 아침부터 공연장 곳곳을 뛰어다니고, 퉁퉁 부은 다리와 땀내 가득한 몸으로 퇴근하고, 공연을 보고 나오는 관객 표정을 떠올리며 보람을 느끼는 나의 모습은 어느 현장에도 꿀리지 않는 '노동자'이다. 우리가 만드는 예술의 향기는 노동이라는 거름 위에 피어난다. 예술인들이 스스로 시스템을 인지하고 이해하고 성찰해야 한다. 대표의 위치든, 고용인의 위치든 늘 예술노동의 의미를 상기했으면 한다.

이 들판에
학교를 세워가자

천성호

노들장애인야학 공동교장

노들장애인야학은 교사보다 학생이 먼저 와서 기다리는 학교다. 실제 지하철 출근길에 야학에 먼저 와 있는 학생 전화를 종종 받는다. 나는 "노들로 가고 있어요. 이따가 봐요" 하고 걸음을 재촉한다. 야학인데 아침부터 학생들이 오는 이유는 발달장애 학생들이 시간을 보낼 곳이 없거나, 오후 야학에서 운영하는 공공일자리에 참가하기 위해서다.

2001년 이동권 투쟁으로 시작된 야학에서는 중증장애인 권리 투쟁과 더불어 주간에는 탈시설 장애인을 모아 '자립생활교육'을 진행했다. '들판의 학교', '거리의 학교', '투쟁하는 학교'라는 정체성을 담아내야 했고, 그래서 2013년 '야간학교(夜學)'에서 '야학(野學)'으로 이름을 바꿨다. 야학에서 교사는 학생과 함께 배움과 권리를 깨치며 장애운동의 '밑불이 되고, 불씨가 되는' 역할을 한다.

노들장애인야학이 문을 연 1993년 당시 초등학교 졸업 미만 장애인이 60퍼센트 정도였다. 2021년 장애인실태조사에 따르면, 그 수치는 37.5퍼센트로 줄어들었다. 고등학교 졸업 30.5퍼센트, 대학 졸업 14.3퍼센트 비율로 조사됐다.

하지만 학교에 못 간 장애 성인이 평생교육에 참여한 비율은 비장애 성인의 40분의 1도 되지 않는다. 장애인이 배움에 관심이 없어서가 아니다. 학교로 이동할 수 없고, 배울 학교도 없었기 때문이다. 장애가 있고 배움의 속도가 다른 학생과 함께할 교사가 필요했다. 또한 장애 학생의 고유한 몸과 행동과 소리, 몸짓이 '비정상'이라는 편견과도 맞서야 했다. 사회적 차별과 맞서 싸우는 교육이 필요했다.

내가 야학교사를 자원했던 2010년이나 지금이나 교사들 노동시간은 여전히 길다. 하루 여덟시간 노동이 규정돼 있지만, 저녁 야학수업이 아홉시에 끝나니 그때까지 지켜야 한다. 토요일 교사회의, 주말 각종 집회 참석 등으로 지치기도 하지만, 장애 학생들의 권리를 지켜낸다는 믿음으로 버틴다.

그간 중요한 변화라면, 중증장애인 학생들의 공공

일자리가 만들어져 발달장애 학생들이 참여한다는 점이다. 장애 학생들은 일자리가 없어 보호작업장을 전전하며 하루 여섯시간 일하고도 한달 2~30만원을 받았다. "선생님, 점심값과 교통비를 빼면 한달 10만원도 안 돼요." 최저임금법(7조)에는 '장애인은 일할 수 없는 사람이니 최저임금은 주지 않아도 된다'라고 명시돼 있다. 이렇게 9만명 넘는 장애인들이 보호작업장에서 노동권과 인권을 부정당했다.

그래서 2020년부터 야학은 '서울형 권리중심 중증장애인 맞춤형 공공일자리' 사업을 추진해 학생들이 '문화예술 활동', '권리옹호 활동', '장애인식 개선 활동'에 참여할 기회를 제공했다. 학생들은 "평생 일을 할지도, 월급을 받을지도 몰랐다" "일하러 간다고 남들에게 말할 수 있어서 좋았다"라고 말한다. 1년 계약직인 공공일자리도 야학이 3개월간 한국장애인고용공단을 점거하고 싸우면서 노동에서 배제된 장애인 '몫의 일부'를 얻어낸 결과물이다.

야학에 중증장애인이 많이 다니는 이유는, 탈시설 장애인이 많이 입학했기 때문이기도 하다. 2000년대 뇌병변장애인들이 탈시설을 시작해 2010년을 넘어가면서 발달장애인 탈시설이 이뤄졌다. 야학은 시설에서 10년, 20년, 30년 만에 처음 '사회'로 나와 배움이 필요

"장애인의 권리를 찾기 위해 싸워온 30년은,

'함께 살고자' 외친 30년이기도 합니다."

한 이들에게 문을 열었다. 야학의 절반 이상이 탈시설한 학생들인데, 다시 시설로 가고 싶다는 학생은 없다. "여기엔 자유가 있잖아요. 하고 싶은 것 하고, 먹고 싶은 것 먹을 수 있어 좋아요. 옷도 사 입을 수 있어서 좋아요. 혼자 있어서 좋아요."

2021년 12월 아침 여덟시 혜화역에서 지하철 선전전을 시작해 벌써 1년 반이 넘어간다. 처음에는 야학 상근활동가와 교사 위주로 참여하다 지난해 중순부터 함께하는 학생들이 점점 늘어나고 있다. 노들장애인야학이 만들어지고 지금까지 이 사회에서 장애인이 살아가는 데 필요한 모든 것들이 여전히 변하지 않고 있다. 지하철 승차장에서 "이동하고, 교육받고, 노동하고, 지역사회에서 함께 살자"라고 23년째 외치고 있다.

장애인들은 6411번 버스를 타지 못했다. 장애인은 투명인간, 목소리 없는 사람들, 배제된 사람들이었다. 비장애인 중심 한국사회에 맞서 야학은 천천히, 조금씩 세상과 맞서 싸워나가고 있다. 노들장애인야학은 올해 8월이면 개교 30주년을 맞는다. 장애인의 권리를 찾기 위해 싸워온 30년은 장애인이 비장애인과 '함께 살고자' 외친 30년이기도 하다. 앞으로 우리 야학은 장애인을 포함해 모든 이들의 자유와 평등을 노래하며 투쟁해나갈 것이다.

사명감만으로
버티기 힘든
전문직

김문희

요양보호사

20년 동안 자영업을 하던 나는 2021년 자격증을 따서 2022년부터 요양보호사로 일하고 있다. 첫 직장은 요양원이었다. 구인사이트에서 초보 요양보호사도 가능하다기에 지원한 곳이었다. 백명 조금 안 되는 입소자들은 모두 장기요양 1~4등급을 받은 어르신으로 가벼운 치매 증상부터 거동이 불편해 누워만 있는 분까지 건강상태가 다양했다. 근무는 주간 이틀, 야간 이틀, 휴무 이틀 이렇게 3교대로 돌아갔다. 요양보호사 한명이 담당하는 어르신은 평균 일곱명 내외였다. 어르신 건강상태에 따라 기저귀 케어부터 보행보조, 프로그램 수행보조, 식사준비 등을 도왔다. 거동이 불편한 분들은 두시간마다 한번씩 기저귀를 교체하고 욕창 예방을 위해 자세를 자주 바꿔줘야 했고, 치매 어르신들은 조

금만 한눈을 팔아도 쉽게 다칠 수 있기에 잠시도 눈을
뗄 수 없었다. 첫 출근 날, 과연 내가 이 일을 해낼 수
있을까 걱정됐지만 시간이 흐르면서 어느 정도 일에
익숙해져갔다.

일 가운데서는 장루주머니 교체가 가장 힘들었
다. 인공항문에 부착하는 배변 주머니인 장루주머니
는 일정 시간이 되면 교체해줘야 하는데, 간호사나 간
호조무사가 퇴근하고 난 뒤 야간에는 내가 교체해줘
야 했다. 의학적 지식도 경험도 없는 내가 혹시라도 잘
못했다가 세균 감염이 발생하거나 무슨 탈이라도 날까
두려웠다.

더 힘든 일은 따로 있었다. 첫째는 어디까지인지
애매한 업무 범위였다. 자격증 취득 과정에서 배운 요
양보호사 업무는 신체활동 지원, 개인활동 지원, 응급
및 간호처치 서비스, 시설환경 관리, 정서 지원, 방문
목욕 서비스, 기능회복 훈련 및 치매관리 지원 등이다.
그러나 시설관리, 개인활동 지원, 정서 지원 같은 모호
한 문구는 요양보호사 업무를 쉽사리 과중하게 만들었
다. 어르신들 보호와 돌봄에 필요한 물품들이 충분히
공급되지 않을 때가 있지만 그때그때 말하기 번거롭고
눈치 보여 사비로 사는 일도 허다했다.

쉽게 성폭력에 노출된다는 점도 나를 힘들게 했

다. 아무리 노인이라도 성인 남성을 여성이 돌보는 일
은 여러가지 난관이 많다. 기저귀를 간다거나 옷을 갈
아입힌다거나 목욕시키는 과정에서 의도치 않게 접촉
이 있을 수밖에 없고, 그 과정에서 민망함을 넘어 당혹
스러운 상황이 발생하기도 했다. 그래서 요양원에서는
웬만하면 초보 요양사에게는 남자 어르신 병실을 배정
하지 않았다.

　　그렇게 한달을 꼬박 일하고 나면 손에 쥐는 급여
는 최저 시급에 주휴수당을 더해 172만원. 적다면 적
고 많다면 많은 돈일 수 있지만, 이 사회가 돌봄노동의
가치를 최저로 보고 있다는 생각에 씁쓸했다. 내게 일
을 가르쳐주던 선배 요양보호사는 "나의 손길이 있으
므로 살 수 있는 분들이니 훌륭한 일을 하는 거다", "자
식들도 못하는 일을 우리가 하는 거"라며 다독여줬지
만, 그런 사명감이나 자부심만으로 버티기엔 노동환
경이 녹록지 않았다. 결국 일을 시작한 지 반년쯤 지나
몸에 이상신호가 왔다. 식사시간과 프로그램 수행 때
마다 네다섯명 어르신을 휠체어에 태웠다 다시 침대에
눕히기를 반복해서였을까. 디스크 질환이 찾아왔고 그
렇게 첫번째 직장을 그만뒀다.

　　어느 정도 쉬다 '재가방문 요양센터'를 통해 방문
요양 일을 시작했다. 하루 서너시간 정도 돌봄이 필요

한 어르신이 있는 가정으로 찾아가는 방문요양은 근무 시간이 적은 만큼 급여도 요양원의 3분의 1 수준에 불과했다. 대신 요양원처럼 사방으로 뛰어다닐 일 없고, 담당해야 할 어르신도 한분이라 그나마 수월할 거라고 센터에서는 설명했지만, 여기는 여기대로 또다른 어려움이 있었다. 돌봄대상 어르신과 보호자가 함께 있는 집에서 가사도우미 일까지 하게 된 것이다. 어르신이 머무르는 공간 정리정돈을 넘어 집 안 청소와 빨래는 물론 음식 장만과 준비, 세탁기 청소, 수납장 정리까지 요구됐다. 보호자 일정에 따라 출퇴근 시간이 고무줄처럼 왔다갔다 했다. 나름 전문 돌봄인력이라고 여겼던 요양보호사가 현장에서는 '돈을 주고 부리는 사람' 그 이상도 그 이하도 아니었다.

요양보호사라는 직업을 선택하게 된 이유 가운데 하나는, 혹시라도 언젠가 부모 간병이 필요할 때가 오면 직접 하겠다는 생각 때문이었다. 돌봄 대상자들도 모두 누군가의 부모일 테니, 부모님을 돌보는 마음으로 대한다면 잘할 수 있을 것이라 생각했다. 그러나 현실에서 경험한 요양보호사라는 직업은 자존감도 자신감도 유지하기 어려운 일이었다. 돌봄도 엄연한 노동이고, 요양보호사는 국가자격시험을 통과한 전문직업인이라는 것을 언제쯤 제대로 인정받을 수 있을까.

꿈을 먹는다고
배가 부르지는 않다

조영근

배우 겸 연출, 극단 폼 대표

연극 한편을 만들기 위해서는 많은 사람이 필요합니다. 작가, 연출, 배우를 비롯해서 조명, 무대, 의상, 분장 등 전문 분야 스태프까지 많은 이들의 전문성이 합쳐져 하나의 작품이 무대에 오릅니다. 물론 영상기록물, 사진은 남지만 극은 순간의 예술이기에 공연하는 그 시간이 지나면 우리 '직장'은 사라집니다. 농담처럼 '우리는 직업은 있지만 직장은 없다'고 하는 이유입니다. 그렇기 때문일까요? 우리는 노동의 가치가 값으로 매겨지는 것에 보편적으로 적용되는 노동법 등에서 벗어나 있는 경우가 많습니다. 12년차 연극배우로서 겪는 소외에 관해 이야기하려 합니다.

우선 계약 과정. 일반 출연자는 공연 연습 시작과 함께 바로 계약서에 서명하는 경우가 있습니다. 유명

한 배우일수록 꼼꼼한 계약을 맺을 가능성이 큽니다. 하지만 프로덕션의 '배려'가 없다면 무명의 연극배우들은 계약서를 쓰는 경우가 거의 없습니다. 스태프는 계약서가 없는 게 더 당연하게 여겨지는 경우가 많습니다. 심한 곳은 공연이 끝날 때까지 내가 얼마를 받고 일하는지 모르는 경우도 있습니다. 심하다는 표현을 썼지만 꽤 많은 곳에서 그렇습니다.

"네가 얼마짜리 배우라고 생각해?"

동료 배우가 작품을 하자고 연락 온 선생님에게 출연료를 물어봤을 때 받은 질문이라고 합니다. 실제 아직도 무명 연극배우들이 급여를 물어보거나 계약서를 요구하면 불편해하고 불쾌해하는 경우가 많습니다. 적은 돈을 감수하고도 활동하는 배우들로서는 김빠지는 현실입니다.

가장 현실적인 문제는 바로 열악한 임금 조건입니다. 우선 공연 연습시간은 급여 지급 대상이 아닙니다. 보통 작품 하나를 준비하면 이삼개월 동안 하루 최소 네시간에서 여덟시간, 많게는 '텐 투 텐'으로 종일 연습해야 합니다. 작품을 언제 시작할지, 상황이나 배역이 어떻게 변할지 모르기 때문에 고정적인 아르바이트를 잡기도 애매합니다. 작품 준비에 이렇듯 많은 연습시간이 필요하지만, 급여 지급은 실제 공연시간 기준이

"심한 곳은

공연 끝날 때까지 얼마 받고 일하는지 모를 때도 있어요.

사실, 꽤 많은 곳이 그렇죠."

ⓒ필자 제공

기에 연습 중간에 공연이 취소되거나 중단되면 연습시간은 헛일이 돼버립니다. 애초 공연자 출연료와 스태프 임금을 결정하는 기준은 공연시간만이 아니라, 그 공연을 준비하는 과정이 포함돼야 합니다. 무대에 서는 시간은 두시간에 그칠지 모르지만, 그 두시간을 위해 한달, 두달, 석달씩 육체·감정 노동을 하는 예술노동자이기 때문입니다. 연습시간과 준비시간을 포함해 시급을 계산한다면 최저임금 수준에도 못 미치겠지만 말입니다.

얼마 전 지방 한 재단에서 제작한 대형 뮤지컬에 참여한 후배들의 이야기를 들었습니다. 하루 네시간 이상 연습하며 준비와 공연까지 두달 반을 투자하고 백만원 남짓 출연료를 받았답니다. 공연·연습 시간의 최저시급은커녕 연습실을 오가는 차비만 겨우 나오는 수준입니다. 연극판에는 말 그대로 '열정페이 문화'가 여전합니다. 학교를 졸업한 뒤엔 갹출해서 작품을 제작하기도 하고, 경력이 적은 신인들은 무대에 설 기회를 얻기 위해 기꺼이 적은 급여만 받고 출연을 결정합니다.

그런데 무대에 설 기회를 얻기 위해 개인이 감수하는 부분이 정부나 재단의 지원금 정책에 그대로 반영되는 것은 문제입니다. 신진예술가, 청년예술가를 위한 지원사업이라며 공고가 뜨는데 액수가 대개 일이

백만원 수준입니다. 배우뿐 아니라 공연을 위해 필요한 최소한의 스태프들에게 임금을 주기에는 턱없이 부족한 금액입니다. 적어도 정책적으로 지원되는 지원금은 최저임금 등 기준에 맞춘 책정이 필요합니다. 연습실과 극장 대관 등 제작비에서 많은 비중을 차지하는 대관비용을 지원해주는 것도 필요합니다. 공연 수입으로 나머지를 충당하면 되지 않냐고 하겠지만, 영세한 연극시장 현실은 그런 기대를 접게 합니다.

"너는 좋겠다. 하고 싶은 일 하면서 살 수 있잖아."

자주 듣는 말입니다. 맞습니다. 배우들은 그럼에도 불구하고 '하고 싶은 일'을 하려고 온 사람들입니다. 하지만 열악한 현실을 견디다보면 이 일을 선택한 내가 싫어질 때가 많습니다. 가장 낮은 연봉 랭킹 다섯손가락 안에 드는 이 일은 꿈만 먹고 살기에는 너무 힘든 일입니다. 개선을 위해서는 연극인들의 노력이 우선해야 합니다. 서로의 정당한 권리를 존중하고 선진적인 작업문화를 만들어야 합니다. 다음으로 자생적으로 생존하기 힘든 기초예술 영역인 만큼 정부의 현실적인 지원이 함께 있어야 합니다. 연극이 가난한 예술이 아닌, 만드는 이도 보는 이도 마음이 풍요로운 예술이 되길 바랍니다. 이를 위해 창작자의 최소한의 삶이 보장되길 희망합니다.

당신이 왜
거기서 나와…?

김호경

시설지원노동자, 민주노총 공공운수 대전지역 일반지부 지부장

2008년, 서른여덟살 늦은 나이에 잡은 첫 직장이 육·
해·공군본부가 있는 계룡대 시설관리 쪽이었습니다.
고향 서울을 벗어나 대전에서 새로운 사업을 하려 했
는데 잘되지 않았거든요. 부모님과 아내, 아이 셋이 농
가주택에 살면서 월급쟁이로 살아갈 수 있겠다 싶었습
니다. 하지만 착각은 자유고, 저는 세상 물정 모르는
어리석은 가장이었죠. 군무원인 줄 알았던 자리는 비
정규직이라 월급이 정규직의 3분의 1이었습니다. 계룡
대 시설관리 기사로 일한 지 1년도 안돼 민주노총 조합
원이 됐고 두번의 해고와 3년의 천막생활을 했습니다.
상위 0.1퍼센트가 산다는 도곡동 타워팰리스 바로 옆,
군인공제회 앞에서 노숙하면서 조합원들과 함께 투쟁
했지요. 결국 계룡대비정규직노동조합 지회장인 저를

제외한 해고자들이 복직하고, 단체협약을 맺으면서 군부대 안 비정규직, 시설관리 노동자들의 권리를 회복해갔습니다.

저는 뜻있는 분들의 권유와 추천으로 노동운동을 계속하게 됐고, '비정규직 종합세트'랄 수 있는 카이스트 노동자들을 만나게 됐습니다. 교수님을 비롯해 임금노동자 3천여명이 있는 카이스트에 용역회사는 몇개가 있을까요? 정규직과 무기계약직을 제외한 용역소속 비정규직이 479명(2019년 12월 기준)이었는데, 이들이 소속된 용역회사는 무려 스물다섯개나 됐습니다. 한명에서 네명까지 고용한 용역회사도 열개가 넘었습니다. 황당했습니다. 용역회사에 지급하는 일반관리비와 이윤, 부가가치세를 더하면 정규직으로 채용해도 되는 거 아닌가 싶었습니다.

2017년 문재인정부가 들어서고 공공기관 정규직 전환 방침에 따라 카이스트도 2019년 말 비정규직을 정규직으로 전환한다고 발표합니다. 2020년 3월 미화, 시설관리, 경비노동자 다수가 포함된 329명이 직접 고용으로 전환됐고, 2023년 현재 조경과 서울캠퍼스 경비직 등 고령의 노동자 백여명은 정년연장 등을 위해 용역소속으로 남아 있습니다.

카이스트 안에서 정규직은 높은 신분이고 비정규

직은 낮은 신분이라는 생각은 뿌리가 깊었습니다. 비정규직이었을 때는 "회사가 다르니 정규직 노동조합이 우리를 조합원으로 받아들이기 힘들 거야"라며, 정규직 노동자들이 연대의 마음을 전해오는 것에 감사했습니다. 그러나 비정규직이 정규직이 되자 정규직 조합원들은 비정규직 출신 조합원을 거부합니다. 시설지원노동자들은 따로 노동조합을 만들어야 했지요. 정규직 조합원 중에는 용역소속 비정규직을 관리하는 팀장들이 여럿 있었습니다. 학교 시설관리와 안전 쪽 파트이지요. 이들 팀장이 시설지원노동자들과 교섭하는 회사 쪽 위원으로 나왔습니다. 일반직(기존 정규직)들은 같은 노동자로서 학교 경영진에 직접 교섭에 나가도록 촉구하는 대신 자신들이 교섭위원으로 나왔습니다. 물론 정규직 조합원들은 총장 등 경영진과 교섭해왔습니다. 시설지원 조합원들도 정규직으로 전환됐으니 당연히 그래야 하는데, 현실은 그렇지 않았습니다.

단결은 어디 가고, 같은 노동자가 신분이 나뉘어 마주 앉다니 큰 충격이었습니다. 회사 쪽 교섭위원으로 나온 일반직 조합원 선배들은 정부와 학교를 대변할 수밖에 없었지요. 그리고 전환 당시 합의한 성과평가를 이유로 미화노동자 두명이 해고되는 일이 벌어졌습니다. 이 두분은 지방노동위원회의 부당해고 결정에 따라 지금은 다시 일하고 있습니다.

'용역으로 일할 때도 해고되진 않았는데' '일반직 관리자가 용역시절 사장이구나!'하는 마음에 슬프고, 자괴감이 들었습니다. 우리 시설지원 노동자들은 가장 낮은 자리에서 일하고 있을지언정 당하고 있지는 않으려고 합니다. 일반직 노동조합의 조합원 선배들을 만나 우리 처지를 이해시키려고 노력하고, 교육을 통해 시설지원 조합원들이 자괴감에서 벗어나도록, 나약해지지 않도록 독려하고 있습니다.

어쩌다가 이렇게까지 됐을까요? 2023년 대한민국의 노동자들은 자본과 정부가 만들어놓은 틀 안에서 서로 자리다툼하고 있습니다. 정규직이 되기 위해서 죽을 둥 살 둥 스펙을 쌓고, 경쟁에서 이겨야 하며, 자리를 지키기 위해 비정규직을 용인합니다. 그리고 비정규직들을 차별합니다. 그 비정규직이 정규직으로 신분이 바뀌자, 경쟁을 통해 된 것이 아니니 예전 비정규직만큼 대우하면 된다는 태도를 보입니다.

그래도, 15년 비정규직 노동자들과 함께하다보니 희망이 보입니다. 순응하지 않는 비정규직 노동자들의 투쟁과 고비마다 함께 해온 선배 노동자들이 있기 때문입니다. 견뎌내면 잘못된 길에 들어선 동지들도 용서됩니다. 즐기면서 정의로운 투쟁을 이어갈 수 있습

니다. 끝내 승리한다는 것을 해본 사람은 알고 있을 것
입니다.

◆ **반론보도문**

공공연구노조 카이스트지부는 위 내용과 관련하여, "사용자로부터
교섭 권한을 위임받아 비정규직 노동자들을 탄압하기 위해 교섭에
나선 바 없다. 다만, 일부 조합원이 사측 교섭위원으로 나섰을 뿐이
고, 이는 공공연구노조 카이스트지부와는 무관한 활동이다.
카이스트 시설관리직들 정규직 전환 당시 정규직 조합원들이 노조
가입을 거부했다는 것 또한 사실이 아니다. 공공연구노조 카이스트
지부는 시설관리직들의 노동조합 가입을 거부한 사실이 없다"라고
알려왔습니다.
이 보도는 언론중재위원회 조정에 따른 것입니다.

내가 붉은 조끼를
입는 이유

박정옥

청소노동자, 부산지역일반노동조합 신라대지회 조합원

신라대 청소노동자로 일을 시작한 건 2011년이에요. 그전엔 동네 슈퍼를 했지요. 장사를 하다가 갑자기 많이 아팠어요. 한달 동안 병원에서 치료받고 나가보니 가게가 엉망이 돼 있더군요. 엎친 데 덮친 격으로 어머니가 폐암으로 입원하시게 돼 장사를 접고 간병을 해야 했지요. 그렇다고 일을 멈출 수도 없었어요. 입원비와 치료비를 벌어야 했거든요. 남편도 몸이 아파 벌이가 충분치 않으니 나도 일을 해야만 했어요. 그래서 구한 직장이 부산 사상구에 있는 신라대예요.

청소 일을 한다고 하니 가족들이 뜯어말리더군요. 힘들고 더럽고 사람들에게 손가락질받는 일을 왜 하냐며 당장 그만두라고요. 하지만 별다른 경력이 없는 40대 중반 여성인 나를 받아주는 곳은, 이렇게 몸

쓰는 일을 하는 곳 말고는 없었어요. 청소 일이 쉽지는 않겠지만 대학교에서 일하는 만큼 강의실과 복도만 쓸고 닦으면 되지 않을까, 교수님들도 청소노동자를 함부로 대하지 않을 거라 생각했어요.

막상 시작해보니 일이 생각보다 힘들었어요. 강의실과 복도 청소는 업무의 반도 되지 않더군요. 층마다 있는 화장실 변기 하나하나 일일이 청소해야 했고, 커다란 백 리터 쓰레기봉투를 수거장까지 운반해야 했어요. 게다가 건물 외곽 청소도 우리 몫이었지요. 봄에 벚꽃잎이 떨어지고, 가을에 낙엽이 쌓이면 지옥이 따로 없었어요. 아들이 군대에 있을 때 "눈이 내리면 사람들은 좋아하지만 군인에겐 지옥이다"라는 말을 자주 했는데 우리 처지가 딱 그랬어요. 온몸이 아팠고 비가 오면 허리가 쑤셔서 병원을 내 집처럼 드나들었네요. 우리가 해야 하는 일은 거기서 끝나지 않았어요. 매년 10월이면 학교 축제가 열리는데 축제 세팅과 뒷정리는 우리 몫이었지요. 거기에 잔디밭 풀매기, 교수 사무실 이삿짐 운반, 외국인 교수 개인숙소 청소도 해야 했어요. 물론 이런 업무 외 노동과 연장근무에 대한 보상은 전혀 없었지요.

이런 부당한 대우에 어떻게 대응해야 할지 답답하기만 했어요. 우리는 간접고용으로 채용돼 매년 용역업체와 근로계약서를 써야 했거든요. 학교와 용역업체의 부당한 업무지시는 계속됐고, 비정규직 노동자로서 언제 잘릴지 몰라 하루하루가 불안했어요. 매해 초 계약을 갱신할 때면 이제 그만두라고 할까봐 잠을 이루지 못하는 날도 많았네요. 부산지역일반노동조합 간부들이 휴게실에 자주 찾아왔지만 처음부터 사정을 털어놓기는 힘들었어요. 괜히 이야기했다가 우리만 불이익당할지도 모른다 생각했지요. 그런데 한 친구가 노조 가입을 권유했어요. 고민 끝에 동료들과 함께 부산지역일반노동조합에 가입했고, 2012년 6월 12일 용역업체에 노조 가입 사실을 통보했어요.

노조에 가입한 뒤로 일이 많았어요. 활동을 시작하자마자 9월에 파업농성 투쟁을 했고, 2014년, 2021년까지 총 세번이나 했어요. 2012년 농성 기간은 9일로 짧았지만 2014년엔 79일, 2021년엔 114일을 학교에서 먹고 자며 투쟁했네요. 언제 잘릴지 모르는 불안한 처지를 바꾸고 싶었던 게 다예요. 결국 10여년 긴 투쟁 끝에 직접고용을 쟁취했답니다. 직접고용이 되면 처우가 나아질 거라 생각했지요. 학교 교직원과 동일한 기준이 적용된 임금을 받진 못하더라도 최저임금은 벗어날 거라 기대했었어요. 하지만 학교는 청소노동자에게 적용되는 '미화원 임용규정'을 만들어 업무별로 차별대우를 계속하고 있어요. 노조를 통해 단체교섭을 진행하고 있지만 학교 쪽은 강경하기만 해요. 용역업체에 고용됐던 때 받았던 임금과 처우를 유지하는 수준을 벗어나지 못하고 있어요. 심지어 학교는 업무 중 산업재해를 당한 조합원이 두달이나 일을 못하고 있는 상황에서도 대체인력을 투입해주지 않았어요. 그러니 남은 사람들의 업무량이 늘 수밖에 없고요. 안정적인 고용은 보장받았지만 노동 강도는 더 높아졌고 처우 개선은 너무나 먼 일 같아요.

10년 넘게 노조활동을 하면서 그래도 청소노동자로 살아가는 게 부끄러운 일이 아니라고 생각하게 됐어요. 청소노동자 없이 학교가 유지될 수 없다는 것을 파업을 통해 증명했기에 일에 자부심도 생겼고요. 청소노동자는 학교를 넘어 사회에 꼭 필요한 필수 노동자라는 자부심도 함께요. 그래서 아직도 갈 길이 멀기만 한 청소노동자의 열악한 노동조건을 개선하기 위해 오늘도 저는 붉은 노조 조끼를 입고 노동자 집회에 참석합니다.

◆ **도움** 배성민 (『현장의 힘: 신라대 청소노동자와 함께한 114일』 저자).

희생이나 헌신이라
생각한 적은
없습니다

이하나

지역교육네트워크 이룸 대표

"쌤, 현수막 내려달라는데요."

잠시 쉬려고 누웠다가 전화를 받았다. 시청이었다. 며칠 뒤 시작할 문화다양성 인문학 프로그램 홍보 현수막을 치워달라는 말이었다. 2019년부터 시 산하 기관과 논의해 추진해온 일이었다. 학교와 예술가를 대상으로 교육프로그램을 만들어 진행했고, 2022년에는 학교교육 이외 캠페인과 예술가가 결합하는 시민 참여 프로그램, 인문학 프로그램을 만들어 추진하려는 중이었다.

현수막 하나 내리는 게 뭐 어려운 일이겠냐 싶겠지만, 그 현수막에는 수년간의 애환과 내가 지향해온 가치가 담겨 있다. 일부 기독교단체에서 항의전화를 걸어왔다고 했다. 지역의 진보적인 단체 활동 가운데 자신들 뜻에 맞지 않는 게 있으면, 전화는 물론 집회나 시위까지 연다. 그렇게 차별금지법 제정, 노동인권 보장, 평화통일 운동에 반대하고, 블로그를 통해 허위 정보를 퍼트리기도 했다.

전화를 받은 그날은 지방선거가 끝나고 한달쯤 뒤, 그러니까 새로운 지방정부 출범(2022년 6월 1일) 며칠 전이었다. 시장 취임식에 훼방을 놓겠다는 협박 전화가 시청과 산하기관, 행사 수행단체에 조직적으로 걸려 왔다. '동성애를 가르쳐서 나라가 망한다'며.

시민사회단체가 모인 연대회의에서는 공동대응을 결정하고 당일 긴급회의를 소집했다. 현수막을 내린 인문학 프로그램은 일단 연기하기로 했다. 사업을 재개할 방법을 찾으며 실무자들이 협의했다. 일반 시민들의 의견을 들어보고 시청 상황을 파악해 시의원들에게 호소하고 성명서도 썼다. 하지만 시 산하기관과 수행단체 사이 간격은 좁혀지지 않았고, 산하기관 담당자와 단체 활동가들 모두 상처를 입었다.

우리는 시 지원금을 반납하고 시민기금을 모아 사업을 재개하기로 결정했다. 공론화를 위해 집담회를 열었고, 여러 관계자를 초대했다. 장소를 대관하고 현수막을 만들고 웹자보를 만들어 홍보했다. 보도자료를 배포하고 언론사 인터뷰 요청에도 응했다. 지역활동가

©필자 제공

"저희는 '밥풀' 같은 존재예요.

 분노하는 사람, 슬픔으로 우는 사람 사이에서

 '시민단체는 뭘 하느냐'라는 책망을 들어야 하죠."

들이 십시일반으로 기금을 보내줬다. 정책제안서를 만들어 시청에 전했고, 문화다양성 증진에 관한 조례 제정안과 타지역 사례를 정리해 기초의원 몇명에게 보냈다. '다양성'이라는 단어 때문에 누군가 상처받고 오래 준비해온 사업이 엎어지는 일을 언제까지 봐야 할까.

우리 활동 목표는 분명하다. 더 많은 사람이 보다 사람답게 사는 세상, 억울하게 죽지 않는 세상을 향해 함께 어깨 걸고 만들어가자는 것이다. 그러나 세상은 한꺼번에 바뀌지 않고 우리의 힘은 미약하기만 하다.

작은 조직은 한해 예산이 1억원에도 못 미친다. 이런 단체 활동가는 승진은커녕 단체가 재정적으로 힘들어지면 시민사회를 떠나기도 한다. 2019년 사회적협동조합 동행의 연구를 보면, 10년차 활동가 급여 평균은 230만원 정도. 나처럼 급여가 없거나 생활비가 더 필요하면 투잡, 쓰리잡을 뛰어야 한다.

비영리단체 활동가의 영역은 젠더, 노동, 장애, 빈곤, 환경, 경제 등 생활 전분야에 걸쳐 있다. 억울하거나 화난 시민이 우리를 찾아오고, 시민과 연결지점을 찾는 정부기관도 우리를 찾는다. 아파트 노동자들이 집단으로 사실상 해고당했다거나, 성폭력 사건이 일어났다거나, 지하에 묻은 고압선 안전이 의심된다거나, 시에서 대나무를 몽땅 베어버렸다거나, 취약계층을 위한 무상급식소에 반대하는 주민들이 집회를 연다거나…… 활동가들은 시민을 만나 얘기를 듣고, 내용을 파악하고, 관계법령과 관련부서를 확인하고, 갈등을 해결할 방법을 찾아 양쪽에 제시한다.

하지만 우리는 10년 동안 외쳐도 흠집 하나 나지 않는 콘크리트 같은 사람들과 분노, 슬픔으로 고함치고 우는 사람들 사이에서 "시민단체는 뭘 하느냐!"라는 책망을 들어야 하는 밥풀 같은 존재다. 자기 신념이 있으니 세상을 보는 관점이 또렷하고, 눈 뜨고 있으면 세상 모든 일이 활동영역으로 보인다. 사생활과 업무가 분리되지 않아 노동인권도 없다. 지역에 집중하다보니 우물 안 개구리가 될까봐 불안하고 답답하다.

비영리단체 활동가는 역할이 앞으로 더 중요해진다지만, 대우가 형편없으니 종사자가 늘어날 전망은 없다고도 한다. 활동가들은 타인의 부당한 처우에 분노하지만, 막상 자기 것 챙기는 데는 서툴다. '돈 벌 생각이었으면 다른 일 해야지.' 목소리 큰 사람들은 이 안에서도 권력을 가지고 옮겨가지만, 다수 활동가는 흔적 없이 일한다. 점일 뿐이다. 활동가끼리 손을 잡아 선을 그어두면, 면을 채우는 건 시민의 몫이다. 마중물이 돼 큰물이 쏟아질 때 속절없이 사라져도 면과 면이 가득 차는 날이 온다고 꿈꾸면 괜찮다. 희생이나 헌신이라 생각한 적 없고 착한 성품도 아니다. 눈에 보이는 길이 있기에 걷는다. 언제 도착할지는 모른다. 밥풀들이 늘어서면 개미라도 모이지 않을까. 구둣발에 으깨지면 풀이라도 돋겠지. 그 정도면 될 것 같다.

죽지 않고
맞서는
방법을 찾아서

노주희

방송창작자, 전 애플 콜센터 상담사

2023년 6월 21일 서울대병원 장례식장에서 출발한 운구 행렬은 서울경찰청 앞과 세종대로를 거쳐 모란공원 장지로 향했습니다. 정부의 노조 탄압 속에서 억울한 누명을 쓰고 분신 항거한 건설노동자 양회동 열사, 죽음으로 결백을 증명하고자 했던 그를 51일 만에 하늘로 떠나보내는 자리였습니다. 부고를 들은 순간부터 마지막 가시는 길까지 한 사람의 시민으로서 함께 눈물짓고 행진할 수밖에 없었습니다. 그의 사연 속에 수많은 우리의 사연이 녹아 있기 때문입니다. 단지 '더 나은 노동환경을 만들기 위해' 애쓴 죄로 먼저 떠나야 했던 그의 사연은, 제가 겪은 일처럼 괴롭고 슬펐습니다.

'대한민국 국민이라면 노동하지 않고 살아가는 일생은 없다. 우리는 누구나 노동자다.' 양회동 열사 추

모집회에서 그의 죽음에 관심을 호소하던 한 학생의 말입니다.

저 역시 수십년간 노동자로 일해왔습니다. 계약서도 없이 일을 시작해 개편에 따라 민들레 꽃씨처럼 떠도는 방송작가라는 본업무가 있었습니다. 정권에 따라 치우친 방송을 강요하는 윗사람들, 인사권을 앞세워 임금을 떼먹고 쉽게 해고하고 성희롱을 일삼던 피디들, 그들 눈치를 보며 후배 작가를 밤낮으로 부리던 메인 작가들. 프리랜서라는 사용자 편의에 따른 지위 안에서 근무시간도, 급여도, 해고도 그들 마음대로였습니다. 대한민국 노동자라면 누구에게나 적용되는 줄 알았던 근로기준법은 딴 나라 얘기였습니다.

그런 불안정한 고용구조 속에 있었기에 다른 일을 해야 하는 때가 많았습니다. 물건을 포장하고 옮기는 물류노동자였다가 화장품 용기를 만드는 공장노동자가 됐고, 김밥을 마는 시장노동자였다가 아이들을 가르치는 공부방 교사가 됐습니다. 애플 콜센터 상담사이기도 했네요. 이 경우 법적으로 확실히 노동자였지만, 여전히 근로기준법은 멀리 있었습니다. 5인 미만 사업장은 적용되지 않는 조항이 많은 데다, 노동자 신고에만 의존하는 관리감독 체계 안에서 사장들은 '걸리지만 않으면 된다'며 불법을 당연시했기 때문입니다.

하청에 하청을 거치는 불법도급, 산업재해와 직장 내 괴롭힘, 성희롱과 임금 미지급, 노동자 및 노조 탄압, 부당해고 등 '6411의 목소리'가 저와 제 동료의 일상적이고 원초적인 근무환경 속에 눌려 신음하고 있었습니다.

저는 1년 넘게 부당해고 문제로 목소리를 내고 있습니다. 상대는 세계적인 기업인 애플의 하청업체 콘센트릭스서비스코리아, 중앙노동위원회, 노동부입니다.

회사는 2018년 상담사노조를 탄압해 와해시킨 사건으로 사회적으로 비난받은 바 있습니다. 이후 노조 간부를 대거 해고하고 어용노조를 세웠습니다. 그런 속에 저는 수습사원으로 입사했고, 아니나 다를까 한 동료를 상대로 관리자가 개입한 직장 내 괴롭힘 사건이 발생했습니다. 이를 저지하려 했던 저는 다음 타깃이 됐습니다. 회사에 신고하자 회유하는 척하면서 뒤로 가해자몰이를 했고 주도면밀한 방법으로 저를 해고했습니다. '이 회사에서는 직장 내 괴롭힘 사건이 한번도 발생한 적 없다'고 전면 부정하고 '평가점수 미달'이 유일한 해고 사유라고 주장했습니다. 그 유일한 해고 사유에 수많은 결점과 오류가 있는데 해고가 정당할 수 있겠습니까.

회사가 애초 제시한 평가 수식이 엉터리라 그들이

제시한 점수를 도출할 수 없는데도 도출했다고 우기기에 근거 자료 제출을 요구하니 1년째 회피 중입니다. 그 점수마저 조작해 낮춘 사실도 노동위원회 공방 과정에서 드러났습니다. 또한 다수의 점수 미달자가 팀장 권한으로 불공정하게 통과된 것을 해당 직원의 직접 발언이 담긴 녹취록으로 증명했습니다. 그러나 중노위는 '서류를 조작했을지라도' '다른 사람이 불공정하게 합격했을지라도'라며 결정적인 증거들을 무력화하고 회사를 감싸주기에 급급합니다.

법원에 소를 제기한 저에게 회사는 얼마 전 변호사를 선임했다는 소식을 들려주었습니다. 서울대학교를 거쳐 서울중앙지법 등의 부장판사를 역임한 변호사. 정당한 해고가 명백하다면서 홀로 싸우는 저를 상대로 전관을 포함해 변호사를 넷이나 선임한 이유가 뭔가요. 이들은 또 어떤 일을 벌일까요. 저는 어떻게 싸워야만 이들로 인해 갈가리 찢긴 인간으로서 존엄과 명예를 되찾을 수 있을까요. 죽지 않고 맞서는 방법은 무엇일까요.

잊혀야 하는 존재,
번역가는 번역가다

백선희

프랑스어 번역가

나는 번역가다. 헤아려보니 번역가로 살아온 세월이
25년쯤 된다. 책에 따라 다르지만 한해에 대여섯권쯤
계약한다. 이른 새벽부터 작업하는 편이고, 거의 온종
일 일한다. 이따금 하루 몇시간씩 일하느냐고 묻는 사
람들이 있는데, 뭐라 답해야 할지 모르겠다. 마감이 임
박하면 열두시간 이상 일할 때도 있고, 네다섯시간 일
할 때도 있어 평균내기가 어렵다. 그저 눈 떠서 잠들기
전까지 번역하는데, 밥 먹고 산책하고 사람 만나는 일
이 사이에 끼어들 뿐이다.

번역가는 프리랜서로 저마다 출판사와 개별 계약
을 체결하기에 번역가의 노동조건을 통틀어 말하긴 힘
들지만, 어쨌든 온종일 강도 높게 일하지 않고 오롯이
번역가로 먹고살기 어렵다는 건 사실이다. 작업량 많

은 번역가 몇을 만난 적이 있는데, 모두 거의 온종일 책상에 붙어 지낸다고 입 모아 말했다.

한권의 번역서가 출간되기까지 번역가는 같은 책을 최소한 세번은 읽는다. 때로는 네번, 다섯번까지 읽기도 한다. 그것도 해부하듯이 꼼꼼히 읽어야 한다. 텍스트를 이루는 낱말과 문장과 단락을 쪼개어도 읽고, 빈 행간도 읽어야 한다. 그러다보면 가끔은 손에 메스나 현미경을 들고 작업하는 기분이 들기도 한다. 그렇게 텍스트를 해체하듯 읽고 나면, 저자의 원래 작품에 최대한 가깝게 다른 언어로 써야 한다. 원작을 구성하는 문장 하나하나의 의미를 옮기는 건 물론이고, 작가 고유의 문체도 살려야 하고, 원작이 지닌 '자연스러움'까지 재현해내야 한다.

텍스트라는 구조물을 해체해 언어를 바꿔 원작과 가장 닮도록 재현하는 것, 이것이 번역가의 일이다. 그러자면 텍스트의 구조를 세세히 파악해 망가뜨리지 않고 잘 해체해야 하고, 잘 재현하려면 두 언어와 문화의 차이도 잘 알고 저자의 논리를 꼼꼼히 좇아야 한다.

그래서 번역가는 새 작품을 작업할 때마다 자신의 정체성을 버리고 저자의 머릿속으로 들어가려고 애쓴다. 저자와 잘 내통해야 좋은 번역본이 나온다. 번역해야 할 저자의 주장에 도무지 동의할 수 없을 때조차 번역자는 자아를 버리고 저자에 빙의해야 한다. 동의하지 않는 마음으로 번역하면 어휘 선택에서 미묘한 삐딱함이 묻어날 수밖에 없다.

번역가의 오류는 눈에 도드라진다. 잘 안 읽히는 번역서를 만나 독서에 몰두할 수 없으면 번역가는 저절로 비난의 대상이 된다. 그런가 하면 번역가의 노고는 눈에 잘 띄지 않는다. 저자가 수식어를 잔뜩 달아 길게 써놓은 한 문장을 번역할 때 번역자는 그 문장을 이루는 모든 요소를 하나도 빠뜨리지 않고 매끈하게 재구성하기 위해 레고 조각 맞추듯이 말을 골라 이리저리 끼워 맞춰보고 다듬느라 오래도록 공을 들인다. 그러다가 원작에 충실하면서 매끄럽게 읽히는 문장이 완성되면 번역자는 홀로 흡족해할 뿐, 그 문장이 잘 읽힐수록 독자는 후딱 읽고 지나갈 것이다. 독자가 독서에 몰입할수록 번역가는 잊힌다.

번역가는 잊혀야 사는 존재다. 적어도 독서의 순간에는 그렇다. 독서가 끝난 뒤 간혹, 번역서인데 왜 이렇게 잘 읽혔을까, 하고 문득 번역가의 존재를 떠올리는 경우도 있긴 하다. 혹은 언어를 알지 못해서 읽지 못하던 책이 번역됐을 때 번역가에게 고마움을 전하는 독자도 간혹 있다. 며칠 전 내게 낯선 독자가 메일을 한통 보내왔다. "『폴 발레리의 문장들』을 매우 기쁘게 읽었습니다. 번역 문장이 수려해서 놀랍고 또한 기뻤습니다." 번역 작업 덕에 책을 읽게 돼 기뻐하는 이런 독자들이 번역가를 나아가게 하는 가장 큰 힘이다.

그런데 번역가라는 직업에 대한 사회의 평가는 여전히 야박하다. 몇해 전, 월세방을 구해야 할 처지에 놓인 어느 여성 시인이 홍보대사가 되겠다며 호텔 방을 1년간 쓰게 해달라고 요청한 일로 사회가 떠들썩했던 적이 있다. 그때 어느 평론가가 그 시인을 옹호하며 한 말이 기억난다. 걸맞은 대우를 받아야 할 훌륭한 시인에게 '출판사 번역일이나 시키고, 심지어 곰인형 눈알 붙이기 같은 수준의 막노동일 같은' 걸 시켜서야 되겠느냐는 취지의 말이었다.

번역일에 붙은 조사 '이나'에는 번역을 아무나 할 수 있는 하찮은 노동쯤으로 치부하는 시각이 담겨 있다. 혹은 흔히들 번역가를 작가보다 못한 존재쯤으로도 생각해서, 거의 반평생을 번역가로 사는 내게 이따금 사람들은 말한다. "이제 번역은 그만하고 책을 쓰라"고. 이런 말에도 번역가를 용이 못 된 이무기쯤으로 바라보는 시각이 담겨 있다. 번역가는 무엇이 채 못 된 존재도 아니고, 번역은 무엇이 되기 위한 수단도 아니다. 번역가는 번역가다.

퇴직자도
'노조'가 있다

윤제훈

이음나눔유니온 조직위원장

나는 서울교통공사에서 2020년 12월 31일 퇴직했다.
역무직으로 35년 7개월을 근무했다. 지하철을 탈 때
업무상 지녔던 게이트 프리패스 카드 대신 일반 교통
카드를 사용하고, 더는 오지 않는 월급 입금 알림 문자
를 떠올리면 퇴직했음을 실감한다. 하지만 이건 오래
된 습관에서 비롯된 사소한 착각일 뿐이다.

퇴직 이듬해 패혈증으로 3개월 동안 입원치료를
받고 수천만원 병원비를 결제하면서, 회사든 노조든
울타리가 되는 조직 밖의 개인이 되었음을 실감하고
아랫입술을 꼭 깨물었다. 회사 다닐 때 단체 실손보험
으로 병원비가 커버됐지만, 퇴직 뒤 개인 실손보험은
지병 등을 이유로 재계약이 되지 않았다. (오해 마시
라. '신의 직장'에 '귀족 노조'까지 있다는 곳에서 일하

다 퇴직해놓고 병원비로 힘들었다는 하소연을 하려는
게 아니다.)

서울교통공사에서 일하면서 노동조합 활동에 열
과 성을 다했다. 1987년 서울지하철공사 노조가 창립
됐을 때 대의원으로 활동했고 퇴직하는 날까지도 대의
원이었다. 오랫동안 고생한 해고노동자 동지들에 비할
바 아니지만, 역무지부장 시절엔 징계를 받기도 했다.
사랑하는 동료들과 함께 투쟁하면서 생긴 내 인생의
훈장이지만, 더는 자랑거리도 아니다.

나처럼 수십년 동안 일하고도 노조라는 울타리 속
에 한번도 들어갈 수 없었던 작은 사업장 노동자들, 노
동조합은 자신들의 노동환경을 지키는 데 외려 걸림돌
이라고 생각한다는 청년 프리랜서 노동자들 앞에서 나
는 정규직이라는 우물 안 개구리였을 뿐이기 때문이
다. 5인 미만 사업장 노동자나 불안정고용 노동자들은
내가 누렸던 유급 병가며 단체 실손보험 가입 등 기업
복지는 고사하고 아프면 해고되는 게 다반사다. 정규
직과 비정규직 사이 임금·노동시간의 격차는 새삼 언
급할 필요도 없다.

우리나라 노동조합 조직률은 △300명 이상 사업
장 46.3퍼센트 △100~299명 사업장 10.4퍼센트 △30~
99명 사업장 1.6퍼센트 △30명 미만 사업장 0.2퍼센트

다.(2021년, 고용노동부) 나와 동료들만 인간답게 살려고 노조활동을 한 것은 아니지만 결과적으로 그렇게 됐다. 기업별 노조의 한계가 분명히 있다지만, 힘 있는 노조가 선제로 좋은 영향력을 발휘해야 했다. '귀족 노조'라는 비판을 더 호되게 받아도 마땅하다.

해마다 11월이면 '전태일 열사 정신 계승 노동자 대회'에서 소리 높여 구호를 외쳤다. 하지만 전태일처럼 자신보다 어려운 노동자와 풀빵을 나누지 못했다. 노회찬 전 의원의 '6411 연설'에 눈물을 흘렸으나 지하철 청소노동자와 장미꽃으로도 연대하지 못했다. 대다수 조합원의 요구를 반영하는 임단협 투쟁이고, 기업별 노조라는 이유를 댈 수야 있겠지만 그렇다고 부끄러움을 덜어주지는 못한다. 그래서 이제는 눈치 안 보고 말한다. "야, 우리가 받기만 했지 한 게 뭐 있나? 어렵게 노동조합 하는 곳에 후원 좀 하자!"라고.

최근 '이음나눔유니온'이라는 퇴직자 노동조합 활동을 하고 있다. 내 세대의 요구도 분명히 있다. 만 60세 정년퇴직 뒤 연금을 받을 수 있다는 건 다행이지만, 연금 수령 시기까지 공백이 생기는 문제는 사회적으로 심각하다. 노인이 된 베이비붐 세대가 좀 많은가. 게다가 경제협력개발기구(OECD) 국가 중 우리나라가 노인의 상대적 빈곤율이 가장 높다고 한다.(43.2퍼센트)

열명 중 네명은 중위소득 50퍼센트 이하 소득으로 살아간다는 얘기다.

퇴직자 문제에 목소리를 내기 위해서만 퇴직자 노동조합 활동을 하는 건 아니다. 무엇보다 우리 노동조합 이름처럼 '잇고 나누는' 활동을 하고 싶다. 같은 직장을 다닌 노동자들도 퇴직 이후의 경제적 상황은 다르고, 생활수준 격차도 크다. 노후 준비를 잘해서 걱정 없이 사는 소수의 사람도 있지만, 가족을 부양하느라 질 낮은 일자리라도 찾아다니며 허덕이거나 일단은 무조건 쉬고 싶다는 사람도 있다. 이렇듯 사정이 제각각이다보니 퇴직노동자들도 쉽게 모이지 않는다.

가난은 사람의 삶을 단절로 몰고 가지만, 사람은 자신의 의지와 결단으로 단절 대신 이음을 선택할 수 있다. 또 이음은 나눔으로 연결된다. 인생 2막에서는 세대, 성별 등등의 차이를 잇고 나눔과 연대의 새로운 노동조합 활동으로 지금보다 나은 사회를 만들겠다는 꿈을 다시 꾸고 싶다.

사서 고생하니?
사서라서 고생해요!

윤희(가명)

서울시 공공도서관 사서

선생님이라고 불러도 될까요? 이 호칭을 꺼리시는 분들도 계셔서요. 저희끼리도 오래 함께하지 못해 조심스레 서로의 호칭이 이렇게 굳습니다. 함께 파손된 책을 고치고, 분류방식에 따라 정리하고, 분실된 책을 찾고, 어떤 주제로 책을 전시할지 결정하다가 계약기간이 만료되더라고요. 경력을 인정받진 못해도 좁은 업계니 어디선가 다시 마주치길 희망하며 저희는 헤어집니다. 도서관들이 정규직 자리를 계약직으로 메꾸면서, 새로운 사람과 합을 맞추는 일이 익숙해질 즈음 또 헤어지는 반복이 저희를 소모시키는 것이지요.

그뿐이 아닙니다. 도서관끼리 책을 주고받는 상호대차 서비스로 옮겨야 할 책들은 늘어나는데, 쌓고 처리하고 배달하는 인력은 왜 점점 줄어드는 걸까요. 안

전 경각심이 높아졌으니 교육을 받으라면서 업무 데스크는 비우지 말라니. 교육장 출석부에 이름만 적고 돌아오는 일은 안전에서 더욱 멀어지는 일 아닌가요?

저희 서비스는 실패했습니다. 코로나19로 비대면 프로그램을 개발하고 난생처음 유튜브와 줌, 구글 미트 프로그램을 사용하고 SNS 활동도 시작했어요. 부분 개관을 하고 소독한 책들을 출입문 앞에서 대출하고, 방역시간을 정해 무거운 소독기기를 들고 피부가 따끔거리고 눈이 시린데도 소독약을 뿌리기도 했죠. 물론 이용자분들이 오시기 전에는 꼭 환기했어요. 도서관이 50평이든 백평이든, 단독건물이든 아니든 인력이 없으니 서툴러도 주차장 관리와 화장실 청소도 합니다. 그래도 왜 제대로 된 서비스를 안 해주냐는 이용자분들이 있어요. 저희는 답하죠. "이용자분께 더 나은 서비스를 제공하기 위해서……" 문자 알림이 안 왔다고 이태원참사에 비유하는 분도 있습니다.

저희는 전화 및 방문 응대 서비스 지침에 따라 근무 평가를 받습니다. 저는 이게 참 비현실적으로 느껴졌어요. 아무리 바빠도 전화벨이 세번 울리기 전에 받아야 하고, 미소가 느껴지는 공손한 어투로 응대하며, 이용자의 말을 먼저 끊으면 감점을 받으니까요. 그런데 데스크에서 이용자 문의에 답하며 대출·반납 처리를 하고, 책을 분류하는데 전화벨이 울려 수화기를 들어 한쪽 어깨에 끼운 채 통화하면 솔직히 정신이 하나도 없습니다.

데스크에 앉아 편하게 대출·반납만 하는 공무원이라는 오해도 여전해요. 하지만 우리는 공무원도 아니고, 모욕성 발언과 집요한 괴롭힘, 성희롱 등의 악성 민원에 시달리다 이직하거나 퇴사하는 경우도 꽤 있답니다. 다른 사람 회원증을 도용해 계속해서 예약자 이용 자리를 독점 사용하신 분이 있었습니다. '이렇게 이용하시면 안 됩니다'라며 업무 기준에 따라 주의를 준 동료에게, 그분은 '그럼 내 주식은 어디서 확인하느냐' '지금 확인 못해서 주식 떨어지면 책임질 수 있느냐'며 되레 강압적으로 나오더군요. 손이 떨리며 경찰을 부를까 고민했지만, 상황을 크게 키워 재단이나 구청에 민원이 들어가는 일은 없어야 한다며 저희 선에서 해결해야 한다고 합니다. 결국 상급자에게 응대를 넘기고 민원인에게 사과한 뒤 경위서를 작성했습니다. 예민한 이용자분 심기를 거스르지 않도록 잘 피하면서 더 친절하게 응대하고 더 조심해야 했대요. 두근대는 심장을 가라앉힐 휴게공간도 제대로 없어 도망칠 곳 없는 저희는 조용히 서로를 다독이면서 그분이 다시 안 그러시길 바라는 수밖에요.

물론 악성 민원에 시달리는 저희를 보고 힘내라고 응원해주시는 분들도 있고, 먼저 밝게 인사해주시는 분들도 있어요. 누군가 던지고 간 책을 주워서 북트럭에 올려주시는 분도 계십니다. 어린이가 손 그림을 그려 건네주거나, 청소년이 돼 저희를 알아보고 인사하는 경우도 있고요. 도서관이 뭐 하는 곳인지 실무를 모르는 상사, 협업이 안 되는 동료를 만나 힘들다가도 오히려 이용자분들 덕분에 울고 웃네요. 이런 잠깐의 순간들이 이 생활의 숨통을 틔워줍니다.

무거운 책을 옮기거나 쪼그려 앉기를 자주 하다가 관절과 허리, 어깨에 무리가 가도, 높은 곳에 책을 꽂다가 발판에서 떨어져 다쳐도 잘못은 개인의 몫입니다. 산업재해 신청도 안 된다니 조심하고 서로 건강을 챙겨주기로 합니다.

잠시만 기다려주세요, 죄송합니다, 사과드립니다, 다른 궁금한 점은 없으십니까…… 사서는 책과 정보를 제공하는 서비스 뒤에 존재하는 그림자 같아요. 사람이 아닌 그림자여서일까요? 가끔은 제가 관내 분실된 도서가 된 듯한 기분을 느껴요. 분명 도서관 안 어딘가에는 있다고 나오는데 아무리 찾아도 안 보이는 책 말이에요. 누군가 우리의 책등을 쓸어주고 펼쳐서 읽어봐주길 기대하고 있어요.

매일매일 주차관리,
내 권리는 어디에

박용환

성균관대 주차노동자

나는 수원 성균관대 자연과학캠퍼스에서 주차관리를
하는 50대 노동자다. 주차관리 노동자들은 주차 유도
와 단속, 정산 등 학교 내 주차 관련 제반 업무를 맡는
다. 평일 근무가 기본이지만 주말에 학교행사가 있으
면 수시로 나온다. 주차관리는 일의 성격상 야외 근무
가 기본이라 한여름과 한겨울에도 장시간 야외에서 서
서 일해야 한다. 보통 1만 5천보 내외를 걷는다. 그러
다보니 족저근막염이나 무릎통증, 허리통증 등의 근골
격계 질환을 앓는 경우가 많다.

　　성균관대 주차관리원은 다섯명인데 평균 근속기
간은 4개월에 불과하다. 최근 반년 사이에만 다섯명이
차례로 그만두고 교체되었다. 기본급은 191만원(최저시
급 9160원 적용)이고 직무수당 5만원이 추가되어 월 임금

은 196만원이다. 4대 보험을 빼고 통장에 찍히는 돈은 176만원인데 그 흔한 식대도 없다. 7~9천원 하는 교직원 식당은 엄두도 못 내고 4500원짜리 학생식당에서 직접 사 먹는다. 회사는 학교와 3년 계약(5년까지도 가능)을 맺었는데 노동자들은 1년 단위로 근로계약을 맺는다.

이러한 불안정한 고용여건은 그동안 너무나 당연한 것으로 받아들여졌고, 이를 개선하는 것은 언감생심 가능하지 않은 것으로 여겨졌다. 그러다가 지난 9월, 학교 경비(보안) 노동자들과 주차관리 노동자들이 함께 노동조합을 결성했다. 민주노총 공공운수노조 경기지역지부 성균관대비정규분회다. 성균관대에 최초로 비정규노동자들의 권익을 대변하는 노동조합이 생긴 것이다. 성균관대비정규분회는 현재 경비분과는 열일곱명, 주차분과는 네명이 조합원이다. 성균관대에서 일하는 학교 하청노동자 전체로 보면 조합원 수는 소수지만 노동자 권리찾기는 이제 시작이다.

대한민국 헌법 제33조에는 "노동자는 근로조건의 향상을 위하여 자주적인 단결권, 단체교섭권, 단체행동권을 가진다"고 명시하고 있다. 그런데 노조 결성을 회사에 통보한 직후부터, 과거보다 노동강도가 강화되었다. 이러한 변화가 하청업체의 일방적인 판단인지 아니면 학교의 지시에 의한 것인지 우리로서는 궁금하

"우리의 요구는 단순합니다.

고용안정과 생활이 가능한 수준의 급여입니다.

하청노동자들이 맘 편히 일할 수 있다면,

학교도 좋은 일 아닌가요."

ⓒ필자 제공

지 않을 수 없다. 노동자가 노동조합 할 권리를 규정한 헌법 조항을 하청업체와 학교가 모르는 것은 아닐 텐데, 그들에게 노동조합은 여전히 눈엣가시 같은 존재가 아닌지 의구심이 든다.

노조 결성 뒤 작은 변화도 있다. 학교 경비노동자들의 현장대리인 지점장이 직장내괴롭힘, 갑질로 고용노동부에 고발되어 직무정지를 당한 것이다. 이로 인해 학교 출입이 중지되었다가 11월말 최종 결과가 나왔는데 다른 곳으로 발령이 났다. 갑질 경비 지점장의 성균관대 복귀가 불허된 것이다.

나는 근무하는 동안 하청회사 본사 사람들을 단 한번도 본 적이 없다. 내가 근무한 기간은 물론이고 하청회사가 학교와 계약한 지난 1년 반 동안, 회식도 없었고 그 흔한 '직원을 가족처럼 생각한다'는 말조차 들어보지 못했다. 노동자의 생존권과 권리는 누가 지켜주는 것이 아님을 근무일이 늘어날수록 절감하게 된 이유이기도 하다.

우리의 요구는 단순하다. 고용안정과 생활이 가능한 수준의 급여다. 이러한 노동조건의 개선으로 하청 노동자들이 좀더 맘 편히 일할 수 있다면 학교 입장에서도 좋은 것 아닌가? 노동자들이 애사심을 갖고 일한다면 학교 경비와 주차 환경도 개선될 것은 자명하다.

그런데 이는 하청업체의 판단만으로는 가능하지 않다는 데 문제의 본질이 있다.

대학과 주차관리 하청업체는 특이한 위탁 계약관계에 있다. 학교가 수익사업을 직접 할 수 없기에 주차관리를 하청업체에게 통으로 맡긴다. 하청업체가 주차관리를 통해 수익을 내고 이 가운데 상당 부분을 학교에 임대료로 납부하는 구조다. 그렇게 납부하는 임대료가 매월 수천만원이다. 학교는 주차관리 대가로 높은 임대료를 받아 사실상 원청으로서 실질적인 돈줄을 쥐고 있다.

또한 성균관대는 하청업체 인사권에도 관여하고 있다. 근로자 채용 및 퇴직과 관련한 제반 사항은 "학교와 사전에 반드시 협의하여야 하고"(과업지시서), "학교에 사전에 반드시 보고하여야 한다"(계약서)라고 되어 있다. 그런데도 우리는 하청업체와만 단체교섭을 하고 있다. 돈줄을 쥐고 있고 인사권도 행사하는 성균관대가 하청업체 비정규노동자들과의 단체교섭에 나오는 것이 마땅하지 않을까.

현재 국회에는 '노동조합법 개정안'(노란봉투법)이 상정되어 있다. 이 개정안의 핵심은 쟁의행위에 대한 기업의 무분별한 손해배상 금지와 더불어 사용자 개념을 근로조건에 대해 실질적인 지배력 또는 영향력을

행사하는 자로 확대하는 것이다. 우리가 노란봉투법이
반드시 통과되기를 염원하는 이유 중 하나다. 우리는
원청인 성균관대와 당당히 교섭하고 싶다.

대리운전
부르신 분?

한기석

전국대리운전노동조합 경기지부장

대리운전을 시작하고 벌써 13년이 지났다. 조그만 사업을 하다가 문 닫고 심한 우울증에 빠져 있을 때 친구가 매일같이 찾아와 운전면허증이 있으니 대리운전이라도 하라고 얘기한 게 그 시작이었다. 대개 그렇듯, 새로운 직업을 찾을 때까지 6개월 정도만 하리라 마음먹었다. 친구가 소개해준 업체를 찾아 "수중에 만원도 없으니 대리운전 보험료와 콜 수수료 충전금을 먼저 지원해주면 좋겠다"고 하니, 업체 사장님이 웃으면서 그러자고 말해 일을 시작했다.

지금도 첫날의 기억이 생생하다. 업체에서 알려준 식당으로 찾아가 "대리운전 부르신 분 계세요?"라고 외칠 때 심장이 쿵쾅거렸고, 식당 안 모든 사람이 나를 쳐다보는 것만 같아 가슴이 답답했다. 짧은 거리를 운전하면서도 등에서 식은땀이 흐르고, 집으로 가는 길을 설명해주는 고객의 목소리도 제대로 들리지 않았다. 조금이라도 더 벌기 위해 장거리, 그러니까 타 지역으로도 나가기 시작했다. 자주 다니는 지역이 아닌데다 한밤중이라 사방을 둘러보아도 어디가 어디인지 알 수 없는 곳에 서 있는 경우가 잦았다. 혼자 고립됐다는 생각에 이렇게 살아야 하나 슬퍼지기도 했다. 낮과 밤을 바꿔 살면서 세상일에 점점 무덤덤해지고 이웃이나 친구들과도 점점 멀어져가니 더욱 외로워졌고 나 자신이 외계인처럼 느껴지기도 했다.

대리운전 기사들은 대부분 밤에 혼자 일하기에, 본인이 얘기하지 않으면 누구도 각자의 사정이나 어려움을 알 수 없었다. 매일같이 마주치던 동료가 갑자기 사라진 뒤 이삼개월 만에 나타나 "그동안 병원에 입원해 있었다"고 말한 경우도 있었다. 또 동료 결혼식이나 상갓집에 찾아가면 자신이 대리기사라는 말을 하지 말아달라고 부탁해오기도 했다. 안타깝고 속상했다. 가족의 생계를 책임지면서 열심히 사는데 왜 당당하게 자신의 직업을 밝히지 못하는지. 이런 상황을 어떻게 바꿀 수 있을지 고민이 시작됐고, 대리기사의 노동조합이 필요하다며 계속 나를 설득해왔던 민승 형을 찾았다. 형은 나를 강남 교보사거리에서 진행된 첫번째

공식 회합에 데리고 갔다. 2015년의 일이다.

회합에 모인 기사들은 업체들의 갑질을 개선하고 기사들을 모으기 위한 방안에 관해 열띤 토론을 이어가고 있었다. 업체들의 대표적인 갑질 중 하나는 콜을 받는 프로그램을 서울, 인천, 경기 세곳으로 쪼개 사용료를 세배로 받는 것이었다. 장거리 콜을 받기 위해 기사들은 지역별로 쪼갠 같은 프로그램 두세개를 핸드폰에 깔고, 두세배 사용료를 낼 수밖에 없었다. 프로그램 당 사용료가 한달에 1만 5천원이고, 수도권 대리기사가 10만명 정도임을 고려하면 대리운전 업체들은 대략 매달 2~30억원의 부당이익을 얻어 프로그램 개발사와 4 대 6으로 나눠 가졌다.

대리운전 업체들은 대리기사들을 단체보험에 가입하도록 묶어두고 보험사와 손잡고 월 칠팔만원 하던 보험료를 12~15만원 수준으로 올리기도 했다. 물론 업체는 보험사로부터 리베이트를 받았다. 또 업체들은 매달 관리금 명목으로 3만원을 고정적으로 빼갔지만 뭘 관리하는지는 아무도 알 수 없었다. 업체의 갑질은 이게 다가 아니었다. 콜을 잘못 수락해 미안하다며 빼달라고 요청하면 온갖 쌍욕을 들어야 했다. 이런 상황들에 문제의식을 느끼고 있던 터라 자연스럽게 회합에 합류하게 됐다.

함께 고민해 끌어낸 결론은, 노동조합을 만들고 이를 통해 대리기사 개개인의 의식 전환을 이뤄내야 한다는 것이었다. 이때부터 저녁과 밤에는 대리운전을 하고, 새벽에는 홍보 활동과 업체 갑질 철폐투쟁에 나섰다. 물론 순탄치는 않았다. 하지만 아무리 짓밟혀도 또다른 새싹이 피어나는 세상의 이치처럼, 다시 모이기를 반복하면서 차츰 동료 기사들을 설득해나갔다. "우리는 한 가정의 가족을 먹여 살리는 가장이다. 왜 패배의식에 젖어 있어야 하는가?" "일하다 다쳐도 보상은커녕 휴무수당도 받지 못하는데, 함께하면 4대 보험 가입을 쟁취해낼 수 있다"라고 가는 곳마다 호소하고, 기사들과 토론도 마다하지 않았다. 언론사 인터뷰 요청에도 적극적으로 응해 대리운전 기사들의 현실을 국민에게 최대한 알리려 했다.

그런 끝에 2019년 전국대리운전노동조합 경기지부가 설립됐고, 지부장을 맡게 됐다. 이후 3년 동안 참많이 변했다. 조합원 수는 백명 남짓에서 5백여명으로 늘었고, 몇몇 시·군에는 풀뿌리 지회도 생겼다. 하지만 업체들의 갑질은 여전하고, 개선해야 할 노동조건은 수두룩하다. "나는 대리기사 노동자다!"라고 자신있게 외치며 동료 기사들과 함께 계속 전진하겠다고 다시 한번 다짐한다.

'공연장'과
'나이트클럽' 사이에서

안악희

인디밴드 '리셋터즈' 베이시스트, 뮤지션유니온 조합원

어느 날 갑자기 당신의 일터가 폐쇄된다면 어떨까? 한참 영상편집 작업 중인데 누군가 들이닥쳐 컴퓨터 전원을 내린다면? 공장에서 일하는 도중 누군가 컨베이어를 멈추며 나가라고 한다면?

바로 이런 일이 팬데믹 기간 공연음악(라이브음악) 업계에서 벌어졌다. 지난 2년간 인디 공연은 방역수칙 변동에 따라 전면적 금지와 절반의 허용 사이를 오갔다. 음악인들은 방역수칙에 따라 환호성도 못 지르는 관객들 앞에서 간헐적으로 공연을 이어왔다. 대체로 6개월 단위로 공연을 기획하고 계획을 짜던 음악인들은 순식간에 미래를 기약할 수 없는 세월을 보내야 했다.

그러던 중 지난해 2월 말, 서울 마포구청 직원들

358

이 라이브음악 클럽에 들이닥쳐 진행 중이던 공연을 중단시켰다. 식품위생법상 일반음식점으로 분류된 곳이었고, 구청 담당자들은 공연장으로 분류된 곳이 아니면 공연할 수 없다고 했다. 이에 항의하자 "세종문화회관 같은 곳이 공연장이고, 일반음식점에서 칠순잔치 정도는 그냥 넘어갔지만 코로나19 이후에는 이것도 안 된다"는 반박이 돌아왔다. 인디음악가들의 '일'인 공연이 부정당하는 순간이었다.

1990년대까지 식품위생법 시행령 7, 8조에 의해 음악인들은 '유흥접객원'으로 분류됐고, 일반음식점에는 2인 이상 유흥종사자를 둘 수 없었다. 그러나 1999년 '라이브클럽 합법화 운동'으로 규제가 폐지됐다. 당시에는 이것도 큰 성과였으나, 불완전한 승리였다. 일반음식점에서 공연을 하면 '안 된다'는 규제를 삭제했을 뿐, 소규모 클럽의 법적인 권리를 명확히 하지 못했기 때문이다. 그 결과 한국에서 공연을 위한 '정식' 공간은 공연장과 나이트클럽이 전부다. 하지만 라이브클럽은 나이트클럽과 성격이 다르고, 영세한 소규모 라이브클럽이 법적 지위를 얻자고 유흥업소로 등록할 수도 없는 노릇이다. 물론 나이트클럽에서 인디음악을 올리는 일 또한 없다. 시대는 변했는데, 법은 아직도 과거에 머물러 있다.

한국은 유독 음악공연에 엄격하다. 카페에서 미술 전시는 괜찮고, 심지어 식당에서 연극공연도 가능하지만, 이런 장소들에서 음악공연을 하면 따져야 할 것들이 많아진다. 다른 장르들은 '예술'이지만 음악공연은 '유흥' 내지는 '행사'다. 방역규제가 강화되면서 음악공연이 금지된 이유다.

거리두기 업종 분류표에도 '공연장'과 '일반음식점'만 존재할 뿐 '공연을 하는 일반음식점'은 고려 대상에서 배제됐다. 결국 법적으로 존재하지 않는 공간이기에 관료들은 이들의 외침에 대답할 의무도 없었다. 군대에서는 전쟁 중 후퇴하게 될 때 싣고 갈 물건과 방치할 물건을 분류해두라고 가르친다. 팬데믹 상황을 이에 비유한다면, 공연음악인들은 버려두고 가는 대상인 셈이다.

공연음악은 대중음악의 풀뿌리다. 많은 음악인은 작은 베뉴(공연을 볼 수 있는 카페나 클럽)에서 활동을 시작한다. 베뉴는 새 음악인들이 수급되는 장이기도 하다. 여러 베뉴를 오가며 서로 교류하고 새로운 사조를 만들어낸다. 이러한 체계를 전문용어로 신(scene)이라고 한다. 지난 2년 정부는 비대면 공연 육성에만 집중했고 이미 존재하는 소규모 라이브클럽에는 아무 대책도 내놓지 않았다. 결국 음악인들 사이 소통은 끊어졌고

신은 무너졌다. 이 와중에 치러진 선거 유세에 수백,
수천명이 운집했을 때 '이게 다 뭔가'라고 생각한 이는
필자 혼자만은 아닐 것이다.

온라인이 아무리 발달해도 오프라인을 대체할 수
는 없다. 음악인들은 관객의 반응을 통해 자신과 곡에
대한 평가를 가늠할 수 있고, 관객들은 신곡의 '베타테
스터'(시험 사용자)가 된다. 그리고 양질의 온라인 공연을
위해서는 오프라인에 필요하지 않던 장비와 인력이 필
요하고, 여기에는 많은 추가 비용이 들어간다.

팬데믹이 시작됐을 때, 음악인들과 스태프들은
"당분간 공연은 없겠구나"라고 직감했다. 대중에게 잘
드러나지 않지만 공연음악은 창조적인 한편 상당히 노
동집약적인 분야다. 공연과 창작을 위해 적지 않은 숙
련 기간과 오랜 학습이 병행돼야 하는데, 팬데믹은 이
들의 일을 빼앗아갔다. 학교, 도서관, 카페, 박물관도
문을 닫아야 했다. 심지어 공원의 벤치에도 접근금지
표시가 붙었다. 그러나 소위 '핵심 생산부문'이나 큰 기
업들은 팬데믹에도 아랑곳하지 않고 하던 일을 지속했
다. 모두가 강제당한 것이라 생각했던 거리두기에서
누군가는 '예외'였다. 이름난 대기업 중 팬데믹으로 도
산에 가까운 위기를 맞이한 곳이 있다는 뉴스를 들어
본 적 있는가?

음악인들도 팬데믹을 함께 이겨내야 한다는 데는 이견이 없다. 그러나 공연장과 음악인들은 사실상 2년 간 셧다운 상태였다. 우리의 존재와 활동은 '삭제'됐다. 누구를 버리고 가자고 정한 이는 누구일까? 모두가 함께 견딜 줄 알았는데 버려진 사람들은 어떻게 해야 할까?

내 퇴직공제금은
어디로 갔나

마루노동자, 권리찾기유니온 마루지부장

나는 아파트 건설현장에서 실내에 마룻바닥을 시공하는 노동자다. 7년 전 일을 시작할 때는 열심히만 하면 돈을 많이 벌 수 있다기에 죽어라 일만 했다. 하루 평균 열네시간 마루를 시공하느라 온몸 관절이 골병들어 신음하는데, 받는 돈은 일하는 시간으로 환산하니 최저임금 수준이었다. 일당이 아니라 시공하는 만큼 돈을 받는 평단가 구조에서 전국 각지를 돌며 일하느라 식비, 숙박비까지 부담해야 하니 주 80시간, 90시간 노동할 수밖에 없었다. 주 52시간을 지키면 최저임금도 안 되기에 장시간 일할 수밖에 없었다. 게다가 시공 전 바닥 기초작업, 청소, 짐 치우기 등 무보수 노동시간도 많았다.

왜 이 일을 시작했나, 자괴감 속에 하루하루 버티

4부 — 권리를 향해 한걸음씩   363

던 중 일본에서 일했던 작업자를 만났다. 일본은 하루 일당 30만원에, 노동자를 보호하고자 하루 시공 평수를 여덟평으로 제한한다고 했다. 미국, 유럽에서도 마루 시공자가 전문기술자로 존중받는다는 말도 들었다. 나는 왜 존중받지 못할까. 마루 현장의 실태를 알아보기 시작했다. 2021년 10월부터 부산에서 파주까지 5개월 동안 현장을 돌며 많은 시공자와 대화하며 하나씩 문제를 알게 됐다.

건설현장에서 마루회사는 실내건축 면허가 없는 불법 하도급업체 '오야지'로 불리는 중간관리자에게 노무관리를 맡기고, 오야지는 노동자를 고용해서 마루를 시공한다.

임금 지급은 세가지 방식이 있다. 먼저 마루회사에서 4대 보험을 공제하고 마루 노동자에게 임금을 정상적으로 지급하는 경우다. 두번째는 마루회사와 불법 하도급업체가 6 대 4 비율로 임금을 나누어 처리하는 방식이다. 이때 마루회사 지급분은 정상적인 근로소득으로 신고하지만, 나머지는 3.3퍼센트 세율이 적용되는 사업소득으로 신고한다. 세번째는 불법 하도급업체가 전액 지급하는 방식인데, 이때 임금 전부를 사업소득으로 신고하는 경우도 있었다. 마루회사가 직접 고용할 때 지켜야 하는 근로기준법, 4대 보험 가입 등을 피하기 위한 꼼수다.

임금은 20년째 '1평 시공 1만원'이다. 건설노동자에게 퇴직금을 주기 위한 퇴직공제금 제도가 마련돼 있지만(건설근로자의 고용개선 등에 관한 법률), 현장에서는 잘 지켜지지 않는다는 것도 알았다. 건설사나 마루회사는 공사를 시작하면 퇴직공제금으로 노동자 1인당 하루 3000~6500원을 건설공제회에 적립해야 하는데, 한달을 일했는데 한두주만 적립해주거나 아예 하루도 적립해주지 않는 현장도 있었다. 공사비에 포함된 나의 퇴직공제금은 누가 가로챈 것일까?

부당한 마루노동 환경을 바꾸기 위해 2022년 6월 대구에서 뜻 맞는 동료들과 만나 회의하고 규약을 만들어 한국마루노동조합 설립 신고필증까지 받았다. 기자회견, 간담회, 국회 방문, 노동청 고발, 국토교통부 고발 등 정신없이 달렸다. 일과 노동운동을 병행하니 가정생활은 엉망이 되었고 생계 때문에 떠나는 동료들이 생겨 두명만 남았다.

그러던 중 올해 3월 같은 현장에서 일하던 동료가 과로로 세상을 떠났다. 금요일에 머리가 너무 아프다고 먼저 숙소로 들어간 뒤 다시는 볼 수 없었다. 뉴스로만 보던 과로사가 내 옆에서 일어나다니. 결혼도 안하고 부산에 노부모를 모시고 일만 하던 마흔아홉살 동료는 산재 인정도, 어떤 사과도 못 받고 떠나갔다. 알려지지 않은 동료들의 죽음이 소문처럼 들려왔다. 나는 일자리를 잃었다. 나를 받아주는 곳이 없었다.

지난 9월 체불 임금 사건 조사 때 마루회사 대표는 노동청 근로감독관 앞에서 대놓고 노조원을 고용하지 않겠다고 말하기도 했다. 나는 조합원들에게 백지 근로계약서를 사진 찍게 하고 일한 일수를 기록하게 한다. 그리고 퇴직금이 적립되고 있는지 건설공제회에 확인하고 만약 누락돼 있으면 전국 노동청에 진정을 넣는다. 하지만 건설공제회는 강제수사권이 없다며 공제금 적립 감시에 손을 놓고 있고, 불법 하도급을 없애겠다던 국토교통부는 검찰에 가보라고 한다.

그 결과 지금도 마루 공사현장은 저임금과 장시간 노동, 임금체불이 여전하고, 불법 하도급과 백지 근로계약서 관행 등도 마찬가지다. 우리 투쟁을 보면서 같은 처지의 타일 노동자들도 노조를 만들겠다고 한다. 우린 포기하지 않을 것이다. 오늘도 기도한다. 다시 현장에서 마루를 시공할 그날이 오기를.

나는 1년 넘게
일해본 적이 없다

문세경

사회복지사, 『사랑하고 있기 때문에』 저자

"이 일이 연장되면 또 하실 생각 있으세요?"

함께 일하는 동료가 내게 물었다. 지금 하는 일은 서울시 공공일자리인 '에너지 서울 동행단' 사업이다. 여름철에는 에너지 절약을 위한 홍보와 캠페인을 하고 가을과 겨울철에는 취약계층의 노후 주택에 창호 시공을 해주는 일로, 6월 1일 시작해 12월 20일 끝난다. 내년에도 이어서 할 모양이다. 전문기술이 필요한 시공 일이라 힘들다. 계속할지는 생각해봐야겠다.

연말이 다가오면 우울하다. 내년에도 일할 수 있을까? 한다면 무슨 일을 하게 될까? 나는 사회복지를 전공했지만, 경증의 청각장애가 있어서 일자리 구하기가 힘들다. 초등학교 5학년 때 갑자기 청력이 나빠졌다. 보청기를 끼려 해도 나의 청력에 맞는 보청기를 찾지 못해 안 하고 있다.

학부를 졸업하고 사회에 나와보니 차별받는 장애인이 너무 많았다. 차별은 구조적이고, 삶을 지속하기 어렵게 한다. 삶을 지속하기 위해서는 법을 만들고, 건물 구조를 바꾸고, 장애인을 가두는 시설을 없애야 했다. 장애인운동판에 뛰어들었다. 활동가로 살다가 장애인 문제를 더 공부하고 싶어 석사과정을 밟았다. 공부를 마치고 결혼하고 아이 키우느라 활동을 지속하지 못했다.

생계를 위해 사회복지 쪽 직업을 찾았을 때는 이미 늦었다. 잘 듣지 못하는 나를 써주는 곳은 '장애인 우대'라는 조건을 단 곳이다. 주로 공공기관에서 이런 단서를 단다. 공공기관은 장애인 의무고용을 지켜야 하니까. 서울시 일자리 포털에서 채용공고를 본다. 이력서를 백번도 넘게 넣었다. 서류 100퍼센트 합격, 면접 100퍼센트 불합격이다.

2009년 1월, 지인이 만든 쪽방촌 공동체인 '동자동사랑방'에서 사회복지사가 필요하다고 했다. 2년간 사무국장으로 일했다. 직책은 사무국장이지만 그냥 활동가였다. 최저임금도 안 되는 활동비를 받고 일했기에 생활비로는 턱없이 부족했다. 요양보호사로 일하며 부족한 생활비를 메꿨다. 그 일도 오래 하지 못했다.

서비스를 받는 어르신이 내가 말을 잘 못 듣는다며 교체를 원했다. 요양보호센터장은 어르신의 요구를 들어줄 수밖에 없었다. 나는 잘렸다.

2015년부터 본격적으로 생계를 위한 일을 찾았다. 서울시 뉴딜일자리 사업에 참여했다. 지역아동센터에 파견돼 아이들 독서를 지도했다. 근로계약서에 적힌 계약 종료일은 12월 31일이다.

연말이면 계약이 종료되고 연초엔 새로운 일자리를 찾는 불안한 노동자로 산 지 10년이 돼간다. 2015년에는 뉴딜일자리 아동독서멘토링 지도(10개월)를 시작으로 2016년부터 2018년까지는 단기 아르바이트로, 2019년에는 수도사업소 수질검사원으로(8개월), 2020년엔 여성인력개발센터 홍보마케터로(10개월), 2022년엔 50플러스센터 중장년 인턴으로(6개월), 국립공원공단사무소 직원 식당 조리원으로(3개월) 일했다. 7개월짜리 공공일자리는 계약종료까지 이제 한달 반 남았다.

수도사업소와 국립공원공단을 빼고 나머지는 계약자(서울시)와 실제 일하는 곳이 다른 파견직이었다. 계약기간은 평균 8개월이다. 12개월은 절대 넘지 않았다. 12개월 이상 근무하면 퇴직금을 줘야 하니까.

"2023년 10월 20일 오전 여덟시, 삼각지역에서 장애인 이동권 보장 및 장애인 권리예산 보장 촉구 기자

회견이 있습니다. 많이 참여해주세요."

며칠 전 아침 전국장애인차별철폐연대에서 온 문자다. 30년 전 함께 활동했던 장애인 동지들은 아직도 이동권 보장을 요구하며 싸우고 있다. 출근길이 지체된다는 시민들의 온갖 비난을 받으며 말이다.

2007년 3월, 지난한 투쟁 끝에 장애인차별금지법이 제정되었다. 이 자리를 빌려 법을 만들기 위해 싸워온 수많은 동지에게 경의를 표한다. 법이 제정된 지 16년이 되었지만, 여전히 우리 사회는 장애인에게 냉혹하다. 20년째 이동권 보장을 외치며 목숨 건 투쟁을 해도 완전한 이동의 자유는 오지 않았다. 그런 사회에 청각장애인의 일자리, 그것도 전공 관련 일자리를 내놓으라는 나의 요구는 공허한 메아리 같다.

고령화 사회니 정년이 65세라고 치자, 나에게 남은 노동 가능 기한은 12년이다. 12년 동안 근로 시작과 근로 종료를 몇번이나 반복해야 할까? 내년에도 내가 일할 곳은 있을까?

"6411번 버스를 아십니까?"

———

노회찬

6411번 버스라고 있습니다.

　서울 구로구 가로수공원에서 출발해서 강남을 거쳐 개포동 주공 2단지까지 대략 두시간 정도 걸리는 노선버스입니다. 내일 아침에도 이 버스는 새벽 네시 정각에 출발합니다. 새벽 네시에 출발하는 그 버스와 네시 5분경에 출발하는 두번째 버스는 출발한 지 15분 만에 신도림과 구로시장을 거칠 때쯤이면 좌석은 만석이 되고 버스 안 복도길까지 사람들이 한명 한명 바닥에 다 앉는 진풍경이 매일 벌어집니다.

　새로운 사람이 타는 일은 거의 없습니다. 매일 같은 사람이 탑니다. 그래서 시내버스인데도 마치 고정석이 있는 것처럼 어느 정류소에서 누가 타고 강남 어느 정류소에서 누가 내리는지 거의 다 알고 있는 매우 특이한 버스입니다. 이 버스 타시는 분들은 새벽 세시에 일어나서 새벽 다섯시 반이면 직장인 강남의 빌딩에 출근해야 하는 분들입니다. 지하철이 다니지 않는 시각이기 때문에 매일 이 버스를 탑니다. 한명이 어쩌다 결근을 하면 누가 어디서 안 탔는지 모두가 다 알고 있습니다.

그러나 시간이 좀 흘러서 아침 출근시간이 되고 낮에도 이 버스를 이용하는 사람들이 있고 퇴근길에도 이용하는 사람이 있지만, 새벽 네시와 네시 5분에 출발하는 6411번 버스가 출발점부터 거의 만석이 되어 강남의 여러 정류장에서 5~60대 아주머니들을 다 내려준 후에 종점으로 향한다는 것을 아는 사람은 거의 없습니다. 이분들이 아침에 출근하는 직장도 마찬가지입니다. 아들딸과 같은 수많은 직장인들이 그 빌딩을 드나들지만, 그 빌딩에 새벽 다섯시 반에 출근하는 아주머니들에 의해서 청소되고 정비되는 것을 의식하는 사람들은 거의 없습니다. 이분들은 태어날 때부터 이름이 있었지만 그 이름으로 불리지 않습니다. 그냥 아주머니입니다. 그냥 청소하는 미화원일 뿐입니다. 한달에 85만원 받는 이분들이야말로 투명인간입니다. 존재하되 그 존재를 우리가 느끼지 못하고 함께 살아가는 분들입니다. 지금 현대자동차 그 고압선 철탑위에 올라있는 비정규직 노동자들도 마찬가지입니다. 스물세 명씩 죽어나간 쌍용자동차 노동자들도 마찬가지입니다. 저 용산에서 지금은 몇년째 허허벌판으로 방치되고 있는 저 남일당 그 건물에서 사라져간 다섯분도 투명인간입니다.

저는 스스로에게 묻습니다. 이들은 아홉시 뉴스도 보지 못하고 일찍 잠자리에 들어야 하는 분들입니다. 그래서 이분들이 유시민을 모르고 심상정을 모르고 이노회찬을 모를 수 있습니다. 그러나 그렇다고 이분들의 삶이 고단하지 않았던 순간이 있었겠습니까. 이분들이 그 어려움 속에서 우리 같은 사람들을 찾을 때 우리는 어디 있었습니까. 그들 눈앞에 있었습니까. 그들의 손이 닿는 곳에 있었습니까. 그들의 목소리가 들리는 곳에 과연 있었습니까.

그 누구 탓도 하지 않겠습니다. 오늘 우리가 함께 만들어가는 이 진보정의당, 대한민국을 실제로 움직여온 수많은 투명인간들을 위해 존재할 때 그 일말의 의의를 우리는 확인할 수 있을 것입니다. 사실상 그동안 이런 분들에게 우리는 투명정당이나 다름없었습니다. 정치한다고 목소리 높여 외치지만 이분들이 필요로 할 때 이분들이 손에 닿는 거리에 우리는 없었습니다. 존재했지만 보이지 않는 정당, 투명정당. 그것이 이제까지 대한민국 진보정당의 모습이었습니다. 저는 이제 이분들이 냄새 맡을 수 있고 손에 잡을 수 있는 곳으로 이 당을 여러분과 함께 가져가고자 합니다. 여러분 준비되셨습니까.

강물은 아래로 흘러갈수록 그 폭이 넓어진다고 합니다. 우리의 대중정당은 달리 이루어지는 것이 아니라 더 낮은 곳으로 내려갈 때 실현될 것입니다. 진보정의당의 공동대표로 이 부족한 사람을 선출해주신 데 대해서 무거운 마음으로 수락하고자 합니다. 저는 진보정의당이 존재하는 그 시간까지, 그리고 제가 대표를 맡고 있는 동안 저의 모든 것을 바쳐서 심상정 후보를 앞장세운 진보적 정권교체에 성공하고, 그리고 우리가 바라는 모든 투명인간들의 당으로 이 진보정의당을 세우는데 제가 가진 모든 것을 털어 넣겠습니다.

2012년 10월 21일
진보정의당 공동대표 수락연설

나는 얼마짜리입니까

초판 1쇄 발행 / 2024년 7월 23일

지은이 / 6411의 목소리
펴낸이 / 염종선
책임편집 / 이진혁
조판 / 박지현
펴낸곳 / (주)창비
등록 / 1986년 8월 5일 제85호
주소 / 10881 경기도 파주시 회동길 184
전화 / 031-955-3333
팩시밀리 / 영업 031-955-3399 편집 031-955-3400
홈페이지 / www.changbi.com
전자우편 / lit@changbi.com

ISBN 978-89-364-8043-1 03300